KB061573

TV도 '도끼'다

2015 좋은 방송을 위한 시민의 비평상 수상집

TV도 '도끼'다

방송문화진흥회 엮음

한울

최근 인터넷의 발달과 다채널·다미디어의 출현으로 시청자의 채널
선택권이 확대되고 있지만 사회적 공기(公器)로서의 미디어 공공성이 하
락하는 경우도 간혹 볼 수 있습니다.

대다수 시청자들은 방송이 일시적으로 사람들을 즐겁게 하거나 위로해
주는 엔터테이너의 역할을 하기보다, 좀 더 많은 사람들이 같이 오랫동안
행복해질 수 있는 사회를 만들기 위해 방향을 제시하는 역할을 하기를
더 기대할 것입니다.

방송문화진흥회가 매년 시상하는 '좋은 방송을 위한 시민의 비평상'은
시민 비평가들로 하여금 방송이 가져야 할 본연의 역할에 충실할 수
있도록 격려하고 비평할 수 있는 장을 마련해준다는 뜻에서 큰 의미가
있다고 생각합니다.

'좋은 방송을 위한 시민의 비평상'을 18회 진행해오는 동안 비평 대상에
도 많은 변화가 있었습니다. 예전에는 지상파 중심의 프로그램이 대세를
이루었다면 올해에는 비평상 응모작의 약 3분의 1이 지상파 이외의 방송
프로그램을 다룬 것이어서, 시청자들이 선택하는 프로그램이 다양해지고

있음을 알 수 있었습니다.

올해에도 많은 분들이 방송에 많은 애정을 가지고 수준 높은 비평의 글을 보내주셨습니다. 시민 비평가에게 전문 비평가의 수준 높은 비평의 글을 요구하는 것은 아니지만, 기본적으로 방송 비평을 하는 사람은 방송의 역할과 기능에 대한 상당한 지식을 갖고 충분히 이해해야 하며 자기 나름의 분명한 방송관이 있어야 합니다.

비록 그의 비평이 많은 사람들의 공감을 얻지 못한다 할지라도, 방송이 마땅히 갖춰야 할 공기능적 차원에 입각해서 서술한 자기주장과 견해가 뚜렷하다면, 다소 표현이 어색하고 비전문적인 어휘를 사용했다 할지라도 시민 비평가로서의 역할을 충분히 했다고 생각합니다.

시청자로서 보고 느낀 바를 쓴 비평문을 책으로 엮어냄으로써 '좋은 방송을 위한 시민의 비평'이 시청자에게는 나도 비평가가 될 수 있다는 생각을 가지게 하고, 방송 제작자에게는 더 나은 방송을 제작하도록 해 방송 발전에 조금이나마 도움이 되는 계기가 될 것이라고 기대합니다.

수상하신 분들께 축하의 말씀을 드리며 참여해주신 모든 분들께도 감사의 말씀을 드립니다. 김원배 심사위원장님과 심사위원님들, 공동 주최로 비평상을 더 풍성하고 알차게 만들어준 문화방송 관계자분과 수상집을 발간하는 데 도움을 주신 한울 관계자 분들에게도 깊이 감사드립니다.

'좋은 방송을 위한 시민의 비평상'은 전 국민 누구에게나 열려 있는 방송 비평의 장입니다. 시민의 비평상이 방송 프로그램의 질적 향상과 비평 문화에 기여할 수 있도록 많은 참여 부탁드립니다. 감사합니다.

2015년 12월
방송문화진흥회 이사장 고영주

비평문을 읽고 심사하는 일은 즐겁고도 고됩니다. 훌륭하게 잘 쓰인 글을 읽는 것만으로도 긴 프로그램들을 모두 본 것 같은 간접 경험을 할 수 있고, 때로는 심사위원이 공감하는 분석이 나올 때 속이 시원해짐을 느끼기도 합니다. 글쓴이들이 인도하는 글의 오솔길을 따라 산보하는 것은 가외의 즐거움입니다. 반면 다소 만연체로 쓰인 평범한 분석 글을 읽을 때는 아득함을 느끼기도 했습니다.

올해 응모작에서 가장 많이 등장한 단어는 아마도 '헬조선'일 것입니다. 방송 프로그램에 등장한 개인의 문제는 오로지 한 개인의 문제만이 아닙니다. 필연적으로 사회구조의 문제가 투영된 것으로도 볼 수 있습니다.

따라서 사회라는 환경을 동시에 조명해야 하는 것은 맞지만, 그렇다고 비평의 주종에 있어 방송 프로그램과 사회 환경이 상치되어서는 안 됩니다. 시청자들이 프로그램에 바라는 것, 필요로 하는 것을 통찰해내는 것이 비평가가 할 일이기도 합니다.

장르별로는 예능 대세라는 세평을 증명하듯 예능 프로그램을 대상으로 한 비평이, 그중에서도 특히 요리 프로그램에 대한 비평이 많았습니다.

개별 프로그램별로는 <마이 리틀 텔레비전>(MBC)과 <복면가왕>(MBC), <청춘 FC 헝그리 일레븐>(KBS 2), 드라마 <미생>(tvN)을 다룬 비평이 많았습니다. 이는 이 프로그램들이 좋고 나쁨을 떠나서 시대의 현상을 잘 반영했음을 반증한 것으로 보입니다.

올해 비평문에는 지나치게 딱딱한 분석으로 일관해 비평문이라기보다 학위논문을 보는 듯한 느낌을 준 글이 있었는가 하면, 지역성에 대한 근원적인 질문을 던지거나 미디어와 사회의 상관관계를 파헤치고 막장 드라마의 사회학적 의미를 탐색하는 작품들이 응모되었습니다. 그러나 날카롭고 독창적인 시선을 통해 프로그램에 내재된 인간과 사회에 대한 통찰을 논리적으로 담아낸 비평 작품이 많지 않았다는 것이 아쉬움으로 남습니다.

요즘 세대가 자신의 창의적인 분석이나 의견보다 인터넷이나 SNS 등에서 화제가 되는 글에 영향을 받는다는 것을 느낄 수 있었습니다. 전문적 지식이 있는 일부 사람들은 너무 어려운 용어를 사용하면서 프로그램을 분석했는 데 반해, 「TV도 '도끼'다」는 다른 사람들이 관심 가지기 어려운 판소리 소재의 프로그램을 골라 새로운 포맷을 잘 설명하고 깊이 있게 분석하면서 좋은 프로그램이 지닌 장점들을 독창적인 시각에서 잘 펼쳐냈습니다. 한 프로그램 분석을 통해 TV 프로그램의 이슈를 잘 이끌어냈고 문장이 간결하며 논리가 매우 정연하다는 평가로 심사위원들의 논의를 거쳐 '최우수작'으로 선정했습니다.

또한 수상하지 못했다 해서 모자라고 부족했다는 것은 아닙니다. 평소 관심과 애정 없이는 도저히 시도할 수 없는 자기만의 시각으로 프로그램을 분석하고 가치를 찾아낸 작품들도 있었습니다. 응모자들의 이런 노력이야말로 프로그램의 표현 방식을 더욱 다양하고 창의적인 방향으로 나아갈 수 있게 하며 풍부한 메시지를 제공할 수 있도록 견인하는 마중물이 될 것이라고 확신합니다.

따라서 '좋은 방송을 위한 시민의 비평상'은 시민 시청자가 TV를 보는 시선을 통해 TV가 제대로 나아가고 있는지, 방송의 책무에서 크게 벗어남이 없는지, 대중의 삶을 윤택하고 풍부하게 하고 있는지를 살펴볼 수 있는 거울로서 기능하고 있는 셈입니다. 이러한 관찰과 발언이 방송 문화를 건강하게 만들고, 방송 제작진들에게도 좋은 자극으로 작용해, 향후 더 건강한 프로그램을 만드는 데 기여할 수 있기를 기원합니다. 이 자리를 빌려 수상하신 모든 분들께 축하의 말씀을 드립니다.

2015년 12월
심사위원 일동

차례 ……………………………………………………………………………

TV도 '도끼'다

세상을 깨우는 놀이판 한마당, KBS 대기획 <시대의 작창, 판소리>

곽영신

책은 도끼, TV는?

"책은 우리 안의 얼어붙은 바다를 깨는 도끼여야 한다." 젊은 프란츠 카프카(Franz Kafka)가 친구 오스카 폴락(Oskar Pollak)에게 보낸 편지에 나오는 말이다. 이 덕분에 '책은 도끼'라는 등식이 성립됐다. 이 말엔 책이라는 미디어를 통해 사회와 자아가 기존의 통념을 깨부수고 무언가 새로운 창조와 변화를 성취할 수 있게 되길 바라는 기대감이 담겼다. 좀처럼 책을 읽지 않는 시대라지만, 아직도 책의 정신적 위상만큼은 꼿꼿하다.

반면에 TV는 어떨까? '글쎄요'다. TV는 얼어붙은 바다를 깨기는커녕 기존의 고정관념과 편견을 오히려 강화하는 미디어에 가깝게 여겨진다. '시청률'이라는 절대 명제를 앞세우고 대중의 눈길을 사로잡기 위해 보다 흥미롭고 자극적인 콘텐츠에 몰두하는 경향이 있기 때문이다. 요즘은 지상파방송, 종편, 케이블과 위성, 인터넷, SNS, OTT(Over The Top) 등 온갖 미디어 플랫폼이 각축을 벌이는 시대라 시청률 지상주의가 더욱 심해지고 있다. '바보상자'라는 오명이 좀처럼 지워지지 않고 있다.

이런 때 TV에서 오랜만에 돌연변이가 하나가 튀어나왔다. KBS 대기획 <시대의 작창, 판소리>(이하 <판소리>)는 자칫 고루하게 느껴지는 판소리라는 전통문화를 제대로 소개하며, 이를 통해 얼어붙은 세상을 깨우는 방송 프로그램이다. 시대의 부조리를 꿰뚫고 변혁하려는 판소리의 변혁적인 정신을 그대로 계승하면서, '음악(판소리) + 다큐멘터리 + 드라마'라는 혁신적인 스타일을 구현했다. 즉, 내용과 형식, 모든 면에서 TV의 한계를 넘어선 것이다. 이쯤 되면 TV도 '도끼'가 될 수 있다.

질문 하나, "기생이냐 아니냐"

<판소리> 최대의 성취는 조선 후기 민중의 삶과 꿈을 담은 판소리의 심오한 정신을 프로그램에 제대로 담아냈다는 점이다. 그저 지루하고 통속적인 줄 알았던 판소리가 시대를 위로하고 재창조하는 위대한 힘이 있다는 사실을 쉽고 흥미롭게 재현해냈다. 기존의 판소리 관련 프로그램이 판소리를 그저 소개하는 데 그쳤다면, 이 프로그램은 직접 판소리 속으로 들어가 스스로 판소리가 되었다.

1부 '범법자 춘향 재판기'는 판소리 「춘향가」 이야기다. 춘향이와 이몽룡, 변학도의 이야기가 기본적인 드라마로 펼쳐지는 가운데, 군데군데 판소리 명창들의 노래와 전문가 인터뷰 같은 다큐멘터리 요소를 삽입한 구조를 취했다. 이 춘향 편에서 <판소리>와 「춘향가」가 던지는 핵심적인 질문은 다음과 같다. 바로 "아비가 양반이고 어미가 기생이면 그 딸은

기생이냐 아니냐?"는 물음이다.

조선 시대 종모법에 따르면, 출생한 아이의 신분은 어머니의 신분을 따른다. 그러므로 기생의 딸인 춘향이도 기생이다. 사또 변학도가 심문 과정에서 집요하게 물고 늘어지는 부분도 바로 이 대목이다. 이를 근거로 변학도는 춘향이와 자신 사이에 건널 수 없는 강을 만들고, 그녀에게 수청 들 것을 명령한다. 조선 시대 신분 체제의 철저한 옹호자다.

그러나 춘향의 생각은 이와 다르다. 그녀는 변학도의 제안을 거절하고 이몽룡에 대한 사랑과 절개를 지키겠다는 의지를 분명히 한다. "기생은 열이 없소 충이 없소!"라고 쏘아붙인다. 당시 여성의 정절은 양반집 규수만의 덕목이었다. 따라서 기생인 춘향이 정절을 지키겠다는 것은 비천한 자기의 신분을 뛰어넘겠다는 의지였고, 사회체제를 부정하는 주장이었다. 춘향의 변혁성은 첫날밤 이몽룡에게 요구한 혼인 서약서, 즉 불망기에도 드러난다. 이는 양반과 기생의 사랑이 불가능한 시대 속에서 당대의 관행과 법이 허용하지 않는 대등한 사랑을 요구하는 행위였다. 춘향은 체제에 대한 철저한 저항자다.

<판소리>는 이처럼 「춘향가」가 단순히 남녀의 사랑과 권선징악만을 그린 이야기가 아니라고 말한다. 조선 봉건제도의 부조리를 통렬하게 고발하고 시대 전체에 대한 용맹한 거부와 저항을 그린 이야기라는 것이다. <판소리>에서 춘향이 변학도와 두던 장기판을 통째로 뒤엎어버리는 장면은 세상을 '리셋(reset)'해버리고 처음부터 다시 시작하길 바라는 춘향과 대중의 마음을 잘 상징한다.

「춘향가」는 훗날 동학농민운동의 「진군가」로 쓰였다. "사람이 곧 하늘"이라고 주장한 동학 농민들은 「진군가」를 부르며 "암행어사 출두요!"라고 목이 터져라 외쳤다. 여기서 암행어사는 이몽룡이 아니라 바로 농민들

그 자신이었을 것이다. 한 시대의 위대한 사랑 노래가 또 다른 시대에서 위대한 혁명의 노래로 재탄생한 것이다.

이 같은 시대적 맥락을 이해한 후 「춘향가」의 「사랑가」 한 대목을 들으면 사뭇 다른 느낌이 전해진다. 바로 춘향과 이몽룡의 사랑이 그저 생생한 청춘의 즐거운 사랑놀음은 아니었다는 것, 그것은 시대의 불의와 아픔을 어깨에 짊어지고 세상을 바꾸려 했던 위대한 사랑이었다는 것이다. <판소리>는 이처럼 익숙한 줄 알았던 「춘향가」를 완전히 새로운 노래로 바꿔 들려준다.

"이리 오너라 업고 놀자. 사랑 사랑 내 사랑이야"

질문 둘, "어느 곳으로 가면 산단 말이냐"

1부 '범법자 춘향 재판기'가 권력에 대한 이야기였다면, 2부 '신흥재벌 흥부의 경제학'은 자본에 대한 이야기다. 「흥부가」는 조선 후기 극심한 빈부 격차로 인한 대립을 형제간의 갈등으로 대변해 그려내면서 시대 속의 썩은 고름을 신랄하게 고발한다.

조선 후기 상공업이 발달하면서 모든 이가 평등하게 통용하라는 뜻의 '상평통보'가 발행되었지만, 이 돈의 쓰임은 그리 평등하지 못했다. 놀부는 부농으로 시작해 고리대금으로 재벌이 된 반면, 흥부는 집에서 쫓겨나 근근이 일용직 노동으로 먹고사는 몰락한 존재가 된 것처럼 말이다. "생살지권을 가진 돈, 부귀공명이 붙은 돈, 맹산군의 수레바퀴처럼 둥글둥글하게 생긴 돈"이 민중의 삶을 완전히 갈라놓은 것이다. 「흥부가」는 부패한 환곡제도, 가난한 이들의 매품팔이, 악덕 고리대금 사업 등 당대의 패악상을 자연스레 노래에 녹여내며 시대를 풍자한다.

이러한 고통의 시대를 헤쳐 나가는 방법에서 놀부와 흥부는 극명한 대조를 이룬다. 놀부는 "가문 논에 물길 파고 장마 논에 물길 막고 애호박에다 말뚝 박고 다 팬 곡식 모 뽑기" 같은 심술을 부리며 남을 괴롭히고 밟고 올라서는 데 몰두한다. 오늘날에도 익숙한 풍경이다. 우리 주변에서도 자본주의 경쟁 사회의 승자가 되기 위해 양심을 팽개치고 남을 짓밟는 모습을 흔히 볼 수 있기 때문이다.

그러나 흥부는 이와 다른 방식을 취한다. 그는 찢어질 듯한 가난 속에서도 "노인이 등짐 지면 자청하여 져다 주고 길가의 빠진 물건 임자 찾아 전해주면서" 긍휼과 연대의 정신을 발휘한다. 제비가 부러진 다리를 고쳐 준 흥부에게 보은포라는 박씨를 선물해 금은보화를 얻게 된 후에도 마찬가지다. "나도 오늘날 제비 덕에 쌀과 돈이 많이 생겼으니 기민 구제를 할라네. 불쌍하고 가련한 사람들아 우리 집을 찾아오소"라고 말하며 자신의 재산을 분배하는 데 나선 것이다.

이처럼 「흥부가」는 단순한 형제애뿐만 아니라, 빈부 격차를 불러오는 사회구조의 모순을 파헤치고 이를 해결하길 바라는 민중의 염원을 담고 있다. 제 배 불리기에 몰두하는 탐욕과 이기심을 버리고 좀 더 다른 사람을 배려하는 공동체성이 회복되기를 노래하는 것이다. 그리고 그 가운데서도 결코 해학을 놓치지 않는다. 가령 흥부의 장남이 굶주린 배를 움켜쥐면서도 "나 장가 좀 보내주오"라고 말하는 대목에서 청중은 눈물을 흘리는 동시에 배꼽을 쥘 수밖에 없다. 고통과 희망, 웃음의 한바탕 어우러짐이다.

그러나 문제는 '박씨'다. 과연 누가 저 은혜 갚은 제비처럼 돈이 가득 든 박씨를 물어다 준단 말인가. 그러니 흥부와 아내의 박 타는 소리는 신명 나면서도 서글프다. 두 눈을 반짝이는 민중의 염원이 그 소리에 달려 있으나, 현실 속에서는 도무지 찾을 길이 없으므로.

"시리렁 실건 시리렁 실건 시리렁 실건 실건 실건 실건 실건 ……."

질문 셋, "TV냐 판소리냐"

<판소리>의 미덕은 프로그램 자체가 판소리와 하나가 되었다는 점이다. 판소리를 대상화해서 관찰하거나 소개하는 데 그치는 게 아니라 스스로 판소리의 형식 및 정신과 창조적 합일을 이룬 것이다. 이는 이제껏 TV에서 좀처럼 볼 수 없었던 모습인 동시에 판소리의 매력을 최대로 나타낼 수 있는 시도라는 점에서 의의가 크다.

특히 '음악(판소리)＋다큐멘터리＋드라마'가 어우러진 파격적인 형식은 그 구성이 판소리와 꼭 닮았다는 점에서 주목할 만하다. 판소리는 소리꾼이 노래하는 '소리'와 말로써 장면이나 정경을 묘사하는 '아니리', 몸짓으로 극적 내용을 표현하는 '발림' 등으로 구성되어 있다. <판소리> 역시 음악과 다큐멘터리, 드라마가 한데 어우러져 있는데 여기서 음악은 판소리의 소리, 다큐멘터리는 아니리, 드라마는 발림과 각각 짝을 이룬다. 판소리가 음악＋서사＋공연이 함께 있는 종합예술인 것처럼, <판소리> 역시 종합예술로서의 형식을 차용한 것이다. 그래서인지 이 프로그램을 보면 마치 판소리 한마당을 그대로 감상한 듯한 충만감을 느낄 수 있다. 판소리에서 다소 생소하고 어렵게 느껴지는 용어도 영상과 드라마와 함께 들으면 쉽게 이해된다는 장점도 돋보인다. <판소리>는 판소리와 TV 프로그램이 어떻게 서로 상호작용할 수 있는지 가장 모범적으로 보여준 사례다.

다음으로 TV 프로그램을 통해 판소리의 변혁적 정신을 되살렸다는 점도 중요하다. 오늘날 TV는 대중의 오락적 취향에 맞추기 급급해 공동체의 현재와 미래를 고민하거나, 세상과 자아에 변화를 불러올 만한 창조적인 콘텐츠를 만드는 데 소홀한 것이 사실이다. 그러나 <판소리>는 조선 후기 사회상을 고발하는 판소리를 통해 오늘날의 시대적 모순과 부조리를 끊임없이 환기하는 역할을 수행하고 있다. 「흥부가」 편에서 놀부가 부당한 착취와 폭력 행위로 현대 법정에 섰지만 무죄를 선고받고 법원을 비웃는 모습이라든지, 흥부가 일당 3000원을 들고 대형마트에서 장을 보는 장면 등은 판소리의 주인공들과 현대 우리들의 모습이 전혀 다르지 않음을 보여준다. 이를 통해 프로그램을 시청하는 오늘의 시청자들 또한 시대를 넘어 과거 조선 후기 민중이 가졌던 변화와 연대에 대한 희망을 되새기게 되는 것이다.

아울러 TV 프로그램 수준을 한 단계 끌어올릴 수 있을 만큼 창의적인 장면도 으뜸이다. 흥부와 아내가 박을 타는 장면에서 판소리와 현대무용, 그림 자극을 동원한 장면이나 창자가 마천루에 올라 소리를 하며 도시에 돈을 뿌리는 장면 등은 다른 어떤 미디어에서도 보기 어려운 창조적이고 예술적인 장면이다. 한국 고유의 색과 선, 여백을 살린 춘향 편의 장면도 마찬가지다. 이 같은 수준 높은 표현력은 우리 사회의 미적·예술적 기준을 높이는 데도 분명 긍정적인 영향을 미칠 것이다.

해답 찾기, TV를 넘어서

'작가들의 작가'로 불리는 호르헤 루이스 보르헤스(Jorge Luis Borges)는 단편소설 「알레프」에서 매우 신비한 물체 하나를 소개한다. 이름이 '알레프'인 그 물체는 허름한 집 지하실 계단 사이에 있는 작은 구체인데, 그것은 "모든 각도에서 본 지구의 모든 지점들이 뒤섞이지 않는" 공간이다. 곧 세상의 모든 풍경을 볼 수 있는 스크린이 되는 셈이다. 오늘날 눈부신 미디어의 발전상을 보노라면, 자연스레 이 신비로운 물체 알레프가 떠오른다. 지금은 실제로 손바닥만 한 물체를 통해 지구뿐 아니라 우주 너머에 이르기까지 무한한 장면과 이야기를 볼 수 있는 시대이기 때문이다. 수십 년 전 한 문학 거장의 가장 전위적인 상상은 이제 실제로 존재하는 현실이 되었다.

이처럼 상상이 현실이 되고 현실이 상상이 되는 이 시대. 미디어 빅뱅의 시대. 그야말로 세상에 존재하는 '모든 것'을 보고 경험할 수 있는 자극의 시대에 TV는 과연 무엇을 보여주고 말해야 할까? 그 해답 중 하나를 <판소리>가 보여준다. 그것은 세상을 깊이 있는 눈으로 꿰뚫어보고 대중에게 더 나은 사회와 자아에 대한 희망과 비전을 제시하는 일이다. 판소리는 조선 후기 대중 사이에서 가장 유행하고 사랑받는 미디어였다. TV 역시 오늘날 대중에게 가장 친숙하고 인기 있는 미디어다. 과거 판소리가 변혁의 시대를 '작창'했던 것처럼, TV 역시 희망찬 미래를 '제작'하는 데 기여할 수 있다. 그런 점에서 TV는 판소리다. TV는 도끼다. TV는 지금 진화하고 있고 진화해야 한다.

신데렐라의 세계 이후, 만인에 대한 만인의 투쟁

SBS 월화드라마 <풍문으로 들었소>를 통하여

양성현

　모든 오래된 이야기의 낯익은 결말, "왕자와 공주는 사랑을 이루어 행복하게 살았습니다".

　2015년, SBS의 30부작 드라마 <풍문으로 들었소>(이하 <풍문>)는 바로 그 지점에서 이야기를 시작한다. 귀족 집안의 장남 한인상(이준 분)과 서민 집안의 둘째 딸 서봄(고아성 분)의 아이가 태어나기 일보 직전의 순간에 극은 막을 연다. 고등학교를 중퇴한 미혼모 서봄이 만삭인 상태로 대궐 같은 한인상의 집에 와 출산한다. 경악한 이준의 아버지 한정호(유준상 분)가 산모의 비명 소리를 감추기 위해 집이 쩌렁쩌렁 울리도록 오페라 곡을 틀고, 어머니 최연희(유호정 분)가 충격에 몸을 가누지 못해 누워 있는 동안 아이는 태어난다. 사랑의 결실인 아이는 태어났으며 누구도 죽지 않았으니 남은 것은 각자의 자리를 위해 싸우는 이들뿐이다. <풍문>은 이들의 갈등에 대한 이야기를 다뤘다. 나의 자리를 지켜 살아남기.

그것은 오늘날 불안한 사회를 지배하는 가장 강력한 욕구다.

통속적 멜로드라마는 언제나 시대의 가장 일반적인 욕구와 함께 호흡하는 장르였다. 갓 태어난 자본주의가 돈의 논리로 인간을 좌우하는 노골적인 형태의 체제를 유지할 때 멜로드라마가 태어났다. 자본주의의 태동은 종교와 봉건적 권위가 지배하던 그 이전 세계의 몰락을 동반했다. 서민들은 생존의 그물망 없이 살아남기 위해 자신마저 상품화해 경쟁해야 하는 생소한 세계에 갑자기 내던져졌고, 바로 이 시기에 멜로드라마가 그들을 위로하는 역할을 했다.

그러므로 '약자의 편에 서기'는 멜로드라마의 판을 짤 때 빠질 수 없는 요소이며, <풍문>이 본 홈페이지에서 "갑질이 난무하는 사회", "갑과 갑의 싸움 구경" 등의 문구를 통해 밝히는 기획 의도 역시 이와 맞닿아 있다. 그러나 <풍문>은 악을 징벌하기 위한 드라마가 아니며, 나아가 현대의 통속극이 손쉽게 자신을 위치시키는 절대악을 비판하는 자리로만 만족하지도 않는다.

3차원 좌표축의 직조, 여러 방향으로 작동하는 권력

<풍문> 내 현실의 좌표 공간은 일직선이 아니다. <풍문>의 세계 속 좌표에는 가로축과 세로축, 그리고 높이가 있다. 모든 등장인물은 좌표 내에서 자신만의 결을 지닌 정치적 위치를 차지하며, 그 자리를 지키거나 떠나는 논리적인 이유로 행동한다. 만만한 인물은 단 한 명도 없다. 그러므로 투쟁의 구도 역시 '선 대 악'(자본주의에 비판적인 풍으로 번역하자면 '서민 대 귀족'이 되기 쉽다)식의 이분법적인 구도만을 유지하지 않아, 처음에는 같은 편이던 인물들도 다양한 이유로 갈라서거나 연대한

다. 극에 등장하는 그 어떤 관계도 연인, 가족, 동료, 과거 투쟁의 동지와 같은 단순하며 추상적인 이름으로 묶이지 않는다. 이런 집요하며 세심한 통찰의 틀에서 누구도 예외는 아니다.

왕자와 신데렐라, 한인상과 서봄은 서로를 사랑한다. 서봄은 "너무 미안해도 싸우게 되나 봐"라고 말한다. 그러나 <풍문>의 세계는 동화 신데렐라의 세계와는 달라, 사랑만으로는 살 수가 없다. 자본의 논리가 개입했을 때 사랑은 흔들린다. 한정호가 한인상에게 상속 조건을 제시한 뒤로 둘의 사이에 금이 가고, 이는 서봄이 친정으로 돌아간 뒤 두 사람이 이혼하는 계기가 된다. <풍문>은 계급을 초월한 사랑이라는 신화 이면의 현실적 상황과 욕망, 그에 따라 빚어지는 갈등을 가시화한다. 두 사람은 맹목적으로 선했던 기존 연인들의 틀에서 벗어나, 시청자로 하여금 편안히 주인공에게 이입하게 했던 기존 통속극의 작동 방식을 교란한다.

한인상의 귀족 부모인 한정호와 최연희는 한인상과 서봄이 부부로서 살아가기 위해 타파해야 할 적이다. 적어도 전통적인 도식에 의하면 그래야 한다. 그러나 그들은 '서민의 적 상류층'이라는 추상적 프레임에서 한발 나아가, 뚜렷한 욕망과 결핍을 지닌 입체적 인물로 그려진다.

방송사 홈페이지 인물 소개란의 최연희 항목에 적힌 "품위를 잃으면 다 끝장이다"라는 문장이 재미있다. 이 짧은 말 안에는 권력이 작동하는 본질적인 구조가 있다. 품위는 권력의 무기다. 실제로 부부의 위치는 동등하지 않다. 자식 세대가 느끼는 한정호의 가부장적이며 이기적인 태도에 최연희도 불쾌함을 느낀다. 부부간의 싸움은 코믹하게 그려지는데, 두 사람은 머리채를 쥐어뜯고(탈모 증상이 있는 한정호는 절규한다) 바닥을 뒹군다.

하지만 둘은 이런 상태를 '아랫것'들에게는 티 내지 않는다. 최연희는 한정호를 침대에서 내쫓고 잠자리를 따로 가질 때에도 자식들 앞에서는 빈틈없이 '내조'하는 아내 역을 연기하며 한정호에게 존댓말을 쓴다. 두 사람의 권위를 지키기 위한, 무엇보다 단단한 결속이다.

둘의 겉 다르고 속 다른 모습은 상류층의 위선을 비웃기에 좋다. 그러나 그들이 그런 방식으로 행동하는 이유가 논리 정연하기에 관객도 마냥 조소하지는 못한다. 우스움 이면의 이입 가능한 사연, 마냥 대상으로만 생각할 수는 없는 악역들. 이 지점은 훌륭히 불편함을 유발한다. <풍문>은 웃음과 비판을 동시에 불러오며, 각각의 감정이 시청자에게 다면적으로 다가간다.

한정호의 캐릭터 표현에서도 이런 점이 잘 드러난다. 극 중 권력 피라미드의 최고위 인물인 그의 연기 톤은 인물 중 가장 연극적이다. 우렁찬 발성으로 화려한 수사와 고루한 인용구를 뱉는 연기는 인물을 우습게 만든다. 그러나 그 말들은 실질적 힘을 지닌 말이기도 하다. 아무리 말 같지 않은 소리를 하며 모니터 너머의 시청자를 웃게 만들어도 극 중에서 한송의 사장인 그가 힘 있는 왕인 점은 변치 않으며, 시청자는 그 점을 잊을 수 없기에 마냥 편하게 웃지만은 못한다.

이런 왕의 곁에는 살아남기 위한 줄타기를 하며 살아가는 인물들이 있다. 한정호는 집안의 고용인들과 회사 한송의 비서들을 가신이라는 신분 사회의 용어로 부른다. 가신은 실제 계급은 서민이나, 생활공간을 상류층과 공유하는 사람이다. 조선 시대의 마름, 미국 남부 농장의 흑인 집사, 유서 깊은 귀족 집안의 가정교사 등 역사 속에서 다양한 모습으로 등장해왔다. 이들의 생활은 고용주와 그 흥망을 같이한다. 그렇기에 그들의 태생적 좌표는 서민이지만 그들의 지갑 사정은 상류층과 함께하는 애매한 지점에 위치한다. 그들 자신이 스스로의 정체성을 어떻게 규정하느냐에 따라 그들의 위치는 달라지며, 그 결정에 따라 이들은 서로와 연대하거나 혹은 서로에게 대항해 싸운다. 한정호의 최측근으로서 한송만을 위해 일하는 비서 양재화(길해연 분)와 한송에 의해 과거 노조원이었던 오빠를 잃은 비서 민주영(장소연 분)의 갈등이 좋은 예이며, 두 인물의 선택은 마지막 순간 다른 인물들로 하여금 다른 선택을 하게 만드는 기반이 된다.

전형적 서민 가정인 서봄의 가족 역시 단순히 '가난하지만 선한' 인물들로만 그려지지는 않는다. 한정호가 지속적인 무기로 사용하는 돈은 서봄의 가족을 혼란에 빠뜨린다. 동생의 신분 상승 후, 서봄의 언니 서누리(공승연 분)는 질투와 부러움을 보이며 귀족 자제와의 결혼을 꿈꾸고, 그 과정에서 잘못된 선택을 해 동생 서봄에게 질타를 받는다. 과욕을 부리고 잘못된 판단으로 동생마저 위험하게 만들 뻔한 서누리의 모습도, 그 앞에서 마치 한정호의 가신마냥 냉정한 태도를 취하는 서봄의 모습도 '서민'이라는 단어가 일반적으로 연상시키는 '피해자가 되기 쉬운 선한 인물'과는 다른 결로 존재한다.

아버지 서형식(장현성 분)은 서봄의 이혼 선언 후 한때 자신의 것이 될 뻔했으나 이제는 아니게 된 권력을 그리워하며 자신을 한정호와 동일시하고, 그의 논리로 서봄을 다그친다. 과거 노조에 대한 한송의 위법행위 소송을 진행 중이던 삼촌 서철식(전석찬 분) 역시 이혼 소식 앞에서 옳다고 믿었던 가치를 버리고 서봄을 타이른다. 실은 자신을 위한 욕망을 "너를 위한 것"이라는 말로 포장하는 태도는 너절하지만 또한 익숙한 것이다. 때리는 시어머니보다 말리는 시누이가 밉다는 말이 있듯이, 권력의 작동 방식이 바뀌어도 권력에 기생해 강한 편에 서서 약한 쪽을 억압하려는 욕망은 언제나 보편적이기 때문이다. 가족의 다양한 갈등을 통해 <풍문>

은 같은 계급 집단에 속한 구성원이 다 같은 위치에 선 것이 아니며, 그들 사이에도 권력의 위계가 존재할 수 있다는 점을 보여준다.

약자, 자기를 연민하지 않는다

이처럼 입체적인 세계를 직조한 펜 끝은 예리하나, 그들을 보는 시선은 분명 온후하다. 약자가 무조건적인 선으로만 존재하지는 않는 세계가 공들여 이야기된 이유는 약자를 비난하기 위함이 아니다. 서민 역시 품위를 지킬 수 있는 세계를 신뢰할 만한 방식으로 보여주기 위해서다. 서봄의 투쟁이 그 역을 해낸다.

서봄은 굴러 온 돌이다. 아들이 공주와 결혼해 남들과 다른 세계를 상속받고 지켜나갈 것을 기대했던 한인상의 부모에게는 쫓아내고 싶은 이질적 존재이며, 가족에게는 이미 다른 세계로 가버린 사람으로서 기대, 부러움, 그리고 걱정을 한 몸에 받는 공주님이다. 한씨 집안 고용인들은 서봄을 작은 마님으로 부르지만, 그녀의 진짜 위치는 큰 마님이자 진짜 마님으로 인정받는 최연희와 다르기에 비서 이선숙(서정연 분)과도 기선 제압을 위한 싸움을 하게 된다.

이 과정에서 서봄이 절대 자신을 연민하지 않는 점이 흥미롭다. 멜로드라마가 시청자의 흥미를 끌기 위해 채택하기 가장 쉬운 방법은 주인공에게 이입시키는 것이다. 악인에게 핍박받는 선한 인물상으로서의 주인공은 서민들의 자아를 비추는 거울로 기능한다. 전통적으로 통속 멜로드라마의 주인공은 선한 의지는 있으나 현실적인 힘이 없기에 고난을 겪는다. 고난 후 오는 결말은 권선징악의 형태를 취하며, 이때 악인을 벌하는 것은 큰 힘, 보이지 않는 손이다. 이입의 대상인 주인공이 얻는 행복한 결말은 선한 의지에 대한 보답이며, 힘으로 쟁취하는 것이 아닌 자연히(혹은 당연히) 오는 것이어야 한다. 멜로드라마는 이런 결말을 통해 위안을 전한다.

그러나 자기 연민은 자기비판의 부재로 연결되곤 한다. 자신의 위치를 절대적 약자의 위치로 상정하면 자신 역시 언제든 가해자가 될 수 있음을 간과하기 쉬운 탓이다. 입체적 세계의 창조를 통해 이 함정을 한 번 넘은 <풍문>은 능동적인 주인공으로 하여금 서사를 끌고 가게 함으로써 또 한 번 함정을 훌륭하게 뛰어넘는다.

서봄은 계급을 규정하는 태생의 차이에 대해 오래 생각하지 않는다. 서봄이 한인상에게 왜 이렇게 큰 집에서 사느냐고 물어보자 한인상은 그저 태어나 보니 이랬다고 답한다. 더할 필요도 덜 필요도 없는 답이며, 서봄에게는 그것이 중요한 문제가 아니다. 서봄은 앞을 향해 간다. 삶의 관문들을 넘기 위해서는 싸워야 한다. 그 과정에서 그녀는 예의를 잃지 않으며 기죽지도 않는다. 그녀는 매 순간 최선의 선택을 하기 위해 노력한다. 그것은 강자에 대항하는 약자의 품위다. 그 강함이 주변 사람들을 변화시키고 마침내 한송에 대항한 더 큰 연대와 투쟁을 이끌어낸다.

세 번의 싸움, 변화와 연대

서봄의 싸움은 크게 세 번으로 나뉜다. 첫 번째 투쟁은 신분이 다른 왕자와 결혼하기 위한 것이었다. 한정호와 최연희는 굴러 온 돌이 빚어낸 풍파를 조용히, 권력의 근간인 '품위'를 지키며 처리하려 애쓴다. 그들은 수준이 맞지 않는 서봄을 쫓아낼 궁리를 하면서도 본인 앞에서는 "워딩에 신경 써", "법적으로 하자 없이" 행동해야 한다. 그리고 바로 그 지점에 돌파구가 있다. 한인상과 서봄은 강자의 무기인 법을 역으로 이용해 '법적으로 하자 없는' 혼인 신고서를 제출하고, 풍문이 퍼질 것을 두려워한 한정호와 최연희는 도리 없이 둘의 결혼을 축하하는 제스처를 취한다.

이후 서봄은 편입된 세계에서 싸우며 성장한다. 서봄은 집안에 부끄럽지 않은 며느리가 되기 위해 모든 살아온 방식을 바꾸고 사법 고시를 준비한다. 반쯤 귀족이 된 서봄은 이제 그 세계의 일원이 아닌 비서, 그리고 친언니와 갈등하며 성장한다. 이 싸움은 서봄의 세계가 한인상과 그 부모 이상으로 확장되어 그 자신이 스스로의 위치를 깨닫는 계기로 작용한다. 서봄은 자신이 이용했던 권력이 그것이 본래 자신의 것이 아닌 빌린 것임을 깨닫고 반성한다.

이제 세 번째 싸움은 서봄만의 싸움이 아닌 모든 인물들의 싸움으로 확장된다. 고용인들의 최초 파업을 계기로, 서봄은 한인상과 이혼하고 본가로 돌아간다. 그러나 한인상 역시 최종적으로는 과외 선생의 도움으로 집을 나와 서봄과 동거하며, 고용인들 역시 집을 나와 새로운 삶을 시작한다. 최연희는 기약 없는 여행을 떠나고 한정호는 새로운 고용인들과 집에 남겨진다. 그는 여전히 한송의 왕이나 넓은 집에 남겨진 그의 크기는 아주 작아, 완전히 혼자가 된 것처럼 보인다.

처음에는 더 높은 세계에 편입되기 위해, 그다음엔 그 세계에서 자리를 찾기 위해 서봄은 싸웠고 마지막으로는 그곳을 나와 더 옳은 길을 찾기 위한 것으로 싸움의 목적이 바뀌었다. 서봄은 비극 속에 홀로 존재하지 않는다. 그녀는 다른 이들과 관계를 맺을 줄 아는 독립적인 주체다. 서봄은 대상으로서의 수동적 공주이기를 거부하며, 최종 변화를 통해 다른 이들의 변화까지 이끌어낸다.

결말, 시청자의 선택을 기다리기

모든 작품은 시대와 영합한다. <풍문>을 통해 세계가 자본가와 노동자, 강자와 약자식의 이분법적 구도로 해석되는 시대를 떠나보낼 때가 되었음을 느낀다. 권력의 층위에서 늘 강자와 약자가 존재는 것은 분명하나, 앞서 말했듯이 세계의 좌표는 일직선이 아닌 3차원 공간에 존재한다. 약자 역시 또 다른 약자를 억압할 가능성을 내재한다.

특정 인물의 절대적인 선함을 상정하고 옹호하며 피해자의 위치에 두는 방식으로는 이 점을 비판하기 어렵다. 바로 그 점에서 <풍문>이 취한 전략이 멋지다.

서봄은 자신의 비극에 도취되지 않는다. 그녀의 이성적이며 예의 바른 태도는 관객으로 하여금 인물의 비극에 도취될 기회도 차단한다. 방영 당시 시청자들의 반응이 그 증거다. 많은 시청자가 강자의 포지션에 손쉽게 이입해 '건방지고 예의 없는' 서봄을 비난했다. 극의 끝에서 유일하게 원하는 것을 이루지 못한 한정호와 최연희만 불행하기 때문일 것이다. 승자보다는 패자에, 행복보다는 불행에 스스로를 위치시키는 편이 편안하다. 자신을 연민하는 것은 자신을 돌아보는 것보다 쉬운 일이다.

<풍문>이 시대의 뒤를 따르는 것이 아닌 시대와 발맞추는 드라마인 이유가 여기에 있다. 이야기의 끝에서 시청자는 자신의 태도를 돌아볼 것을 요구받는다.

만약 이 전통을 거부한 이야기가 위안이라는 가치를 비껴가는 것 같다면, 그 이유는 이입하는 지점에 있다. 부당하게 부를 축적하고 아랫사람을 억압하는 강자를 주인공으로 두고 이입한다면 <풍문>은 분노할 만한 비극적 이야기가 되기 때문이다.

고되고 불안한 불경기, 시청자들에게 <풍문>이 보여준 것은 나의 더 나은 내일, 그리고 나아가 다른 이들과 함께하는 내일에 대한 희망이다. 세밀하게 짜인 세계 너머에서, 약자도 인간으로서의 품위를 잃지 않고 싸우는 세상의 가능성에 대한 풍문이 전해진다. 멜로드라마가 추구하고자 하는 최종적인 가치가 '한줄기 빛'이라면, 그 빛은 이제 무조건적인 위안에서 한발 나아가야 한다. 막이 내린 뒤 관객이 다음 날, 그리고 또 다음 날 문득 돌아보고 신뢰할 만한 빛이 필요하다. 그런 점에서 <풍문으로 들었소>는 흔들리지 않는 빛을 전하는 훌륭한 멜로드라마가 되었다. 빛을 받아들일지 거부할지는 전적으로 시청자의 선택에 달려 있다.

쿡방과 요리 문화, 그 한계와 가능성

JTBC <냉장고를 부탁해>, O'live <올리브쇼>,
MBC <마이 리틀 텔레비전>, tvN <집밥 백선생>

권택경

쿡방(Cook + 방송) 전성시대라고 한다. 음식과 요리는 예전부터 TV의 주요 콘텐츠 중 하나였다. 종전까지의 방송들이 주로 맛집 탐방과 같은 형태로 이뤄졌다면, 쿡방들은 셰프(Chef)들을 스튜디오로 초대해 직접 요리하는 모습을 보여준다. JTBC의 <냉장고를 부탁해>, MBC <마이 리틀 텔레비전>의 백종원, O'live의 <올리브쇼>, tvN의 <집밥 백선생>이 대표적이다. 쿡방들이 큰 인기를 끌면서 방송에 출연한 셰프들이 연예인에 준하는 인기를 얻고 예능 방송이나 광고에도 얼굴을 내비치고 있다. 셰프테이너(chef + entertainer)라는 신조어까지 생겼다. 전성시대라는 말이 괜한 과장이 아니다.

그러나 한편으로는 의문도 남는다. 쿡방이 인기를 끄는 와중에도 정작 '요리' 그 자체에 대한 한국인들의 관심은 저조한 것으로 나타났기 때문이다.[1] 한국의 요리 문화의 기반이 약하다는 이야기다. 원래 아마추어 요리사 경연인 <마스터 셰프(Master Chef)>가 한국에서 프로 요리사의 참여도 허용하게 된 것은 이런 현실과 무관하지 않다. 직업이 아닌 취미로 요리를 하는 열정적인 요리 인구가 그리 많지 않기 때문이다. 이러한 현실 속에서 쿡방은 요리 문화의 저변을 넓힐 수 있는 기회다. 하지만 그 잠재력은 충분히 발휘되지 못하고 있다. 바쁜 일상 탓에 요리할 시간이 없고, 발달한 외식 문화 덕분에 굳이 요리할 필요도 없기 때문이라는 분석도 있다. 하지만 그와는 별개로, 쿡방의 인기가 요리 그 자체에 대한 관심과 실질적인 요리 문화의 발전으로 연결되지 못하고 있는 것은 쿡방들이 가지고 있는 한계들 때문이기도 하다.

먼저 예를 들어보자. <냉장고를 부탁해> 39화에서 김풍은 시부스트 크림(chiboust cream)에 도전한다. 시부스트 크림은 커스터드 크림(custard cream)과 이탈리안 머랭(Italian meringue)을 섞은 크림이다. 김풍은 머랭과 커스터드 크림을 완성하는 데까지는 성공했지만 결과적으로 봤을 때 김풍의 시부스트 크림은 실패에 가까웠다. 머랭에 다른 재료를 섞을 때는 최대한 거품이 꺼지지 않게 조심스레 섞어주어야 한다. 그러나 이날 김풍은 둘을 섞을 때 너무 강하게 휘저어 거품을 지나치게 많이 꺼뜨리는 실수를 범했다. 원래 시부스트 크림은 형태를 유지할 정도로 힘이 있지만 이날 김풍의 크림은 힘없이 흘러내려 접시에 고여버렸다. 김풍은 전문 요리인이 아니기 때문에 충분히 이러한 실수를 할 수 있다. 하지만 문제는 방송이 이것을 보여준 방식이다. 현장의 그 어느 누구도 이러한 실수를

---

1) "한국 사람들 '먹방'은 열심히 보지만 …… 요리 시간·지식·열정 모두 '세계꼴찌'", ≪조선일보≫, 2015년 4월 3일 자, http://news.chosun.com/site/data/html_dir/2015/04/03/2015040300225.html(검색일: 2015.11.27).

지적하지 않았고, 편집을 통해서도 언급되지 않았다.

물론 <냉장고를 부탁해>는 예능의 성격이 강한 프로그램이다. 극적인 구도를 위해 실패보다는 성공으로 연출했을 수도 있다. 하지만 중요한 것은 <냉장고를 부탁해>는 방송에서도, 홈페이지도 레시피를 제공하고 있다는 점이다. 레시피를 제공한다는 것은 이 방송이 단순히 요리 과정을 구경하는 즐거움을 제공하는 데 그치지 않고 시청자들에게 시도해 보라고 권하는 것과 마찬가지다. 이러한 권유에는 정확한 레시피를 제공해야 할 책임이 따른다. 그러나 <냉장고를 부탁해>는 이러한 책임에는 다소 무신경한 것처럼 보인다. 비단 <냉장고를 부탁해>뿐만이 아니다. 요리, 음식과 관련된 방송을 주요 콘텐츠로 삼는 O'live 역시 방송에 나온 레시피들을 홈페이지에 제공하고 있지만, 대부분 매우 짧은 설명에 그친다. 물론 모든 레시피가 길고 자세해야 하는 것은 아니다. 하지만 레시피는 복잡한 변수를 지닌 요리 과정을 설명하는 글이기 때문에 설명이 상세하면 상세할수록 좋다고 할 수 있다. 그러나 쿡방들이 제공하는 레시피는 지나치게 단순화되어 있다. 그저 방송에서 방송을 위해 단순화한 설명을 홈페이지에 무성의하게 옮긴 수준이다.

쿡방들의 방송 홈페이지가 중요한 이유는 무엇보다도 이것이 쿡방이기 때문이다. 쿡방은 무엇보다도 요리에 관한 방송이다. 모든 요리에는 조리법이 있고 그것을 고유한 문법 안에서 체계화한 것이 레시피다. 레시피는 글의 형태를 취할 수도 있고 다른 형태, 이를테면 영상의 형태를 취할 수도 있다. 쿡방은 바로 이 영상의 형태로 레시피를 전달할 수 있는 방송이다. 하지만 방송을 통한 레시피 소개는 시각적 직관성이 있는 반면 전달할 수 있는 정보에 한계가 있고, 글로 매개되는 레시피는 반대로 상세한 설명이 가능하지만 직관적이지 못하다. 이처럼 상반되는 장단점이 있기에 둘은 상호 보완적인 관계다. O'live의 쿡방들을 비롯해 많은 쿡방들이 더 자세한 정보를 원하는 시청자들에게 홈페이지에 방문하도록 안내하는 이유이기도 하다. 그러나 정작 방문해서 얻을 수 있는 정보는 전혀 자세하지 않다. 방송 콘텐츠의 원천으로 레시피가 존재하는 게 아니라, 레시피가 그저 방송의 부산물처럼 다뤄지기 때문이다. 이러한 문제는 미국의 음식 및 요리 전문 방송국인 푸드 네트워크(Food Network)와 비교해보면 여실히 드러난다. 푸드 네트워크의 홈페이지는 방송 홈페이지이기 이전에 이미 하나의 거대한 음식, 요리 정보 사이트다. 레시피 정보도 매우 체계적이다. 레시피의 저자, 분량(몇 인분), 조리 시간, 난이도, 재료 등의 정보가 일관된 양식에 따라 서술되어 있다. 반면 O'live가 홈페이지에서 제공하는 레시피 정보들은 부실할 뿐만 아니라 양식도 중구난방이다.

이는 방송만의 문제가 아니다. 방송 이전에 요리 문화의 발달 정도가 근본적으로 차이가 난다. 일찍이 미국에서는 1984년 출간된 해럴드 맥기(Harold Mcgee)의 저서 『음식과 요리(On food and cooking)』의 영향으로 요리에 대한 과학적이고 체계적인 접근이 뿌리를 내렸다. 푸드 네트워크에는 요리를 연구하고 개발하는 테스트 키친(Test Kitchen)이 있다. 이는 푸드 네트워크가 방대하면서도 상세한 레시피 데이터베이스를 보유할 수 있는 이유이기도 하다. <아메리카스 테스트 키친(America's Test Kitchen)>도 주목할 만한 사례다. ≪쿡스 일러스트레이티드(Cook's Illustrated)≫라는 잡지를 발행하기도 하는 집단인 '아메리카스 테스트 키친'은 이름 그대로 미국 가정 요리 레시피를 연구하는 테스트 키친 프로그램이다. 미국에서 흔히 먹는 음식들을 다양한 방법으로 수십 번씩 만들어보면서 가장 합리적인 레시피를 정립해 잡지와 동명의 방송을 통해 소개한다. "우리가 100번 만드니 여러분은 한 번만 만들면 됩니다"라는 말은 실패 없는 레시피

(foolproof recipe) 개발을 사명으로 삼는 <아메리카스 테스트 키친>의 철학을 잘 보여준다. 이처럼 미국 요리 방송의 기반에는 체계적으로 레시피를 개발해내는 테스트 키친이 자리 잡고 있다. 반면 한국의 O'live는 이처럼 체계적인 테스트 키친을 갖추고 있지 못하다. 개국 당시 음식 및 요리 전문 방송을 표방했던 O'live가 콘텐츠의 한계에 부딪히고 라이프스타일 채널로 콘셉트를 확장한 것은 테스트 키친의 부재와 무관하지 않다. 이처럼 스스로 콘텐츠를 생산해낼 기반이 없는 상황에서 대다수 쿡방이 셰프나 요리연구가 등의 출연자 개인의 역량에 의존한다.

물론 뛰어난 요리 실력과 지식을 갖춘 전문 요리인은 테스트 키친에 준하는 역할을 할 수 있다. 줄리아 차일드(Julia Child)가 대표적이다. 그는 TV 쇼와 책을 통해 미국의 가정에 프랑스 요리를 전파해 식문화 발전에 크게 기여한 것으로 평가받는다. 우리나라에서는 백종원이 그나마 비슷한 역할을 하고 있다. 백종원은 MBC <마이 리틀 텔레비전>에서 쉽고 간단하면서도 자세한 레시피를 소개함으로써 큰 인기를 끌었다. 백종원을 사업가로, 또 백종원의 레시피를 식당 밥으로 평가하는 시선도 있다.[2] 하지만 오히려 이 점이 백종원이 좋은 요리 선생이 될 수 있는 이유다. 좋은 레시피란 항상 균일한 결과물을 낼 수 있는 공정을 담은 매뉴얼이다. 이러한 매뉴얼이 그 어디보다도 필요한 곳이 바로 비교적 덜 숙련된 인력에 의해 유지되는 프랜차이즈 업체들이다. 메뉴를 개발하고 이를 매뉴얼로 만들어서 프랜차이즈 사업을 하는 백종원의 레시피가 상세하면서도 쉬운 이유다. 백종원 레시피의 또 다른 강점인 주변의 친숙한 재료,

---

2) "백종원이 '집밥 선생'? 무슨 그런 농담을", 《조선일보》, 2015년 7월 8일 자, http://news.chosun.com/site/data/html_dir/2015/07/08/2015070803695.html(검색일: 2015.11.27).

값싼 재료를 활용하는 점도 재료 수급과 단가, 마진을 고민해야 하는 사업가의 태도에서 나온 것이라 할 수 있다.

　백종원을 저평가하는 시선의 이면에는 요리를 신성화하는 관념도 깔려 있다. 그동안 우리가 방송에서 주로 본 요리의 이미지는 KBS <6시 내고향>의 할머니들의 손맛이거나 SBS <생활의 달인>에서나 볼 법한 달인들의 작품이었다. 이런 이미지에 익숙한 사람들에게는 프랜차이즈 사업가가 나와서 선보이는 쉬운 요리를 집밥이라 칭하는 것이 신성모독이다. 백종원의 요리는 엄마의 집밥과 달인의 작품, 그 어디에도 속하지 않는 세속적 요리이기 때문이다. 백종원의 요리를 집밥이라 부르는 것이 "어머니들이 펄쩍 뛸 일"이라고 말하는 ≪조선일보≫의 칼럼이나,[3] 백종원을 엄마의 열화된 대체품 정도로 보는 황교익의 평가는 이러한 시선을 반영한다.[4] 그러나 요리의 세속화야말로 요리 문화의 발전을 위해서 진정으로 필요한 일이다. 가정에서의 요리가 특히 '엄마의 손맛'에 얽매여 있을 때 이는 자칫 가부장적인 낡은 관습을 답습하게 만드는 명분이 될 수 있다. 통계에 따르면 맞벌이 가정에서조차 여전히 요리를 비롯한 가사 노동을 대체로 여성이 담당하고 있다.[5] '집밥' 즉 가정식이 엄마의 손맛으로 치환될 때 요리는 다른 가사 노동과 마찬가지로 순전히 여성의 소임처

3) "백종원이 '집밥 선생'? 무슨 그런 농담을", ≪조선일보≫, 2015년 7월 8일 자, http:// news.chosun.com/site/data/htmldir/2015/07/08/2015070803695.html(검색일: 2015.11.27).

4) "황교익 '텔레비전의 백종원은 대체엄마' 주장", ≪이데일리≫, 2015년 7월 31일 자, http://starin.edaily.co.kr/news/NewsRead.edy?SCD=EA31&newsid=0202376660 9433208&DCD=A10102.

5) "맞벌이는 좋고 가사 분담은 싫은 남성들", ≪여성신문≫, 2013년 1월 11일 자, http://www.womennews.co.kr/news/55794#.Vljx1_6hfIX(검색일: 2015.11.27).

럼 받아들여진다.

백종원이 요리 문화에 기여하는 또 다른 부분은 바로 이와 같은 고정관념을 깨는 데 있다. tvN의 <집밥 백선생>에서 백종원은 출연자들에게 요리를 가르친다. 출연자들은 나이도 다르고 직업도 다르지만 공통점도 있다. 모두 남자이고 요리와는 다소 동떨어진 존재라는 점이다. 이들처럼 '집밥이 절실'하지만 스스로 요리를 못하는 남성의 식생활은 엄마와 아내에 의해 지탱된다. 그러나 전통적인 가족 모델이 사라져가고 있는 현대 사회에서 밥을 해줄 엄마나 아내의 존재를 항상 기대할 순 없다. 기러기 아빠인 배우 김영호가 <냉장고를 부탁해>에 출연해 음식을 밖에서 사 먹거나 굶는다고 말하자, 다른 출연진들이 그에게 동정의 시선을 보낸다. 그러나 굶거나 사 먹는 극단 사이에는 직접 해서 먹는다는 선택지도 분명 있다. 하지만 평생 엄마와 아내가 해준 밥을 먹던 사람이 갑자기 요리를 시작하기란 쉽지 않다. <집밥 백선생>이 파고드는 지점이 바로 이 지점이다. 윤상도 김영호와 같은 기러기 아빠다. 하지만 윤상은 단순히 동정의 대상으로 남지 않고 스스로 집밥을 만들어 먹고 아내와 아이들에게 요리를 해줄 수 있는 아빠로 거듭난다.

요리를 '엄마의 손맛'이란 낡은 프레임으로부터 해방시키는 것은 여성 해방이나 양성평등 같은 문제뿐만 아니라 요리 문화의 발전과도 직결된다. 요리가 시어머니에서 며느리로, 장인에서 수제자로 전승되는 전통과 관습의 영역에 남아 있을 때 요리는 마치 신성불가침의 영역처럼 받아들여진다. 이는 조리법에 대한 비판적 검증을 가로막는다. 어머니의 방식, 스승의 방식에 의문을 제기하는 건 쉬운 일이 아니기 때문이다. 하지만 주방의 관습적 조리에는 분명 근거 없는 미신들이 도사리고 있다. 가령 서양 요리에는 "스테이크의 겉면을 바삭하게 지지면 육즙이 빠져 나오지 않는다"는 유명한 미신이 있다. 1930년대에 실험으로 이것은 사실이 아님이 증명되었다. 한국에도 이런 미신이 많다. 백종원이 <마이 리틀 텔레비전>에서 언급하기도 했던 "라면을 끓일 때 스프를 먼저 넣어야 비등점이 올라가 맛이 좋다"는 주장이 가장 대표적이다. 너무 유명해 국민적 상식처럼 통한다. <냉장고를 부탁해>에 출연한 샘킴도 "파스타를 삶을 때 소금을 넣으면 온도가 올라가 더 맛있어진다"며 비슷한 이야기를 했다. 하지만 온도 변화는 섭씨 0.17도 정도로 맛에 영향을 줄 정도로 유의미한 변화가 아니다.[6] 요리를 어머니나 장인의 신기(神技)로부터 끌어내려 과학적으로 분석 가능하고 실험으로 검증할 수 있는 것으로 재인식해야 비로소 비판적 검토를 통한 합리화가 가능해진다.

이처럼 요리의 세속화에서 더 나아가 요리를 합리화하는 역할을 해줄 수 있는 것이 앞서 말한 미국의 푸드 네트워크나 <아메리카스 테스트 키친>과 같은 테스트 키친을 갖춘 음식 방송이다. 요리사뿐 아니라 과학자들도 참여해 요리와 관련된 관습들이 근거 없는 미신인지 선조들의 지혜인지 확인한다. 아직 한국에는 부족한 시도다. 백종원은 물론 샘킴 같은 전문적인 셰프들조차 종종 과학적인 사실과 맞지 않는 설명을 하는 게 현실이다. 제작진들에게는 잘못된 설명을 거르거나 정정해 정확한 설명을 제공하려는 의지도 능력도 없는 것처럼 보인다. <올리브쇼>에 출연한 김호윤 셰프는 공학도 출신답게 요리에 대한 이론적인 설명을 시도한다. 하지만 그가 '삼투압'같이 조금이라도 전문적이거나 학술적으로 보이는 용어를 입에 담으면 출연자들은 노골적으로 어렵고 재미없다는 듯한 반응을 보인다. 방송은 김호윤 셰프를 '재미없고 쓸데없이 설명하는

---

6) "신발도 튀기면 맛있다? 사실이네!", ≪동아일보≫, 2015년 6월 12일 자, http://news.donga.com/3/all/20150612/71821663/1.

사람'으로 캐릭터화한다. 일종의 반지성주의까지 엿보이는 장면들이다. 그러나 요리의 뒤에 있는 과학적 원리를 이해하는 일은 매우 중요하다. 무작정 방법만 외워도 요리할 수 있다. 하지만 방법 너머의 정확한 원리를 알아야 좀 더 능동적인 적용이 가능하다. <아메리카스 테스트 키친> 같은 미국의 요리 방송이 '어떻게' 하는지를 알려주는 데 그치지 않고 '왜' 그렇게 해야 하는지를 알려주는 데 집중하고, 과학 꼭지를 따로 둬 조리에 얽힌 과학 이론들을 설명하는 것도 이 때문이다. 한국의 쿡방이 한 단계 더 나아가기 위해서 배워야 할 모범이다.

쿡방 열풍이 지속될 지에 대해 박준우와 황교익은 서로 상반된 견해를 내놓는다.[7] 박준우는 쿡방이 "끝물"이라 말하고, 황교익은 "아주 길게 갈" 것이라고 말한다. 쿡방이 일시적인 유행으로 끝날지 아니면 새로운 영역으로 남을 것인지는 아직은 미지수다. 쿡방이 요리 과정을 그저 구경 거리로 소모하기만 한다면 자극에 무뎌지는 순간 대중의 흥미는 필연적으로 떨어질 것이다. 그렇게 된다면 박준우의 예측처럼 쿡방의 인기는 언제 그랬냐는 듯 사그라질 것이다. 쿡방이 황교익의 말처럼 아주 길게 가기 위해선 그 자신이 뿌리내리고 있는 요리 문화의 발전에 기여하는 방향으로 발전할 필요가 있다. 지금처럼 단순히 셰프 같은 전문가들을 불러놓고 그들 개개인의 역량에 의존하기만 하는 것으로는 부족하다. 단순히 방송에 나온 출연자가 선보인 레시피를 그대로 받아 옮기는 매개체에 그치는 것이 아니라 그것을 비판적으로 검토하고 다듬어낼 수 있어야 한다. 이는 방송이 방송을 위한 방송에 그치는 것이 아니라 그 이상의 것이 되는 것을 의미한다. 즉, 방송이 뿌리내리고 있는 문화의 발전의 선순환에

---

7) MBC, '별에서 온 셰프', <다큐 스페셜>, 제673화, 2015년 6월 15일 방송.

기여할 수 있는 체계의 일부로 거듭나는 일이다. 이것이 쿡방이 단순히 요리 문화를 콘텐츠로 소모하고 사라지는 것이 아니라 요리 문화의 일부로 서 오래도록 살아남는 길이다. 방송의 유행은 일시적이어도 음식과 요리 는 인류가 존재하는 한 항상 제자리에 있을 것이기 때문이다.

혼자 산다는 것에 대하여

tvN 목요드라마 <식샤를 합시다> 시즌 2

김현정

<식샤를 합시다> 시즌 2(이하 <식샤 2>)를 '오락적인 드라마'라고 평가하는 사람들이 제시할 수 있는 근거는 충분하다. 이때의 '오락적'이라는 수식어를 풀어 쓰자면 '고민하지 않고 즐겁게 볼 수 있는' 정도가 될 것이다. 가령 화면 가득 담긴 음식의 모습과 듣기만 해도 입맛을 다시게 되는 소리들로 보는 사람의 말초신경을 자극하는 이 드라마의 '먹방' 장면이라든지, 서사(narrative)와는 별개로 순간적인 웃음을 선사하는 배우들의 코믹한 연기, 그리고 제작진의 '낚시질'에 미끼로 사용되는 의문의 옥탑방 청년 등이 그 근거가 된다. 그래서 어떤 사람들은 <식샤 2>가 드라마가 끝난 뒤에 어떤 질문과 고민도 불러일으키지 않는, 철저히 '소비' 되고자 하는 목적으로 만들어진 드라마라고 이야기한다.

그렇다. 나도 이 드라마가 오락적이고 소비적이라는 평가에 동의한다. 하지만 그게 전부는 아니다. <식샤 2>의 시끌벅적한 유쾌함 뒤에는

많은 사람들이 놓치고 있는 하나의 단어가, 아주 중요한 하나의 단어가 숨어 있다. 식구(食口)다.

새로운 시즌, 새로운 주인공

옆집 여자의 손을 잡고 "이 손, 앞으로 절대 안 놓을 거라고요"라는 다짐을 하며 국내 최초의 '먹방' 드라마 <식샤를 합시다> 시즌 1(이하 <식샤 1>)을 마무리했던 구대영(윤두준 분)은 그 손을 놓고 세종특별시로 삶의 터전을 옮겼다. 그가 세종시를 선택한 이유는 명확하다. 세종시가 1인 가구 비율이 높은 도시이기 때문이다. 혼자 사는 사람은 외롭고 불안하기 마련이다. 그리고 '보험왕'이 되고 싶은 보험설계사 구대영은 딱 그런 사람들이 필요하다.

<식샤 1>의 인물들은 각자 직장 생활을 하고 삼각관계에 얽히기도 하는 등, 일반적인 드라마의 등장인물처럼 보인다. 하지만 과연 그들이 드라마의 주인공이었을까? <식샤 1>의 주인공은 구대영도 이수경(이수경 분)도 아닌 그들이 먹는 음식, 그 자체였다. 구대영을 비롯한 인물들은 드라마의 주인공인 음식이 누군가로 인해 먹힐 때에야 비로소 제 역할을 다할 수 있기 때문에 존재했다. <식샤 1>은 음식 먹는 '사람'의 이야기가 아니라 사람이 먹는 '음식'의 이야기였다.

그렇다면 <식샤 2>는 어떠한가. 만약 이 드라마의 주인공이 여전히 음식이었다면 구대영이 이삿짐을 푼 곳 역시 전주나 부산 같은 '맛있는' 지역이었어야 한다. 하지만 구대영이 새로 찾아간 곳은 다름 아닌 세종시다. 세종시에서는 '세 명 중 한 명이 혼자 산다'. 두 번째 시즌에서도 여전히 음식과 먹방은 이 드라마의 주요한 신 스틸러(scene stealer)이자

화젯거리이지만, 더 이상 주인공의 자리에 있지 않다. <식샤 2>의 주인공은 혼자 살기 때문에 외로운 '사람들'이다.

관계를 잃고 혼자가 되었네

이전 시즌에 비해 한층 더 다채로워진 <식샤 2>의 인물들은 현실에 존재하는 다양한 유형의 1인 가구들을 대변한다. 그들의 연령대는 청년부터 노년까지 아우르며, 그들이 혼자 살게 된 이유 역시 제각각이다. 혼자 사는 사람이라고 해서 다 같은 1인 가구가 아닌 우리의 현실이 드라마에 적절히 반영된 대목이다.

구대영이 이사한 세종빌라에는 자발적으로 혼자 사는 것을 선택한 1층 이점이 할머니(김지영 분)와 하루 빨리 결혼해서 1인 가구의 삶을 벗어나고 싶어 하는 구대영의 새로운 옆집 여자 백수지(서현진 분), 영문 모를 이유로 (극 중 인물들은 중반까지 고아로 알고 있었다) 옥탑에 살고 있는 이주승(이주승 분)이 있다. 그리고 세종빌라 주민은 아니지만 지방 발령을 받아서 어쩔 수 없이 혼자 살게 된 공무원 이상우(권율 분)와 "나도 올라가고 싶은데 못 올라가, 서울. 나 여기서 돈 벌어야 돼"라고 술주정을 하는 기러기 아빠 임택수(김희원 분)도 1인 가구로 등장한다. 이들이 1인 가구라는 것, 즉 혼자 산다는 것은 물리적으로 혼자라는 것 이상을 의미한다. 자발적이든 비자발적이든 <식샤 2>의 모든 인물은 자신의 삶에서 어떤 관계들을 상실했고, 그래서 그들은 외롭다.

그들이 어떤 관계를 어떻게 잃어버리게 되었는지 살펴보자. 먼저 구대영은 말끔한 복장을 하고 외제 차를 몰고 다니며 화려한 언변과 타고난 친화력으로 어디서도 꿀리지 않아 보이는 인물이다. 하지만 그의 외제 차는 부의 상징이기는커녕 고객 유치를 위한 투자(라 쓰고 빚이라 읽는다)이며, 그가 보험왕이 되기 위해 동분서주하는 이유는 자신의 학자금 대출과 부모님의 빚을 갚기 위함이다. <식샤 1>에서 그가 했던 자조와 한숨 섞인 한마디는 그 역시 이 시대의 '삼포세대'임을 보여준다. "연애할 시간에 차라리 돈 벌고 빚부터 갚아야죠."

반면 구대영과 함께 삼각구도의 다른 한 꼭짓점을 맡은 사무관 이상우는 구대영과는 정반대로, 물질적 풍요 속에 살고 있는 사람이다. 그의 부(富)는 무지(無知)로 표현되는데, 그것은 "월세가 부담이라면 전세를 살면 되겠다"는 말을 아무런 악의 없이 내뱉는 것과 같은 종류의 무지다. 하지만 그런 그도 자신이 몸담고 있는 공무원 사회에서 소문이 빠르게 돈다는 것은 너무도 잘 알고 있다. 그래서 이상우는 직장의 모든 사람들과 적당한 거리를 유지하며 자기 주변에 높은 벽을 쌓아 올린다. 그는 그렇게 외로운 사람이 된다.

구대영의 초등학교 동창이자 <식샤 2>에서 삼각구도의 마지막 꼭짓점에 해당하는 백수지는 잃어버린 관계가 남들보다 더 많다. 그녀는 뚱뚱했던 과거 때문에 제대로 된 애인은커녕 친구도 없는 삶을 살고 있다. 자신감도, 자기애도 없는 백수지는 과거의 트라우마(trauma)에 발목 잡혀 앞으로 나아가지 못하고 있는 셈이다. 그녀가 잃어버린 관계들 중 가장 소중한 것은 바로 그녀 스스로와의 건강한 관계다.

기러기 아빠는 가족을 위해 돈을 벌지만 가족 자체를 잃어버렸으며, 옥탑방 청년은 자신의 과거를 숨기기 위해 주변의 모든 사람들과 관계를 끊어버렸다. 잃어버린 관계가 없는 것처럼 보이는 이점이 할머니도 평생 동안 남편과 자식들을 뒷바라지하며 살아온 생활이 몸에 밴 탓에 그들의 빈자리를 느끼고 있다. 그래서 할머니는 손자를 챙기듯 옥탑에 사는 이주승에게 밥을 해다 주곤 한다.

'식샤'로 이어지는 사람들

세종빌라의 주민들은 그동안 같은 건물에 살아도 남인 것처럼 서로에게 무관심한 채 지내왔다. 지극히 평범하면서도 현실적인 그곳에 구대영이 등장한다. 구대영은 어떤 사람인가. 이점이 할머니의 대사를 빌려 설명한다. "넉살하고는. 어디 가서 밥은 안 굶겠구먼." <시즌 1>에서는 첫 회부터 옆집 여자의 이삿짐 정리를 도와주던 그가 <시즌 2>에선 옆집, 아랫집 가리지 않고 얼굴을 들이민다. 이사 떡을 돌리고 살갑게 대화를 이어나간다. 하늘에 제각각 떠 있는 별처럼 혼자였던 세종빌라 주민들은 구대영을 만나고 비로소 하나의 별자리로 이어지게 되는데, 이때 이음줄의 역할을 하는 것이 바로 식사, 아니 '식샤'다.

같이 밥을 먹는 행위인 식사는 이 드라마에서 인물 간의 관계를 드러내는 장치로 사용된다. 조금 더 정확히 표현하자면, 식사가 그들의 만남을 주선하고 지속시키는 관계의 '매개자' 역할을 하는 것이다. 예컨대 1회에서 구대영의 주도로 세종빌라 사람들이 처음으로 다 같이 중국 음식점에서 식사를 하는 장면은 앞으로 그들이 서로에게 식구 같은 존재가 되리라는 것을 암시한다. 또한 옥상에서 숨어 살던 이주승의 존재가 발각된 이후, 아래층 할머니가 손수 백숙을 끓여 이웃들과 같이 먹게 하는 장면에서는 이주승 역시 그들의 식구이자 이웃으로 자리하게 될 것을 알 수 있다. 기러기 아빠 임택수가 혼자 밥을 먹으러 식당에 갔다가 역시 혼자 밥을 먹고 있던 여자와 합석한 장면은 그들의 외도를 세련된 방식으로 예고한다. 관계의 상실로 인한 외로움을 호소하던 인물들은 식사를 통해 서서히 잃어버렸던 관계를 회복해간다.

또한 같이 밥을 자주, 만족스럽게 먹는 사이일수록 관계가 견고해진다. 이는 특히 구대영 - 백수지 - 이상우로 이루어진 삼각관계에서 더욱 두드러지는 부분이다. 극의 후반까지 공식적인 애인 사이였던 백수지와 이상우의 관계는 이미 둘의 식사 장면들에서 그 미래가 예견되었다. 백수지가 이상우와 처음으로 같이 먹은 음식은 분자 요리였다. 하지만 '먹어도 먹은 것 같지도 않은' 식사를 하고 나서 그녀가 정말로 맛있게 먹은 것은 구대영에게 받은 어린 시절의 상처 때문에 그동안 먹을 수 없었던 떡볶이였다. 그것도 구대영과 함께 말이다. 그다음에도 백수지는 이상우와 바다가재를 먹고 나서 생전 처음으로 배탈이 났고, 그녀가 이상우를 위해 준비한 김밥은 먹기도 전에 상해버렸다. 제작진은 두 사람이 '오래오래 행복하지' 못할 사이라는 걸 시청자에게 꽤나 노골적으로 알려준 것이다.

반면 구대영과 백수지의 상황은 다르다. 둘은 라면을 끓일 때 스프부터 넣을 건지, 면부터 넣을 건지와 같은 사소한 부분에서 매번 부딪치지만, 음식을 좋아하는 것부터 좋아하는 음식까지도 잘 맞는 사이다. 그들은 서로 옆집에 사는 데다 식성도 비슷해, 드라마의 시작부터 많은 음식을 함께 먹어왔다. 둘 사이에는 이상우가 결코 넘볼 수 없는 '식사의 장벽'이 존재하는 것이다.

식구가 필요한 시대

자, 이제 이 글을 마무리하기 위해 다시 처음으로 돌아가 보자. 나는 이 드라마에 식구라는 중요한 단어가 숨겨져 있다고 말했다. 식구는 왜 중요한가? 일상에서 식구와 거의 같은 의미로 사용되는 단어로는 가족이 있다. 비슷해 보이는 두 단어의 한자를 살펴보면 그 차이가 뚜렷하게 드러난다. 식구(食口)는 먹을 식(食)과 입 구(口)로 이루어졌다. 가족(家族)은 집 가(家)와 무리 족(族)이 합쳐진 단어다. 가족이 '한집에서 사는 무리'라는 의미로 집단적인 성격이 강한 단어라면, 식구는 '(함께) 먹는 입'이라는 뜻으로, 집단의 구성원 개인에게 초점을 맞춘 개인적인 단어다. 그뿐만 아니라 가족은 혼인이나 혈연으로 맺어진 사람들만을 지칭하는 말이지만 식구는 같은 곳에서 먹고 생활하는 사람이라면 누구나 해당되는 말이다. 식구가 중요한 이유는 바로 이 때문이다.

우리 사회가 변하는 중이라고들 말한다. 하지만 사회는 변하는 중이 아니라 이미 변화한 상태다. 돈이 없어서든 혼자가 좋아서든 지금 대한민국에는 혼자 사는 사람이 많다. 500만 명이 넘는다. 1인 가구가 주인공인 <식샤를 합시다> 시리즈는 이런 시대 변화를 반영해 만들어졌다. 앞으로도 1인 가구는 계속 증가할 예정이고, 개인주의는 지금보다 더 확산될 수밖에 없을 것이다. 이건 뒤로 무를 수 있는 일이 아니다. 그렇기 때문에 이제 문제는 혼자 사느냐 마느냐가 아니라 '어떻게' 혼자 사느냐, 어떤 게 건강한 개인주의냐. 정답은 없고 좋은 답은 있다. '집단주의에 매몰되거나 은둔주의에 갇히지' 않아야 한다. 혼자 사는 사람이나 그렇지 않은 사람이나, 잘 살기 위해서는 누군가와 같이 밥을 먹을 수 있으면서도 혼자 식사를 할 수 있어야 한다는 것이다.

<식샤 2>의 인물들은 같은 건물에 모여 살지만 서로의 가족은 아니다. 그들은 서로 결혼하지도 않았고 서로의 부모나 자식도 아니다. 그저 옆집, 윗집, 아랫집에 사는 이웃일 뿐이다. 하지만 그들은 같이 '식샤'를 하면서 식구가 된다. 혼자이지만 더 이상 혼자만은 아닌 생활을 하게 된다. 어떤 이는 말도 안 되는 판타지라고 비웃을지도 모른다. 하지만 이웃과 식사를

하고 가족이 아닌 식구를 만드는 일이 정말 판타지인가? 그런 상황을 비현실적이라고 여기게 된 현실이 더 비현실적이지 않은가? 누구나 다 구대영이 될 수도 없고 그럴 필요도 없다. 하지만 어느 날 혼자인 게 외롭다면, 눈인사만 하던 옆집 사람에게 이렇게 말할 수 있지 않을까. 우리 같이, 식사를 합시다.

우수작

뭘 좀 아는 '척'하는 어른들의 코미디

tvN <SNL 코리아>

박재영

2011년부터 매주 토요일 밤 tvN에서 방송되는 <SNL 코리아>는 프로
그램의 홈페이지 기획 의도에 따르면 '대한민국에 단 하나', '뭘 좀 아는
어른들'의 생방송 코미디를 지향한다. <SNL>의 뿌리는 1975년 미국
NBC에서 시작한 <새터데이 나이트 라이브(Saturday Night Live)>다. 정치·사
회 풍자와 더불어 공연을 진행하는 뮤지컬 게스트를 통한 복합 라이브
쇼를 표방하며 40년 넘게 장수하고 있다. 프로그램이 배출한 스타도 부지
기수다. 짐 캐리(Jim Carrey), 마이크 마이어스(Mike Myers), 에디 머피(Eddie
Murphy), 로버트 다우니 주니어(Robert Downey Jr.)가 <SNL> 출신이다.
<SNL> 크루로 발탁되는 것은 미국에서 가장 인기 있는 코미디언의
길을 걷게 되는 것이나 마찬가지다.

많은 이들이 오리지널 <SNL>의 성공을 금기 없는 신랄한 풍자에서
찾는다. 특히 정치와 젠더 문제는 뜨거운 감자였다. 티나 페이(Tina Fey,

작가, 코미디언, 영화감독)는 무능력한 여성 정치가 '세라 페일린(Sarah Palin)'을 페미니즘적 시선으로 풍자하고 비꼬아 조회 수 900만 이상을 기록했다. 호스트로 참여한 가수 브리트니 스피어스(Britney Spears)는 본인의 가슴 안에 움직이는 기계를 넣어 직접적으로 언급하며, 10대 소녀의 가슴에 집착하는 미디어의 남성적 시선을 위트 있게 꼬집었다. <SNL>은 '성'과 '정치'라는 두 축의 거대한 화젯거리 외에도 인종, 외모지상주의, 소수자에 대한 논쟁을 수십 년간 다루어왔다. 패러디, 뮤직비디오, 콩트 등 시청자들에게 어렵지 않으면서도 참신한 방식으로 쇼를 이끌었으며 대중은 열광했다.

사전에 의하면 '코미디'는 '웃음을 주조로 해 인간과 사회의 문제점을 경쾌하게 다룬 극 형식'의 의미를 가진다(네이버 백과사전). 인간과 사회를 향한 비판을 전제한 프로그램에서 매주 새로운 문제를 화두로 시청자의 반향을 일으키는 것은 당연한 현상일지도 모른다. 그렇다면 '대한민국에 단 하나'인 코미디 프로그램으로서 <SNL 코리아>는 '뭘 좀 아는 어른들'인 크루와 제작진을 통해 어떠한 인간적·사회적 비판의 메시지를 전하고 있을까? 그로 인한 반향에는 무엇이 있을까? 과연 대한민국 코미디 중 단 하나라고 자부할 만한 콘텐츠를 생산하고 있는가?

몸 사리는 혹은 사려야만 하는 <SNL 코리아>

아쉽게도 1% 중반대의 평균 시청률로 여섯 번째 시즌의 첫 막을 내린 <SNL 코리아>는 기획 의도를 충실히 반영하지 못한 것 같다. <SNL 코리아>는 풍자의 효과적인 방식인 '패러디'를 주로 사용한다. 최근에 방영을 재개한 시즌 6의 20회를 참고하자면 9개의 코너 중에서 6개가 기존의 영화, 드라마, 예능의 틀을 패러디했다. 영화 <베테랑>, 예능 <복면가왕>, 해외 서바이벌 리얼리티 쇼인 <인간과 자연의 대결(Man VS. Wild)>의 틀을 그대로 가져왔다. 그런데 이런 패러디 속에서 한국 사회의 문제를 직접적으로 다룬 코너는 대한민국 회사의 현실을 야생에 빗댄 'Man VS City'뿐이었다. 나머지 코너들은 원본을 희화해 한시적 웃음거리로 전락시키는 데 그쳤다. 한 예로 방탕한 재벌과 정의로운 시민의 대결 구도를 소재로 기업을 비판한 영화 <베테랑>의 패러디에서 영화상에 나타난 기업을 향한 문제적 시선은 제거한 채, 기존 영화 주인공의 폭력성에만 주목해 코너를 구성하고 유명 대사를 읊었을 뿐이다. 드라마 <나쁜 녀석들> 패러디 역시 '범죄자를 검거하기 위해 강력 범죄자를 기용한다'는 원작의 흥미로운 설정은 제외되었다. 그저 형사와 범죄자의 몸싸움을 일종의 스킨십으로 설정해 동성애 코드를 사용함으로써 웃음을 유도했을 뿐이다. 굳이 <나쁜 녀석들>이 아닌 모든 액션물에 끼워 맞출 수 있는 연출일뿐더러 소수자 비하의 여지까지 보였다.

<SNL 코리아>의 비판 없는 패러디가 최근에야 문제시된 것은 아니다. 이전부터 '인터넷에서 젊은 층으로부터 이미 검증을 받은 콘텐츠' 혹은 '남성적 시선에서 비추어진 젠더 이슈'를 주된 소재로 답습하는 것에 불만을 가진 시청자들이 불만의 목소리를 내기도 했다. 시청자 게시판에서 "신선함과 위트는 사라지고 노골적인 노출만 남은 <SNL>", "<SNL>의 개그는 성차별주의자의 여성 혐오, 패드립 등의 약자를 향한 비난도 포함됩니까"와 같은 비판을 어렵지 않게 찾아볼 수 있으며 '외방커뮤니티', '뽐뿌'를 포함한 인터넷 커뮤니티에서도 남성적 시선의 폭력성을 고발하는 논지의 글들이 게시되었다.

하지만 여섯 번째 시즌을 거치면서도 시정된 부분은 미미했다. 사실

'비판 없는 패러디'와 '성희롱에 가까운 젠더 이슈'는 한국 코미디 프로그램 전반에 걸쳐 고착화된 문제이기 때문이다. 한 영화가 흥행에 성공하면 많은 코미디 프로그램이 동명의 코너를 제작한다. 코너를 기획하는 데 있어 캐릭터의 성격 규정은 가장 어려운 부분인데, 이미 명쾌한 성격을 가지고 있고 캐릭터 간 관계가 확실하다는 장점 때문이다(앞서 언급한 <베테랑> 역시 <개그콘서트>에서 동명의 코너를 제작한 바 있다). 문제는 영화의 인기 역시 유행을 타는 것이어서 급하게 구성되는 탓에 영화가 가진 본질적 풍자가 사라진다는 점이다. 풍자와 비판이 사라진 자리에는 '외모 비하'와 '대사 그대로 따라 하기'가 자리하며 가벼움만 남는다. 비단 영화 패러디만을 말하는 것이 아니다. 코미디마저 인스턴트 방식을 따르고 있다.

예를 들어 인기 웹툰 <패션왕>을 패러디한 '패션고등학교'를 포함한 <SNL> 하이스쿨 시리즈는 이미 2011년에 인터넷을 휩쓴 인기 포맷을 그대로 복사한 것이다. 2000년대 후반부터 싸이월드, 페이스북 유머 페이지에서 인기 소재였던 '허세', '중2병'이 <SNL>에 이르러 영상화되자 방영 초반에 시청자들은 열광했다. 하지만 '연애고등학교', '다이어트고등학교' 등의 자기 복제에 젊은 시청자들은 지루함을 느꼈고 '가장 트렌드에 앞선' 인터넷 콘텐츠들을 TV로 끌어왔는데도 불구하고 유행에 뒤처진 콘텐츠라고 평가했다. 인기 웹툰과 흔히 '썰'이라고 불리는 유머 글, 그리고 그 글에 달린 베스트 댓글을 어떠한 창조적 사고 과정 없이 그대로 차용하기에 급했기 때문에, 이 과정에서 인터넷에 원본을 올린 수많은 익명 저작자가 권리를 인정받지 못했다. 또한 '최근 인터넷에서 재미있다고 검증받은' 콘텐츠를 가져오다 보니 여타 프로그램에 비해 젊은 감각을 유지한 것처럼 보이지만, 한시적인 웃음거리 외에 깊이 있게 생각할 질문을 던지는 코미디는 없었다. 이는 원본이 왜 인기를 끄는지, 왜 수용자가 재미있게 느끼는지에 대한 고민 없이 재미있는 부분만을 그대로 따오는 데 그쳤기 때문이다. 웹툰 <패션왕>의 인기 이면에는 고등학생들의 '입시에 대한 근심'과 '꾸밀 줄 아는 아이들을 바라보는 평범한 학생의 동경 어린 시선'이 있었다. 나름의 현실성과 사회성이 전제된 것이다. 하지만 <SNL 코리아>의 '뭘 좀 아는 어른들'은 그저 젊은 세대의 웃음 코드를 좇는 데 바쁘다. 중학생들의 유행어를 선생님이 따라 하면 어색한 법이다. 쿨함은 사라지고 쿨한 척만 살아남는다.

 <SNL 코리아>의 몸을 사리는 태도는 캐스트의 구성에서도 그대로 나타났다. 지난 시즌에서 활약한 작가 출신의 유병재와 강유미를 제외하면, 이미 공중파에서 검증된 신동엽, 안영미, 정명옥 위주의 배석에서 신예의 활약은 없었다. 이는 작가와 캐스트를 넘나드는 멤버들이 아이디어를 스탠드업 코미디, 패러디, 랩과 노래 등 다양한 방법으로 표현하는 오리지널 <SNL>과 대비되는 모습이다. 앤디 샘버그(Andy Samberg)가 쇼에서 '론리 아일랜드'라는 그룹을 결성해 자작곡으로 뮤직비디오를 만들어 웃음을 주거나 티나 페이나 크리스틴 위그(Kristen Wiig)처럼 탄탄한 시나리오를 쓰는 캐스트는 더욱 찾기 어렵다. 사실 시즌 5를 전후로 <SNL 코리아>의 색깔은 매우 달라졌다. 프로그램의 초창기에는 '여의도 텔레토비', '위클리 업데이트' 등에서 사회와 정치를 직설적으로 풍자하며 김민교, 김슬기, 고경표 등 신예 캐스트들이 인기를 끌었다. 뉴스 앵커였던 최일구 씨가 위클리 업데이트를 진행할 정도였다. 오리지널 <SNL>도 마찬가지였다. 현직 대통령 버락 오바마(Barack Obama)가 직접 출연한 에피소드는 큰 화제를 불러일으켰고 대중과 소통할 수 있는 좋은 기회를 제공했다.

하지만 국내에서는, 정치 풍자에 대한 공감과 인기 못지않게 외부의 반발도 강했다. 실제로 '여의도 텔레토비' 김슬기의 풍자로 <SNL 코리아>는 새누리당의 항의를 받았다. 2012년에는 대선과 맞물려 프로그램의 성격이 도마에 오르내렸고, 이후 시즌 5부터는 시청 등급을 15세로 하향 조정한 데 이어서 정치 풍자가 완전히 사라졌다. 과연 코미디 풍자는 한국 사회에서 시기상조였던 것일까? 하지만 높은 인기를 감안해보자면 그건 아닐 것 같다. 오히려 정치권의 과민 반응은 <SNL 코리아>에 독이 된 측면이 크고 그에 따라 자발적으로 순치가 된 것도 사실이다. 물론 <SNL 코리아>가 모두 옳다는 이야기는 아니다. 그러나 지금 <SNL 코리아>가 가진 무미건조함은 지난 몇 년간의 논란 속에서 생존하기 위해 감수한 대안의 결과일지도 모른다. 결과적으로 프로그램은 4년이 넘은 지금까지 편성되고 있다. 하지만 오리지널 프로그램이 가진 '코미디를 통한 정치·사회에의 인식 제고 역할'은 완전히 사라졌다. 40년 전 미국에서부터 이어온 <SNL>의 근간이 나간 셈이다.

본질을 잃고 남은 것은 악습의 답습

<SNL>이라는 프로그램에서 '정치'가 사라지고 남은 것은 '성(性)'이었고 '15세 관람가' 프로그램에서 솔직한 성적 담론이 오가기란 애초에 불가능했다. 몸매 좋은 여성 아이돌이 출연하면 몸매가 부각되는 의상을 입히고, 이를 쳐다보는 노골적인 카메라의 시선과 익살스러운 신동엽의 표정이 그 자리를 대신했다. 이 정도로 부족하다 싶을 때는 게스트보다 외모가 예쁘지 않은 크루들이 '못생김'을 맡아 자박하며 웃음을 유도했다. 대한민국 코미디 전 영역에 걸친 고질적 문제인 외모 비하 유머에 편승한

다는 것이다. 시즌 6의 8회, 가수 가인이 출연한 '원초적 디바' 편은 그러한 문제가 더욱 극명히 드러났다. 조용필과 컬래버레이션할 여가수를 찾는다는 구성으로 비록 회사의 인재상에는 맞지 않지만 가인의 성적 매력에 남성 직원들이 넋을 잃고 계약을 한다는 내용이었다. 문제는 그다음이다. '예쁘지 않은' 코미디언 이세영이 가인을 반대하자 남자 직원들이 강하게 밀쳐 내고 때리는 장면까지 웃음거리로서 전파를 탔다. 또한 프로그램 초반 가인의 과거 사진을 본 신동엽은 "공부밖에는 답이 없어"라고 반복적으로 외치는데, 외모가 뛰어나지 못한 사람은 공부 외에는 성공할 길이 없다는 지극히 잘못된 기성세대의 편견을 답습한다. 조심스러운 시선에서 논의되어야 하는 '성', '젠더', '양성평등'이 지극히 통념적인 외모지상주의 안에서 왜곡되고 있는 것이다.

최근 1년 이내에 가장 성희롱적 요소가 두드러진 에피소드는 외화 <나를 찾아줘(Gone Girl)>의 패러디였다. 여성 아이돌 '시크릿'의 멤버 전효성이 출연했다. 원작은 집에서 사라진 아내를 소재로 한 스릴러 영화지만 <SNL> 측에서는 전효성의 '가슴'이 사라진 것으로 패러디됐다. 대한민국 남자 모두, 심지어 공권력까지 전효성의 '가슴'에 울고 웃는다는 설정 아래, 여성의 신체에 대한 직설적 평가가 당연한 것처럼 표현됐다. 영상의 후반부에서 전효성 본인이 "가슴이 아닌 가수로 봐달라"며 이번 에피소드의 기획이 마치 자신에 대한 미디어의 고정관념을 깨려는 것처럼 표현했지만, 전효성은 대사를 외친 이후에도 계속해서 자신의 몸매를 부각한 코미디를 이어갔다. 한복을 입고 몸매를 부각한 춤을 추고, 할머니 분장을 한 후에 늙어서도 몸매가 좋다며 '그렇지 않은' 코미디언 강유미에게 굴욕을 선사하는 식이다. 방송 직후 연예 매체 ≪티브이데일리≫의 기사 제목처럼 '가슴으로 시작해 가슴으로 끝났다'.

과연 <SNL 코리아>를 통한 전효성의 호소는 성공한 것일까. 대다수 포털 기사들은 "<SNL 코리아 6> 전효성, 가슴 실종? 숨길 수 없는 폭풍 볼륨 …… 강유미 굴욕"(≪세계일보≫), "전효성 '메이드복' 입고 허리 숙여 …… '출렁' 가슴 노출"(≪컨슈머타임스≫)처럼 성희롱에 가까운 자극적인 제목과 함께 몸매를 칭송하기 바빴다. 하지만 많은 여성 시청자들이 불쾌감을 느꼈다는 의견이 쇄도했다. 남성 시청자인 나 역시도 <SNL 코리아>에서 전효성의 가슴과 함께 비견된 '김우빈의 어깨'에 대해 불편함을 느꼈다. 여성의 가슴과 남성의 어깨가 동일 선상으로 이야기되는 것은 또 다른 폭력이기 때문이다. 결과적으로 전효성과 <SNL> 측의 호소는 진정성 여부를 떠나서 실패했다.

이쯤 되면 "대한민국에 단 하나, '뭘 좀 아는 어른들'의 생방송 코미디"라는 프로그램의 슬로건이 의심스럽다. 과연 <SNL 코리아>의 어른들은 뭘 아는 걸까? 그때그때 뜨는 트렌드를 가볍게 패러디하며 매회 웃음을 유도하는 그들은 사실 코미디의 본질을 아는 것이 아니라 아는 '척'하는 것은 아닐까? 시대는 변했다. 예쁘지 않은 여성들을 향한 외모 비하와 원초적인 자극을 노리는 인스턴트식 코미디에 사람들은 지쳤다. 현실을 꼬집어 웃음을 이끌어내야 하는 그들은 약자를 꼬집어 편견을 이끌어내고 있다. 풍자의 대상이어야 할 정치와 사회 대신에, 조심스럽게 논의되어야 할 소수자와 약자가 상처를 받는 콩트를 이어가고 있다. 프로그램의 본질을 잃고 남은 것은 악습의 답습뿐이다.

그렇다면 <SNL 코리아>는 앞으로 어떤 길을 모색해야 할까? 성공은 늘 모방으로부터 시작된다. 미국 <SNL>의 성공의 원인이 성역 없는 풍자였다는 사실을 명심해야 한다. 정치와 사회, 인간을 포함한 넓은 영역에의 풍자, 비판이 전제된 패러디, 방송 이후 시청자에게 미칠 영향을 포괄적으로 고려해야 한다. 더불어 한국적 시각과 맥락이 필요하다. 아직 직접적인 정치 코미디가 이루어질 환경이 아니라면 그 환경에 대해 비판할 수 있어야 한다. 아직 성인들의 성적 유머가 공개적으로 논의되기 어려운 것이 현실이라면 적어도 왜곡된 통념을 따라서는 안 될 것이다. 또한 <SNL 코리아>가 발전하려면 주체성이 필수적이다. 어설픈 모방과 통념의 답습이 아닌 프로그램만의 철학이 있어야 한다. '여의도 텔레토비' 코너의 인기를 재현하고자 '글로벌 위켄드 와이'를 통해 사회문제를 읊기만 하면 될 것이라는 생각은 상당히 안일하다. 또 '15금'을 통해 더욱 많은 시청자와 소통할 수 있게 되어 기쁘다는 프로그램이, 여자 아이돌의 몸매와 이를 엉큼하게 바라보는 중년 코미디언의 시선만을 편집해 보여주는 것은 기본적인 여성 인권조차 갖추지 못한 국내 현실을 개탄하게 만든다. 뉴미디어가 각광받으며 프로그램의 핵심 부분만 인터넷에서 골라보는 시대다. 시청자는 냉정하다. 역설적으로 '안전한 콘텐츠'를 좇는 지금의 방식은 프로그램의 입지를 더욱 불안하게 만들 뿐이다.

90년대라는 꿈의 왕국과
새로운 문화적 공동체의 탄생

MBC <무한도전> '토요일 토요일은 즐거워'

윤광은

어린 시절 가끔 꿈을 꾸었다. 달콤하고 아늑한 꿈을. 그 꿈의 세계는 온통 파스텔 톤으로 덧칠되어 있었다. 갖고 싶던 장난감은 무엇이든 가졌고, 어른들은 사라지고 또래 친구들만 남은 피터 팬의 왕국이 현현했으며, 엄하고 무섭던 아버지 품에 안겨 마음껏 어리광을 부렸다. 그리고 꿈에서 깨어났다. 아직 채 가시지 않은 몽상의 향기에 도취해, 서서히 현실의 감각을 자각했다. 그럴 때면 문득 울음이 터져 나왔다. 꿈과 현실의 괴리를, 몽상과 현실 사이의 미망을, 홀연히 세워졌다 덧없이 부서져 버린 동심의 유토피아의 빈자리를 끌어안고 어리고 순진한 눈물을 흘렸다. 다시는 그 세계로 돌아갈 수 없다는 상실감에 사무친 채.

몇 년 전부터, 한국 사회의 대중문화에서도 '다시는 돌아갈 수 없는 꿈의 왕국'이 세워지기 시작했다. 그 왕국의 이름은 '90년대'다. 2012년 영화 <건축학개론>, SBS 드라마 <신사의 품격>, tvN 드라마 <응답하라 1997>, 2013년 tvN 드라마 <응답하라 1993>. 그뿐만이 아니다. 생활 세계의 트렌드도 복고로 회귀했다. 90년대에 유행하던 패션과 헤어스타일이 귀환해 21세기적 감각으로 해석되어 유행했다. 그리고 그 유토피아의 마지막 연대기를 수놓은 것이 바로 2014년 12월 27일에 방영된 MBC <무한도전> '토요일 토요일은 가수다' 편이다.

<무한도전> '토요일 토요일은 가수다'는 90년대의 가요 스타들을 불러 모아 영광의 무대를 재현하겠다는 취지의 기획이다. 프로그램 제호 '토요일은 토요일은 가수다(이하 '토토가')' 또한 90년대에 인기를 누린 MBC 음악 프로그램 '토요일 토요일은 즐거워'를 변주한 것이다. <무한도전> 제작진은 몇 개월에 걸쳐 프로그램을 기획하고 준비하는 과정을 보여주었다. 왕년의 스타들이 하나씩 거론됐고 불쑥 찾아가 섭외했다. 그중에는 말 그대로 잊힌 이름들도 있었다. 20년 전 시대의 첨단을 구가하던 그들은 노숙하고 수수해진 모습으로 시청자들의 회한을 자아냈다.

2014년 12월 27일, 본 무대가 열렸다. 김건모, 쿨, 소찬휘, 지누션, 엄정화, 조성모. 추억의 이름들이 시간을 거슬러 브라운관으로 돌아와 90년대로 시계태엽을 감았다. 그 시절을 가로지른 시청자들 머릿속 추억의 잔영 위로 또렷한 윤곽선을 포개며 향수를 일으켰다. 방영 직후 거대한 호응이 잇따랐다. 절절한 90년대 회고담이 입에서 입으로 맴돌았다. '토토가' 출연 가수들의 예전 노래가 무려 20년의 시차를 돌파하며 음원 순위권에 오르는 기염을 토했다. 또한 '토토가 시즌 2'를 청원하는 목소리가 빗발쳤다. '토토가'는 2015년 상반기 방송가에서 가장 히트한 상품임이 틀림없다.

'토토가'라는 기획이 그토록 반향을 일으킨 이유는 무엇일까. 우선

음악이란 콘텐츠의 힘과 방송 기획의 승리다. 모든 예술 매체 가운데 음악은 가장 감각적이며 추상적인 동시에 즉자적인 매체다. 서사의 흐름을 지닌 소설과 드라마, 영화와 달리, 또 시각적 독해를 요구하는 회화와 달리, 멜로디와 짧은 노랫말이 융합된 음악은 어떠한 연산이나 해석 과정 없이 즉각 듣는 이의 감각으로 파고든다. 음악은 3분에서 5분 사이의 짧은 러닝타임을 지닌다. 한 곡의 음악을 대표하는 인상적인 구간은 불과 몇 초에서 몇십 초 사이로 구성된다.

음악은 스피커가 있는 곳이라면 언제 어디서든 흘러나오고, 각종 생활 공간에서 끝없이 반복 재생된다. 동시대 모든 문화 콘텐츠 가운데, 음악이야말로 우리네 삶, 그리고 정서와 가장 긴밀하게 살을 섞는다. 그 선율 하나, 노랫말 하나에는 삶의 기억과 추억이 스며 있다. 한 곡의 음악은, 한 명의 가수는, 대중문화 소비 계층이 가장 폭넓고 강렬하게 소비하는 대상이 된다. 그것들은 명실상부 시대를 대표하는 '아이콘'이 된다. 남진과 나훈아를 빼고 70년대를 말할 수 있는가. 조용필을 빼고 80년대를 말할 수 있는가. 서태지를 말하지 않고 90년대를 말할 수 있는가.

'토토가'는 단순히 90년대를 재현한 것을 넘어 90년대의 아이콘을 소환한 것이다. 터보와 S.E.S, 지누션, 김건모, 조성모. 이들은 70년대 후반~80년대 초·중반에 태어나 90년대에 10대와 20대를 보낸 사람들의 열정과 패션과 취향과 화젯거리를 표상하는 스타들이다. 그 무대에 등장한 것은 그저 왕년의 가수가 아니라 대중의 정서와 기억 자체. <무한도전> 제작진은 이런 대중의 반응을 긴밀하게 예견하고 충실하게 부응했다. '시간 여행'이라는 콘셉트로 무대를 꾸몄다. 사전 예고 없이 깜짝 등장한 이본은 90년대 각종 방송 프로그램 사회를 보던 인기 진행자였다. 무대 연출과 카메라 워크 또한 90년대의 그것을 그대로 옮겨왔다. 출연진들은 왕년의 의상과 안무를 그대로 재현하며 기시감을 자아냈다. 이런 노골적인 연출 전략은 깊이 있는 것이라 말하기는 어렵지만, 그만큼 시청자들의 정서를 즉각적으로 공략하는 효과를 낸다. '토토가'의 무대 위에는 '90년대'라는 흘러간 꿈의 왕국이 현현했다.

'토토가'는 <건축학개론>, <신사의 품격>이나 <응답하라> 시리즈 같은 영상 콘텐츠에 이어, '90년대'를 대중음악의 피륙으로 부활시킨 복고 콘텐츠라는 데 의미가 있다. '토토가'란 공전의 히트 상품은 MBC <무한도전>의 단일 에피소드를 넘어 더 큰 물음 속에서 이야기되어야 한다. 키워드를 압축하면, '90년대란 매개를 통한 새로운 문화 공동체의 성립'이다.

90년대를 소환한 최초의 문화 상품은 영화 <건축학개론>이다. 이 영화는 적절한 영상과 서사, '기억의 습작'이란 노래를 통해 90년대를 관객 앞에 보여줬다. 이런 흐름이 무려 2년여에 걸쳐 '토토가'까지 이어진 데는 내막이 있다. 알다시피 대중문화의 흐름을 통제하는 자본은 소비 주기와 유행의 흐름에 민감히 편승해 재생산하려는 경향이 있다. 그리고 이런 조류의 이면엔 문화 시장의 소비 계층을 확대, 유지하고 수요를 개척하려는 자본의 욕망이 숨어 있다.

90년대는 현재의 대중문화를 잉태한 기원이다. 90년대는 70~80년대를 지나 대중문화가 만개한 시기다. 트로트와 포크, 올드한 록의 시대를 마감하고 015b, 토이, 전람회, 이승환 등 모던한 발라드 가수들이 등장했다. 동시에 90년대는 듀스, 서태지와 아이들로 대표되는 가수들의 댄스와 힙합이 유입되고 보급된 시기다. 90년대 중·후반엔 현재 아이돌 그룹 계보의 시원인 H.O.T, 핑클 등 보이 그룹, 걸 그룹이 데뷔했다. 그리고 문민정부의 집권에 따라 문화적 자율화와 개방이 물살을 타고 진행되었다.

여기에 발맞춰 영화와 드라마에서도 장르와 소재, 표현의 다양성이 급격히 확충됐다. 그만큼 90년대의 대중문화는 2015년의 대중문화와 밀접한 친근감을 지닌다.

이것은 바꿔 말하면 문화적 '리터러시(literacy)'의 문제다. 90년대에 10대를 보낸 1980년대생은 물론, 20대를 보낸 1970년대생들은 현행 대중문화 감수성을 공유하는 마지막 세대다. 이들은 30대를 지나 40대를 향해 걸음을 옮기며 변곡점에 진입하고 있다. 기존의 40대와 달리 2012년의 대중문화에 높은 적응력을 갖춘 세대다. 또한 90년대에 이뤄진 폭발적인 기술 발전과 보급은, 이들을 문화 콘텐츠 접근과 소비를 위한 테크놀로지(인터넷, 컴퓨터, 각종 스마트 기기) 사용 능력의 세대적 보루로 만들었다.

전통적으로 대중문화의 적극적 향유자는 10대와 20대다. 대중문화가 주로 젊은 감성과 조응하며 편제되기 때문이다. 젊은 세대는 대개 최신의 하위문화를 영위한다. 반면 기성세대는 거기서 낙오해 소득 정도에 따라 간간이 복고적 기획을 소비하거나 문화적 여가와 멀어진다. 전체 문화 산업의 지분과 노출 빈도는 하위문화가 압도적이기에, 40대를 기점으로 문화적 여가와 멀어지는 것이다. 그러나 90년대를 통과한 30대 그리고 40대는 예전의 장년층과 다른 세대다. 대중문화의 만개를 각인한 최초의 세대이자 충분한 구매력과 뛰어난 최신 대중문화 적응력을 지닌 세대다. 즉, 90년대를 재생하는 일련의 흐름은 대중문화 향유의 변곡점을 통과하는 과거의 주인공들을 '90년대'라는 공통의 기억을 통해 소비 시장에 묶어두려는 시도도. 그리고 그 시도는 성공했다.

90년대는 세대를 아우르는 공통분모다. 70년대생들은 90년대의 시작과 함께 20대를 개척했고 종료와 함께 젊은 시절을 떠나보냈다. 80년대 초·중반생들은 서태지와 아이들, 쿨, S.E.S, 조성모의 데뷔를 지켜보며 사춘기를 가로질렀다. 20대를 보내는 80년대 후반, 90년대 초반생들에게도 90년대는 낯설지 않은 복고다. 90년대의 스타들이 아직까지 브라운관과 극장에서 활동하고, 1990년대와 2000년대의 문화적 친연성은 흥미로운 기시감을 선사한다. 90년대 복고 콘텐츠는 10대에서 40대가 모두 소비하는 거대한 문화상품이다. 이렇게 정리할 수 있다. 90년대라는 복고는 10대에서 40대를 아우르는 사상 유례없는 거대한 문화적 공동체를 탄생시켰다. 이례적 시청률을 기록하며 전 사회적으로 회자된 무한도전 '토토가'는 이 공동체의 탄생을 재확인하는 선언과도 같다.

90년대는 우리 모두의 '좋은 시절'이다. 80년대 3저 호황을 타고 이어진 호황의 마지막, 97년 IMF 사태라는 재앙이 닥치기 전 불황의 전사다. 냉전의 종식, 문민정부의 집권과 더불어 급격히 물살을 튼 문화 자율화 정책. 사회 구성원의 평균적 삶이 불행하지 않았고, 대중문화가 울창하게 만개한 푸르른 시절. 이것이 우리들이 기억하는 90년대의 모습이 아닐까.

시청자로서 사적 소감을 말하자면, <무한도전> '토토가'를 보면서 무척 즐거웠지만 한편으론 슬프고 착잡했다. 왕년의 스타들이 돌아와 어리고 벅차던 그 시절로 나를 데려갔지만, 그들의 얼굴은 늙어 있었고 지금의 감격은 영원할 수 없었다. 방영 시간 종료와 함께 시간 여행은 끝날 것이며, 나는 속절없이 현실로 돌아간다. 다시는 그 시절로 돌아갈 수 없다는 애상과 비애감에 부대낀 채. 그 회귀 불가능성 때문에 그 짧은 시간 여행이 그토록 사무치게 사람들을 울렸던 것은 아닐까. 마치 단꿈에서 깨어나 울먹이던 어린 날의 나처럼 말이다.

90년대는 부재다. 더 이상 존재하지 않는 과거의 빈자리다. 모든 사회경제적 지표가 갈수록 척박해지는 오늘, 90년대를 향한 향수가 사회를 휩쓴 것은 그 부재를 향한 갈망이요, 집착일 것이다. 애써 과거로만 눈길을 돌리는 것은 현재를 바라보고 싶지 않다는 마음의 다른 표현일지 모른다. 그 과거는 현재에 대비해 불려온 것이기에 과거 자체가 아닌 각색되고 미화된 과거, 일종의 환상이다. 우리가 노스탤지어에 취해 있을 때 현재는 물론 과거 또한 제대로 바라보지 못하는 것이다. '토토가'가 성공한 후 각종 언론 지상에서 90년대 가요계 예찬이 등장하며, 그 시절 가요계의 그늘은 잊힌 채 영광만 회고된 것처럼 말이다.

한국 대중문화는 90년대라는 매개를 통해 새로운 문화적 공동체를 발견하는 데 성공했다. 단일 콘텐츠를 통해 더 많은 세대를 아우를 수 있게 된 것이다. 대중문화 상품의 수요와 파괴력이 질적으로 증진되었다고 평가할 수 있다. 방송 관계자들이 이룬 개가인 동시에 새로운 가능성이 개척된 것이다. 그러나 그 공동체를 탄생시킨 매개체는 90년대라는 노스탤지어, 과거의 빈자리다. 그 빈자리에 놓여 있던 것은 무엇일까. 왜 현재의 공동체는 거기 놓여 있던 것을 그리워하는가. 덧없는 과거의 빈자리를 좇기보다 현재의 빈자리를 정직하게 응시하고, 그것을 채워 넣기 위해 노력하는 더 건강한 비전의 방송 기획이 필요하지 않을까. 방송가 제작 관계자 여러분께 바라본다.

나홀로 라이프에 대한 섬세한 관찰의 기록
MBC <나 혼자 산다>

김은하

더 이상 희귀하지 않은 나홀로 라이프

전통적으로 텔레비전은 가족의 공유재였다. 이는 텔레비전이 집 안의 가장 넓은 공간인 안방이나 거실에 놓여 있는 것만으로도 쉽게 확인된다. 가족이 모여 TV를 중심으로 모여 앉아 식사를 하고 밤을 맞이하는 것은 여느 가정에서나 흔히 볼 수 있는 풍경이었다. 따라서 텔레비전 제작자들은 '가족'이라는 집단을 주요한 시청자층으로 가정하곤 했다. 그러나 누군가 모더니티를 가리켜 "더 이상 단단히 고정된 것은 없다. 모든 것은 휘발될 뿐"이라고 말한 것처럼 영원할 것만 같았던 '가족'이 마치 유동하는 액체처럼 변화하기 시작했다. 가족이 맹렬한 비판과 회의의 대상이 되면서 가족으로부터 이탈하는 이들이 발생하더니, 노동시장의 불안정성이 커지면서 청년층이 독신자로 남게 되었고, 그에 따라 1인 가구가 급속도로 증가하고 있다. 그 결과 텔레비전을 더 이상 가족의 공유 재화로 부르기 어렵게 되었다. '나홀로족'들은 거실이 아니라 아파트, 오피스텔, 고시원 등 저마다의 협소한 장소에서 기형도 시의 화자처럼, "찬밥처럼 방에 담겨" 열무 이고 나간 어머니의 발자국 소리를 기다리는 대신 텔레비전과의 교신을 시도하며 밤을 맞는다. 불과 몇십 년에 불과하지만 근대 한국인의 삶은 원하든 원하지 않든 개인주의화되고 있다.

  1인 가구의 급증이라는 변화된 상황에 텔레비전 제작자들은 비교적 발 빠르게 대응하고 있는 듯하다. 과잉이라 할 만큼 넘쳐나는 요리 프로그램과 '스타 셰프'의 등장은 아마도 시장의 불안정성이 만들어낸 신종 문화 상품일 것이다. 이른바 '쿡방'으로 불리는 새 프로그램들은 요리의 젠더가 더 이상 여성일 수 없음을 보여준다. 요리하는 남자들이 집단적으로 출현했기 때문이다. 이렇듯 요리하는 이의 성별이 달라진 것은 남성들의 실질 소득이 낮아지면서 어머니와 아내가 파트타임 노동시장에 투입됨에 따라 손이 많이 가는 가족의 밥상을 더 이상 기대하기 어렵게 된 탓이다. 이혼으로 다시 혼자가 되거나 '연애 자본'이 부족해 결혼을 못하거나 유예한 이들도 나날이 늘어가고 있다. 1인 가구주들은 제대로 식탁을 차려 스스로를 부양할 만큼의 시간도 식욕도 가지지 못한 게 사실이다. 그러니 백종원이 내미는 비법에 감사하며 한 끼를 때워야 하는 것이다.

  최근에는 <마이 리틀 텔레비전>처럼 시청자들을 가상의 공간으로 불러내 '떼시청' 문화를 만들어낸 프로그램도 등장했다. 물론 이 프로그램의 시청자 전체를 독신자로 가정할 수는 없지만, 가족 집단이 아닌 개인을 주된 시청자층으로 삼은 프로그램들은 1인 가구의 급증이 미디어에 무시 못할 영향을 주고 있음은 사실이다. 2013년 3월 22일에 첫 방송되어 현재에 이른 MBC의 <나 혼자 산다>는 1인 가구주의 내밀한 삶을 텔레비전 미디어가 본격적으로 주목한 사례에 속한다. 이 프로그램은 1인 가구의 삶을 상품화를 위한 소재로 가볍게 차용하기보다 혼자인 이들의 삶의 속살을 보여줌으로써 진정성을 담보하고 있어 1인 가구 시청자 대상의 프로그램들이 참고해야 할 의미 있는 사례가 되고 있다. 최근 요리 프로그램들의 폭증은, 인간이 분명 먹어야 사는 존재임에는 분명하지만 '먹고 마시는 즉물성에 사로잡혀 음식을 중심으로 어떻게 의미 있는 일상을 꾸리고 삶을 만들어갈 것인가'라는 고민이 빠져 있다는 점에서 공허감을 증폭시킨다.

이웃집 독신자, 멋지지도 음침하지도 않은 갑남을녀

'나홀로족'의 수가 상당함에도 불구하고 그간 유령인 양 취급되어왔다는 점을 고려해보면 <나 혼자 산다>는 현실에 대한 뛰어난 관찰력과 도전 의식이 빛나는 프로그램이다. 우리는 가족 집단을 위한 희생보다 개인의 욕망을 더욱 중시하기 때문에 자발적으로 독신의 삶을 선택하거나, 어렵게 새 가족을 꾸렸다 해도 언제든지 혼자로 '리턴'할 가능성이 높은 시대에 살고 있다. 더욱이 '삼포세대'라는 신어가 암시하듯 청년층은 결혼하고 비용과 시간이 많이 드는 가족을 만들고 유지하기보다 자기 계발과 생존을 선택해(선택을 강요당했다고도 할 수 있지만) 독신자로 남기를 택한다. 이러한 젊은 층의 수가 급증하고 있다. 게다가 유동하는 글로벌 경제를 따라 교육이나 취업을 위해 이동해온 외국인들까지 더하면 혼자 사는 것은 더 이상 진기한 일이 아니다. 어쩌면 이제 대가족의 삶은 보수적인 8시 프로그램의 노년층을 주된 관객으로 한 드라마에서나 볼 수 있는 향수의 대상이 되어버렸는지도 모른다.

<나 혼자 산다>는 독신자에 대한 '스테레오타입화'된 이미지를 깬다. 우리 사회는 그간 독신자를 지나치게 세련된 개인주의자로 신비화되거나 역으로 음침하고 기괴한 이미지 속에 가두어왔다. 특히 드라마는 독신자에 대한 부자연스러운 표상을 만들어내는 데 가장 큰 영향력을 끼쳐왔다. 로맨틱, 멜로 등 장르 드라마들에서 남자 주인공은 비록 까칠하지만 부유하고 화려한 단독자의 삶을 만끽하는 재벌남이나 실장님이다. 이때 독신으로 산다는 것은 트라우마를 가진 재벌남이 그러하듯 불우하지만 부유하고 능력 있는 개인주의자를 상징한다. 다른 한편으로 아침 드라마들은 독신자들이 음침하고 불길한 기운을 내뿜기 때문에 경계해야 할 위험한 이웃으로 간주되게끔 만든다. 남의 단란한 가정을 위협하는 아름답지만 위험한 여자들은 주로 고독한 독신자들이다. 이러한 재현은 독신자를 알지 못한 데 따른 무지, 즉 상상력이 빚어낸 오해라고 해야 할 것이다. <나 혼자 산다>의 미덕은 독신자의 너무도 평범해서 그저 그렇고 그런 일상의 민낯을 별다른 장식 없이 보여준다는 점이다. 이 프로그램은 독신자의 삶에 사실적으로 다가간 유일한 사례에 속한다.

　　물론 <나 혼자 산다>의 진정성은 늘 의심을 받을 수밖에 없다. 이 프로그램 역시 광고주에게 어필해야 방송권을 획득할 수 있는 상업 프로그램이기 때문이다. 상업적 목적이든 불가피한 상황이든 그 정확한 이유는 알 수 없지만 이 프로그램은 이미지로 먹고산다는 스타들의 삶을 보여준다. 스타는 어떤 식으로든 자신의 민낯을 정직하게 노출할 수 없지만 다른 한편으로 대중은 스타의 사생활을 훔쳐보기 원하기 때문에 숨기려 하는 자와 베일을 들추어 진실을 엿보려는 관객의 호기심이 늘 팽팽하게 맞설 수밖에 없다. <나 혼자 산다>는 연예계 스타들의 삶을 훔쳐보고자 하는 관음증과 1인 가구의 삶의 대변한다는 취지 사이에서 그 나름의

균형을 잘 유지하고 있는 듯 보인다. 이 프로그램이 시청자에게 어필하는 것은 유명 연예인의 포장된 삶, 전시된 일상을 보여주어서가 아니라 혼자 라이프에 대한 인간적 공감을 끌어내서다. 최근 출연자 중의 하나인 배우 이태곤은 갑작스럽게 브라운관에서 사라져버렸는데, 이는 그의 화려하고 놀이 같은 삶이 시청자들의 공감을 얻지 못했음을 암시한다.

애틋하지만 씩씩한 혼자 라이프

사실상 나홀로족의 삶은 불행하지도 않지만 화려하고 한없이 가볍게 발랄한 것도 아니다. 나홀로족은 성인이라면 누구나 두꺼운 소설책 같은 인생을 살 듯이 그 나름의 사연을 가지고 있다. 누구도 원해서 혼자 사는 사람은 없을 것이다. 사랑하고 같이 사는 것은 인간이 원하는 '좋은 삶', 즉 행복의 구성 요소 중 하나다. 그렇다고 1인 가구의 삶이 실패자로 비치는 것도 옳지 않다. 나홀로 삶이 비록 신자유주의 시장이 만들어낸 새로운 삶의 양태라고 해도 혼자 사는 이들은 인생을 신중하게 책임지기 위해 독신을 선택한 것이기 때문이다. 이 프로그램은 독신자에 대한 편견에 호소하지 않으면서도 그들의 인간적 삶의 상처마저 보여준다. 1인 가구의 상당수가 취약 계층임에도 불구하고 종종 출산을 하지 않는 등 사회에 기여하는 바가 없기에 독신세를 물려야 한다는 말이 들려올 정도로 독신자에 대한 한국 사회의 이해는 매우 낮은 편에 속한다.

이 프로그램의 제작자들은 각 세대를 대표하는 이들의 삶을 통해 독신자들이 겪는 여러 문제를 진솔하게 보여주는 한편, 이들의 삶이 기실 우리 모두와 연결되어 있음을 깨닫게 한다. 이러한 측면에서 이 프로그램은 허다한 연예인 사생활 노출 프로그램과 구별된다. 제작자들은 가수

강남을 통해 청년 세대의 빈곤과 주택 문제 등을 부담스럽지 않게 가시화한다. 그는 화려한 직업의 연예인이지만 안정적이지 못한 수입으로 인해 고용 불안에 시달리는 젊은 세대를 연상시킨다. 또한 폐허인 양 스산하기만 한 낡은 주택은 청년층이 겪는 주택 문제를 상기시킨다. 시청자는 간접화된 방식으로나마 그의 집을 방문함으로써 청년들이 젊고 건강하다는 이유로 사회적 보호의 대상이 되지 못했음을 알게 된다. '아프니까, 청춘'이라고 청년 세대가 겪는 고통을 대수롭지 않게 여겨서는 안 된다는 점을 느끼게 된다. 그의 잔고가 거의 남지 않는 통장은 웃기지만 웃어 넘겨 버릴 수 없는 취약 계층으로서의 청년의 삶을 상징적으로 보여준다.

김광규, 황석정, 전현무 등은 더 이상 젊지 않지만 새로운 가족을 만들지 못한 채 일만 하다가 어느새 쓸쓸히 혼자 남겨진 중년 싱글족의 삶을 대변한다. 이들의 계층은 동일하지 않다. 전현무는 결혼보다 자기 계발에 매진함으로써 사회적 부와 명성을 거머쥔 성공한 도시 싱글족의 삶을 대변한다. 성공을 위해 자기를 혹사하느라 늘 피로에 시달리고 이렇다 할 취미조차 없는 그의 삶은 어떻게 사는 게 진정한 행복인가라는 질문을 던지게 한다. 다른 한편으로 김광규, 황석정으로 대변되는 빛나지 않는 싱글들은 가족을 돌보기 위해 자신의 권리나 행복을 뒷전으로 여기며 살아온 중년 세대의 삶을 보여준다. 다른 한편으로 김용건은 혼자 남아버렸거나 혼자가 되기를 원한 노년 세대의 삶을 보여준다. 노인 세대는 싱글족의 상당수를 차지함에도 불구하고 제작자들은 하위 계급 노인의 정서적 · 물질적 결핍 등을 다루지 못하고 있다. 김용건의 넓고 쾌적한 집은 그가 드물게 성공한 노년임을 암시한다. 그러나 그가 혼자서 멋진 옷을 입고 거울 앞에서 자기를 들여다보는 장면은 어쩐지 짠한 마음을 자아낸다. 고가의 화려한 의복이 자기를 말소한 채 가족을 위해 살아온 가장의 고단함을 연상시키는 한편, 고독은 의복으로 결코 채워질 수 없을 것임을 암시하기 때문이다. 제작자들은 이렇듯 각 세대의 혼자 라이프를 짠하지만 씩씩한 것으로 옹호하고 격려한다.

혼자라도 괜찮지 않아, 가끔 가족이 되어주겠니?

'더블'이라고 행복한 것은 아니지만 솔로라고 해서 자유롭고 행복한 것도 아니다. 앞서 말했듯이 가족은 과거에 딱딱한 고체였다. 그렇기 때문에 그것은 깨지면 회복하기 어려운 상처를 안겨주기 마련이었다. 헌신하는 가장, 희생하는 어머니 등 가족을 유지하기 위해서는 누군가의 희생이 필요했으며, 가족이 깨지면 감당할 수 없는 상처를 받기 마련이었다. 왜냐하면 가족은 절대적인 가치였고 가족 바깥은 없었기 때문이다. 그러나 오늘날 삶의 방식은 하나가 아니라 다원적인 것이 되었다. 가족이라고 해서 함께 살지 않아도 되고, 생물학적 혈연이거나 법적 관계가 아니더라도 애정에 기초한 관계라면 가족이 해내던 기능, 즉 친밀한 감정을 나누어 정서적 동맹을 유지할 수 있다. 혼자라도 괜찮은 삶은 없다. 호모 에로티쿠스로서 우리는 사랑과 우정 등을 필요로 하는 고차원의 동물, 즉 사회 안의 인간이기 때문이다. 제작자들은 흥미롭게도 각자 따로 그러나 함께하는 싱글 공동체를 제시하고 있다. 싱글이 싱글에게 곁이 되어줌으로써 혼자라는 고립감에 빠지지 않도록 일종의 인적 네트워크를 구성하려는 시도를 자주 보여준다는 점이 주목된다.

싱글협동조합이라고 부를 정도로 <나 혼자 산다>는 싱글들이 계층, 성별, 세대를 넘어 연대해야 하며 또 그럴 수 있음을 설득한다. 출연자들은 정기 모임을 통해 자주 서로의 안부를 확인하고, 각자의 재능을 나누어

서로를 돕는 식으로 연대한다. 해외 이주민이며 청년 세대인 강남의 낡고 불편한 집을 따뜻하고 안락하게 만들어주는 과정은 이 프로그램에서 가장 돋보이는 대목이다. 인테리어에 탁월한 노하우를 가진 이가 강남의 을씨년스러운 집을 저비용으로 안락하게 개선해주는 대목은 동물보다 기실 허약한 인간이 뛰어난 문명을 만들어낼 수 있었던 것이 협력의 본성 때문이었음을 확인시켜준다. 그에게 필요한 가전제품을 선사하고 함께 모여 회원들이 김장을 담는 모습은 싱글의 삶이 혼자인 자유를 얻기 위해 가족이 줄 수 있는 많은 것을 포기하는 상실의 경험일 필요가 없음을 암시한다. 가족을 부양하느라 중년임에도 변변한 집 한 채 마련하지 못한 황석정이 좀 더 나은 거주 공간을 가질 수 있도록 김숙이 나서서 방법을 찾아주는 과정은 벗 혹은 이웃이 혈연의 가족보다 더 따뜻하고 유용한 지지 그룹이 될 수 있음을 암시한다.

아마도 그런 이유로 제작진들은 피 한 방울 섞이지 않은 김용건과 강남의 여행이라는 프로젝트를 기획했는지도 모른다. 중·장년층 싱글의 고통은 어디론가 여행을 가고 싶지만 쉽게 용기를 내기 어렵다는 것이다. 낯선 곳은 고독이나 실질적인 위험 같은 리스크를 동반할 가능성이 높기 때문이다. 여행지에서마저 혼자이고 싶지 않지만, 의무인 양 가족 여행을 가야 하기 때문에 기혼자인 벗은 싱글에게 나누어 줄 시간이 없다. 또한 노인들은 경제적 여유는 있지만 쇠약한 몸 때문에 미구에 닥쳐올지 모를 위험을 의식하지 않을 수 없다. 김용건과 강남의 캐나다 여행은 그런 의미에서 서로의 부족한 점을 채워주는 듯 보인다. 부유하지만 노인인 김용건과 건강하지만 가난한 강남은 각자 서로가 갖지 못한 것을 가지고 있는 것이다. 그러나 두 사람의 여행은 세대 간 차이를 넘어선 공감의 가능성을 보여주었다고 보기 어렵다. 마치 프로그램은 여행사 광고 같았으며, 두 사람은 휴가철을 앞두고 캐나다 여행을 홍보하기 위해 동원된 모델처럼 보였다. 시종일관 명랑하지만 어색한 여행에서 두 남자가 공감에 이르는 대목은 이국의 아름다운 처녀들에 대한 매혹을 감추지 못하는 대목뿐이다. 서로가 서로의 '곁'이 되어주는 것이 단지 이익과 권력이 일치해서가 아니라면 무엇이 진정한 우정일까? 어떻게 싱글이 서로의 차이를 넘어 서로에게 가족이 되어줄 수 있을까? <나 혼자 산다>의 시도가 모두 성공적이었다고 보기는 어렵지만, 제작진의 문제의식은 탁월하고, 문제를 풀어가는 과정은 현실적이면서도 진정성 있는 것이었음을 인정하지 않을 수 없다.

영재 발굴의 두 얼굴, 영재는 어떻게 사라지는가

SBS <영재발굴단>을 중심으로

김민형

대상

어느 시대, 어느 곳에나 영재는 있었다. 오성과 한음은 어떠한가? 모차르트는? 다만 과거의 영재와 오늘날의 영재가 다른 점이 있다면 매스미디어의 조명으로 더 쉽게 영재를 발견한다는 것이다. 예컨대 1970~1980년대에는 주판을 빠르게 튕기며 암산을 해내던 영재들이 TV를 통해 소개되었다. 2000년대에 들어서도 여전히 미디어는 다양한 영재들을 소개했는데, 특히 일곱 살의 나이로 고입·고졸 검정고시를 최연소 합격했던 '과학영재' 송유근은 많은 이들이 기억하는 영재 중 하나다. 하지만 역설적으로 매스미디어가 소환한 영재를 직접 마주한 경험은 드물다. 대부분의 경우 우리는 미디어를 통해 영재를 접한다. 즉, 영재는 미디어에 의해 소개되는 동시에 만들어진다. 미디어가 그리는 영재 이미지는 대중이 영재에 대한 인식을 결정하는 데 큰 영향을 끼친다.

오늘날 영재는 SBS <스타킹> 같은 쇼 프로그램, 추석·설 특집 쇼 프로그램 등에서 소개되곤 한다. 이러한 쇼 프로그램에서 영재들은 수학, 과학, 각종 예술 분야에서 뛰어난 자질을 선보인다. 또한 영재는 또래의 다른 영재 혹은 어른과 경쟁을 펼치며 자신의 천재성을 입증해야 한다. 대체로 진행자는 영재의 꿈을 각인시켜주며 이 나라의 장래가 밝다는 식의 뉘앙스로 끝을 맺는다. 일련의 비슷한 패턴들의 반복이다. 그런데 영재를 다루는 쇼 프로그램의 홍수 속에서, 영재에 대해 '재능', '놀라움', '부러움' 같은 키워드들을 떠올리는 것은 어떤 무력함을 불러일으킨다. 영재를 흥미롭고 재밌는 이야깃거리 이상으로 보지 않는다는 느낌 때문이다. 미디어 때문만은 아니겠다. 나의 부모는 쇼 프로그램을 보며 영재와 자신의 자식을 비교하느라 정신이 없다. 결국 부모는 어떻게 하면 자녀를 저런 영재로 키울 수 있는지 혹은 우리 아이도 영재였다는(하지만 지금은 그렇지 못하다는) 푸념으로 귀결한다. 어느 순간, 내가 미디어에 그려지는 영재 이미지에 흥미를 잃은 건 누구보다 뛰어난 그들이 하나의 인격체로 다가오지 않기 때문이다.

두말할 것 없이 영재는 존재 자체만으로 흥미로운 인물이자 소재다. 그렇지만 그동안 미디어가 그린 영재상은 어떤 단선적인 이미지나 스테레오타입에 가까웠고 영재에 대한 선입견이나 편견을 간직했다. 영재가 가진 어떤 재능은 훌륭하다 하더라도 사회성이 떨어지거나 성격이 좋지 않을 것이라는 편견이 대표적이다. 물론 그런 유형의 영재들도 존재하겠지만, 모든 영재가 그렇지는 않을 것이다. 영재의 일상, 사회화, 보통 사람으로서의 영재의 고민에 대한 이야기는 역설적으로 영재의 영재 아님을 보여주어야 하는 숙제를 떠맡는다. SBS의 <영재발굴단>은 흥미롭게도 그간의 미디어 영재상을 반복해서 그리는 동시에 영재의 일상을 조명하며 입체적으로 영재를 '발굴'하는 데 차이가 있다.

대화

<영재발굴단>은 "누구나 천재성을 가지고 있다"는 캐치프레이즈로 시작한다. 각자 자신의 천재성을 어떻게 잘 발휘하는지에 따라 모두가 영재로 발견될 수 있다고 말한다. 방송은 곤충 영재(자신의 방에서 120여 마리의 곤충을 키우고 연구하는 예찬이), 물고기 영재(거의 모든 물고기의 이름과 특징에 대해 알고 있는 찬혁이), 밀리터리 영재(군 무기와 전투기를 술술 외우는 지수), 심지어 멍 때리기 영재(멍 때리기 대회에서 우승한 지명이)가 자신만의 천재성을 발휘하며 살아가는 일상을 보여준다. 어떤 분야에 푹 빠져 엄청난 양의 정보를 습득하고 이해하는 그들을 보면, 그 분야의 천재로 인정할 만하다. 그런데 영재발굴단은 단지 영재의 능력을 보여주는 데서 멈추지 않는다. 처음 이 프로그램은 영재의 능력에 대해 알고자 기획됐지만, 그보다 나중에는 영재가 어떻게 사라지는지에 대해 더 많이 고민하는 듯 보인다. 한 시간 분량의 러닝타임 중 많은 시간을 영재의 능력보다 이면에 감춰진 그들의 그늘에 할애한다.

한 예로 두 차례에 거쳐 방영될 정도로 크게 주목받은 국악 신동 지훈이의 사연을 들 수 있다. 지훈이는 부모가 없는 자리에서 진행된 인터뷰에서 "죽고 싶다"고 고백한다. 무엇이 국악을 할 때 마냥 행복했던 지훈이를 힘들게 했을까. <영재발굴단>은 이런 물음을 던지며 영재는 어떻게 사라지는지에 집중한다. <영재발굴단>은 지훈이의 일상을 관찰하던 중 아이의 그늘 속에서 엄마의 욕망을 마주한다. 모두 지훈이를 위한다는

이유로, 성공해야 한다는 이유로 엄마는 아이를 힘들게 하고 있었다. 방송은 이런 분석을 바탕으로 해결책을 모색하며 좀 더 나은 변화를 예고한다. 그 후 후속편에서는 엄마가 지훈이를 자유롭게 놓아주자(엄마가 더는 지훈이의 경쟁에 목매지 않으면서) 지훈이가 진정으로 국악을 즐기는 행복한 모습이 나타난다. 비슷한 예로 14살 가은이의 사연도 살펴보자. 가은이는 가야금을 잘하고 싶어 노력하지만 노력한 만큼 잘되지 않고, 오히려 가야금을 잘하는 동생과 비교당하며 힘들어한다. 엄마는 가은이가 가야금을 포기하도록 압박하지만 가은이는 가야금을 계속하고 싶어 한다. 해결책으로 방송은 엄마와 두 딸이 가야금 명인을 만나게 한다. 명인은 동생보다 가은이가 더 가능성이 있다는 평을 내리고 마침내 가은이는 활짝 웃었다. 통념적인 영재 이미지에 따른다면 방송은 가은이보다 가야금을 더 잘하는 동생에 집중해야 맞다. 하지만 <영재발굴단>은 가은이의 삶과 고민에 더 관심을 가졌다. 이런 관심은 그 누구도 누가 영재이며 누구는 영재가 아니라고 함부로 규정할 수 없다는 자세이기도 하다. <영재발굴단>은 영재의 고민을 넘어서 영재와 함께 지내는 가족의 고민에 귀 기울인다. 또 다른 예로 <영재발굴단>은 천재 소녀로 유명한 가수 박상민의 둘째 딸 소윤이를 소개한 이후, 상대적으로 주목받지 못했던 첫째 딸 가윤이의 고민을 좇는다. 가윤이는 어떤 공부를 비슷하게 시작해도 동생 소윤이보다 항상 뒤처지는 것에 대한 열등감과 소외감을 토로한다. 예상치 못한 결과에 놀란 부모는 아이와 '마침내' 대화를 시작한다.

고민을 해결하는 데 가장 중요한 방법은 대화다. <영재발굴단>은 대화를 중심으로 영재의 고민을 공유하고 해결을 모색한다. 즉, 방송은 부모와 자식이 상호 평등하게 교통하는 해결을 제시하려 한다. 지훈이 엄마의 욕망이 한국 사회에 통용되는 학부모의 욕망으로 읽힌다는 점에서,

가은이와 가윤이 가정의 사연이 영재가 아니더라도 자녀를 여럿 둔 부모가 가지는 고민이라는 점에서, 이런 해결책이 가지고 있는 시사점은 크다. 물론 영재를 둔 가정의 집에서 대화가 아예 없지는 않았을 것이다. 다만 그 대화는 보통 아이들이 누려야 할 대화에서 늘 어긋나고 빗나가던 대화였기에 사실상 불통의 대화였음을 방송은 폭로한다.

모순

하지만 <영재발굴단>의 영재 발굴이 빗나가는 순간이 존재한다. 즉, 프로그램이 영재의 그늘을 제대로 파악하고 있는지 의문스러운 순간이다. 영재의 재능에만 집중한 기획으로 2회에 걸쳐 방영된 역사 퀴즈 대회가 그렇다. 토너먼트로 진행되는 역사 퀴즈 대회에서 역사 영재의 타이틀은 단 한 명에게만 주어진다. 이 대회의 승패는 역사적 이해력보다 버저를 빨리 누르는지와 자신이 특화된 분야가 좀 더 출제됐는지에 달려 있었다. 중간에 탈락한 어떤 아이는 버저를 조금 더 빨리 눌렀어야 했다며 눈물을 흘린다. 혹자는 일반적인 형식의 서바이벌이라고 생각할지 모르겠지만, <영재발굴단>에서 굳이 이런 방식으로 영재를 발굴해야 했는지 의문스럽다.

그토록 대화에 집중했던 <영재발굴단>이 이제는 대화를 하지 않는다. 이런 방식으로 영재를 발굴하면서, 이 프로그램은 자신의 차별성과 장점으로 내세웠던 부분을 상실한다. 이런 형식은 단순히 영재를 흥미로운 소재로 소비하는 기존의 이미지를 답습하는 것이다. 아이들은 각자의 방식으로 역사를 이해하며 받아들인 건데, 암기라는 모두에게 정형화된 측정 방법으로 아이에게 실패를 맛보게 해야 했을까? 경쟁을 통해 '넌 영재이고, 넌 영재가 아니다'라는 식의 접근은 모순적인 형태이며 이 프로그램이 가장 경계해야 하는 우열 가리기 식의 접근이다. <영재발굴단>이 획일적인 방식으로 영재를 평가해선 안 되는 이유는 영재는 1등을 가릴 수 없기 때문이다. 영재는 획일적인 교육으로 만들어지지 않으며, 동질적으로 평가되지 않는다. 이런 지점을 무시한 채 <영재발굴단>은 역사 퀴즈 대회에서 1등을 선발했다.

승자는 영예를 독식한다. 역사 퀴즈 대회에서 1등을 한 용현이는 계속 기억될 것이다. 역사 영재의 타이틀과 함께 '정읍 효자'라는 이름으로 뒷이야기도 방영됐다. 할아버지와 할머니 밑에서 자란 용현이는 시골에서 농사를 도우며 어렵게 성장했고 이런 환경 속에서 열심히 공부했다는 이야기가 전해졌다. 개천에서 용이 나타났다며 사람들은 1등에 환호하고 감동한다. 우리가 흔히 떠올리는 영재의 모습이다. 용현이를 응원하겠다는 시청자와 제작진의 선물이 줄을 잇는다. 하지만 만약 용현이가 1등을 하지 못했다면 사람들이 용현이를 기억할까. 당연히 기억하지 못할 것이다. 역사 퀴즈 대회에서 2등, 3등을 한 아이의 이름조차 알지 못하는 것처럼. 그렇다면 2등, 3등 혹은 본선에 올라오지 못한 아이는 영재가 아니었을까. <영재발굴단>은 그들을 함부로 판단할 수 없음에도, 영재가 아니라고 쉽게 재단해버린다. 그들의 이야기는 1등을 하지 못했다는 이유로 모두 제거된다.

여기서 <영재발굴단>의 모순된 두 얼굴이 전면으로 드러난다. 솔루션을 제시하고 대화를 하자고 할 때는 실패를 인정하고 응원해주자고 하지만, 사실 실패하면 아무도 기억하지 못하는 사회라는 점을 경고하는 것 같다. 이러한 모순 속에서 아이들은 불안해하며 절망적인 상황에 놓인다. 모순 안에 놓인 아이들은 각자 지닌 영재성을 숨기며 사라질지도 모른다.

앞서 <영재발굴단>이 처음 시작할 때 "누구에게나 영재성은 있다. 무엇이 아이를 영재로 만드는 걸까?"라는 캐치프레이즈로 시작했다고 서술했다. 방송은 각자의 영재성이 어떻게 발휘되는지에 따라 영재로 성장할 수 있다고 했다. 그렇다면 반대 가능성도 존재한다. 각자의 영재성은 어떻게 발휘되는지에 따라 부지불식간에 사라지기도 하는 능력이다. 무엇이 영재를 사라지게 하는가?

소멸

영재가 특히 주목을 받던 시기가 있었다. 이 시기는 한 국가가 산업화에 진입하며 개발되는 시기와 맞닿아 있다. 70~80년대 한국에서 개발이 시작될 무렵, 매스미디어는 본격적으로 영재를 발굴하기 시작했다. 당시 신문과 방송에서 그려진 영재 이미지는 주판을 튕기며 복잡한 수식을 계산해내는 모습이었다. 매스미디어는 주로 수학, 과학 영재를 포함한 암기 영재를 많이 소개했다. 영재는 개발도상국이 가지는 일종의 열등감을 상쇄하고, 국가의 잠재된 발전 가능성을 선전하는 데 중요한 이미지였다. 우리나라만 그랬던 것이 아니다. 일본과 중국에서도 비슷한 사례가 발견된다. 잘 알려진 우라사와 나오키(浦沢直樹)의 만화 『20세기 소년』에서는 1970년 오사카 만국 박람회 즈음 텔레비전에 소개된 영재의 모습이 등장했고 요즘 중국에서는 <스타킹>과 같은 프로그램이 큰 인기를 얻고 있다.

영재의 뛰어난 재능은 영재 개인의 장래뿐만 아니라 한 국가의 미래를 기대하게 하는 자원이고 미디어는 그에 호응하는 장치였다. 한동안 한국 텔레비전에서 영재 혹은 그와 관련된 소재는 과거와 같은 위상을 지니지 못했다. 그런데 다시 <영재발굴단>과 같은 프로그램이 새로 기획되고 주목받고 있다. 2015년 다시 영재에 주목하는 이유는 무엇일까. 영재 이미지는 흥미로운 소재 이상의 의미를 담고 있다. 지금 이 나라는 가파른 경제성장을 이룩한 뒤 정체되고 있으며 성장만을 외치던 사회 분위기도 분배를 고민하기 시작했다. 탈출구는 두 가지다. 이전과 같은 성장 모델을 계속 견지할 것인가, 아니면 새로운 분배 모델을 찾아낼 것인가. 영재로 대입해보면 전체를 먹여 살릴 영재 한 사람을 발굴할 것인가 아니면 더불어 모두의 영재성을 존중할 것인가. 매스미디어는 여전히 영재를 국가의 잠재된 성장 가능성으로 한정하는 것 같다. 1등을 가려내며 성공 신화를 반복하는 역사 퀴즈 대회가 그렇다. 그 속에서 얻는 것은 한 명의 특출한 영재이지만, 잃는 것은 미처 살펴보지 못한 수많은 잠재적 영재들이다.

나는 오늘의 한국이 과도기에 놓여 있다고 생각한다. 과도기는 이전의 흐름이 다른 흐름으로 변해가는 지점이다. 옛것이 사라지지도 새것이 정착하지도 않은, 어떤 것도 정착하지 않은 채 부유하는 이행기다. 과도기에 내린 어떤 가치판단이 옳은지 그른지 확신할 수 없기에, 과도기는 모순이 일반화되는 시기다. 특히 교육 논의에서 모순은 전면적으로 드러난다. 아직도 많은 이들이 획일적 교육 방식과 적성을 고려한 교육 방식 사이에서 갈등한다. 사람들은 자신의 입장을 어디 하나로 정하지 못하며, 시류에 맞추어 입장을 이리저리 옮기는 모순을 드러낸다. <영재발굴단>의 영재나 그것이 함축하는 한국의 교육 환경도 우리 사회의 과도기성을 반영한다. <영재발굴단>은 국악 신동 지훈이의 사연을 포함한 여러 영재의 사연을 통해 이들이 사라지는 이유가 오직 성공만을 향한 어른의 욕망에서 비롯됐다고 꼬집는다. 하지만 역사 퀴즈 대회에서 보여준 모습은 어른의 잔인한 성공 욕망과 1인 서바이벌이었다. <영재발굴단>이 영재의 능력만 조명하는 순간, 그 자신이 발견하고자 하는 영재를 사라지게 하는 주체가 된다는 것을 깨달아야 한다. 영재 발굴이라는 행위에서 어떤 지점을 놓치고 있는지, 어떤 지점에 집중해야 하는지를 <영재발굴단>은 정확히 파악해야 한다.

조금 더 고민한다면, 역사 퀴즈 대회 대신에 역사 영재를 발굴하는 여러 방법을 찾을 수 있다. 역사에 관심 많은 영재를 모아 토론 수업을 하거나, 각자 분야를 정해 연구하고 발표한다면 서로에게 좋은 자극이 될 것이다. 또한 역사 영재와 그 분야의 멘토가 만날 수 있는 자리를 만들 수 있다. 영재는 멘토와 함께 문화 유적지를 탐방하며 자신의 관심사를 더욱 키울 것이다. 주변 사람을 밟고 승자의 자리에 올라온 한 명의 영재 신화를 만들기보다 모두 힘을 합쳐 어떤 문제를 해결해나가는 이야기였으면 한다. 단 한 사람이 기억되기보다 다 같이 기억됐으면 좋겠다. 무엇보다 <영재발굴단>은 제도권 교육을 답습한 줄 세우기 형식을 통해 영재성을 함부로 재단하지 말아야 한다. 앞서 <영재발굴단> 자신도 말했듯이, 우리는 누구나 자신만의 천재성이 있다. 그것을 어떻게 발휘하고 사느냐에 따라 영재가 결정된다. '나는 어떤 분야의 영재다(나는 어떤 분야에서 뛰어나다)'라고 자신 있게 말할 수 있는 사회 분위기를 만들어야 한다. 즉, 우리 누구나 자신의 천재성을 발휘하고 살 수 있는 사회가 돼야 한다.

Hear로 Heal하는 프로그램

JTBC 시사·교양 프로그램 <김제동의 톡투유: 걱정 말아요 그대>

이은지

차별화된 힐링 프로그램의 등장

우리 사회에 '힐링' 코드가 유행한 지도 벌써 3년이 넘었다. 김난도의 저서 『아프니까 청춘이다』, 혜민 스님의 자기 계발서 『멈추면, 비로소 보이는 것들』이 베스트셀러로 올라가고 SBS에서는 2011년 7월부터 제목부터 힐링 코드를 넣은 <힐링캠프>를 방영했다. 산업의 고도화에 따른 자본주의의 희생자들이 재조명됐고, 힐링 열풍이 불면서 모든 콘텐츠의 이름 앞뒤에 힐링이라는 단어가 빠지지 않게 됐다.

그중에서도 특히 조명된 대상은 청년 세대였다. 청년 세대의 별명은 그들의 고충을 대변해준다. 어렵게 취업에 성공했지만 자신의 월급으로 의식주를 해결하지 못하는 '88만원 세대'부터 취업, 연애, 결혼, 육아 등 경제적인 문제로 포기를 강요당하는 'N포 세대' 혹은 '달관 세대'.

학자금 대출로 학비를 마련했지만 높은 실업률로 빚을 갚을 능력이 없어 졸업 후 신용불량자가 된 '청년 실신'(청년 실업자와 신용 불량자의 합성어)까지 다양하다. 이렇게 사회에 지친 청년들에게 위로와 위안을 주는 방송이나 강연부터 위로를 '파는' 힐링 산업이 발달하게 된다.

그러나 '돈이 되는' 힐링 산업 때문에 오히려 상처 입는 청춘들이 있다. 청년들은 자신들에게 공감하는 척하면서 열정 노동을 강요하고 수익에만 열을 올리는 몇몇 사회집단과 개인에게 상처받는다. 또 비정상적으로 불균형해진 사회문제 대신, 개인의 문제만 지적하는 문화에 상처받는다. 청춘에게 하는 조언은 개인의 노력만으로 이룬 것이 아니라 국가 경제의 성장기에 편승해 성공한 사람들이 하는 말이라며 비관하고 공감하지 못한 청춘도 있다. 강연이나 방송 등 힐링 프로그램도 사정은 마찬가지였다. 프로그램이 전달하려는 가치와 20대들이 전달받는 가치의 간격은 점점 벌어졌다. 방송 콘텐츠 제작자들은 프로그램 개편이나 다양한 게스트를 초청하는 식으로 그 간격을 메우기 위해 노력했지만 눈에 띄는 성과는 볼 수 없었다. 이러한 상황에서 등장한 프로그램이 2015년 5월부터 방영을 시작한 <김제동의 톡투유: 걱정 말아요 그대>(이하 <톡투유>)다.

<톡투유>는 KBS나 MBC와 같은 공영방송에서 기획했다고 해도 의심되지 않을 만큼 공영적인 성격을 띠고 있다. 매주 다른 대학교의 강당을 찾아가 녹화한 방송은, 이른바 성공한 사람들이 하는 강연을 전달해주는 방송이 아니다. 한 가지 주제에 대해 고민을 품고 있는 다양한 나이대의 방청객이 자신의 고민을 털어놓고 서로 공감하며 치료하는, 방청객이 방송을 이끌어나가는 방송이다. 방송의 주인공이 방청객이기 때문에 <톡투유>의 패널은 유명한 스타나 성공한 기업인이 아니다. 담백한 노래로 사람들의 마음을 위로하는 인디 가수와 사회과학 강사, 뇌과학 교수 그리

고 방청객들의 말을 잘 들어주는 MC 김제동뿐이다. 시민의 고민을 나누기 위해 시민을 주인공으로 세운다. 이런 명쾌하면서도 신선한 발상은 학생은 물론 직장인, 주부, 어르신까지 사로잡았다.

솔직한 고백+마음으로 듣는 행위=치유와 세대 통합

<톡투유>는 다양한 시각을 보여준다. 그 다양한 시각이 시청자에게 효과적으로 전달되는 이유는 다양한 사람들의 삶에서 나온 진술함 때문이다. 시청자는 자신과 유사한 방청객의 삶을 이해하면서 자연스럽게 자신의 주변 사람들의 삶을 이해하게 된다. 또한 서로의 아픔에 슬퍼하고 위로하며 사회에서 느끼지 못했던 인간의 정을 느낀다. 이것이 그동안 나왔던 힐링 프로그램과 가장 차별화된 <톡투유>의 개성이다. 여타의 다른 힐링 프로그램들에서 시사하는 '슬퍼도 조금만 참고 힘내라' 같은 메시지는 화자와 청자 간의 간극을 만들어낸다. 어르신의 덕담처럼 해결책을 제시해주는 프로그램은 개인에게 순간의 원동력이 될 수는 있어도 각 세대 간의 간극을 채워주지는 못한다. 그러나 <톡투유>에서 드러나는 방청객들의 모습은 이와 사뭇 다르다. 나와 같은 평범한 사람들이 내 고민에 공감하고, 옆자리에 앉아 있던 아주머니가 어깨를 도닥여준다.

처음 본 사람과 공통점을 찾고 함께 웃고 또 운다. 이를 전문적으로 해석하면 스탠퍼드 대학교(Stanford University)의 명예교수이자 정신과 의사인 얄롬(Yalom)의 집단치료 이론을 들 수 있다. 얄롬은 그의 저서 『최신 집단정신치료의 이론과 실제』에서 집단치료 중 집단의 특성을 통해 강조될 수 있는 효과로 11가지 집단의 치료적 요인을 제시했다. 그중 보편성은 나에게만 문제가 있는 것이 아니라 다른 사람도 나와 비슷한 문제가

있다는 것을 알고 안도감을 느낀다는 것이다. 즉, 내 이야기를 하지 않아도 다른 사람이 비슷한 고민을 말했을 때 자신에게도 동일한 치료 효과가 나타나게 된다. 같은 주제로 여러 고민을 가진 방청객과 시청자가 고민을 나누며 집단치료적인 효과를 얻는 것이다.

이런 점에서 볼 때 <톡투유>는 기존의 힐링 프로그램과 다르게 해답을 제시하지 않는다. 각 분야의 전문가가 나와도 사회현상을 설명해주고 문제만 짚어줄 뿐, 개인에게 어떻게 하라는 답을 제시해주지는 않는다. 김제동은 그저 질문을 던지고 방청객의 말을 들어주며, 개인이 답을 찾을 수 있도록 유도한다. 속 시원히 말할 곳 없고 들어줄 곳 없던 사회에 지친 사람들은 그 과정에서 진정한 감동을 찾는다. 대다수 개개인의 고민과 문제는 누구나 일상 속에서 겪었던 것이기 때문이다. 그 문제를 바라보는 시선은 내 시선뿐만 아니라 아이의 시선, 직장인의 시선, 부모의 시선으로 나타난다. 방청객뿐만 아니라 시청자도 자신과 타인에게 느꼈던 오해가 이해로 다가갈 때 눈물짓는다. <톡투유>의 사람을 이해하기 위한 노력은 이때 결정적으로 드러난다. 무게에 비해 너무나 가볍게 떠돌던 '공감'이라는 단어가 세대와 이념을 넘어서 방청객과 시청자의 눈물로 나타날 때, 프로그램의 진가가 드러난다. 이때 김제동과 패널의 입담, 방청객들의 엉뚱하고 유쾌한 모습이 보여주는 잔잔한 웃음과 프로그램의 담백한 진행은 눈물의 무게를 견디게 해주는 버팀목 역할을 톡톡히 한다.

인간과 사회에 대한 통찰력이 빛나는 방송

<톡투유>에 대한 호평과 지속적으로 늘어나는 관심은 사회에서 상처받은 사람을 조명하는 것도 있지만, 요리 프로그램이나 육아 프로그램같

이 보기 편한 방송만 추구해왔던 기존 방송사에 대한 경고로도 작용할 것이다. 이는 <톡투유>의 방청객뿐만 아니라 패널들도 솔직하기 때문이며, <톡투유>가 사회적인 문제를 짚어내는 프로그램이기 때문이다. 방송사는 서서히 사회적인 문제나 정치적인 문제를 드러내는 데 소극적으로 변하고 있다. 겨우 몇몇 프로그램만이 그 역할을 이어나갈 뿐 대부분의 예능과 드라마에서 시사성이 빠져 나간 지 오래다. 그렇기 때문에 힐링 코드를 내건 프로그램은 예능으로 분류될 게 아니라 시사·교양 프로그램에 분류돼야 더 적합하다.

개인의 문제는 오로지 개인에서만 오는 게 아니다. 따라서 사회라는 환경과 개인을 동시에 조명해야 한다. 또한 개인에서 야기되는 문제는 방송 프로그램으로 나타내기보다 심리치료사나 상담사를 찾아가는 게 빠르고 정확하다. 치료가 필요한 개인의 문제를 예능식의 가벼운 발상과 웃음거리로 전락시키는 행위는 상당한 위험성을 띤다. 자신을 치료할 수 있는 사람은 오직 자신뿐이다. 그러므로 힐링 프로그램의 본 목적을 지키기 위해서는 개인과 사회에 대한 통찰력이 요구된다. 그런 의미에서 <톡투유>는 탁월한 프로그램이다. 매주 선정되는 고민의 주제는 '편견', '결혼'과 같이 사회와 밀접한 연관성을 지니는 경우가 많다. 방송에 드러난 개개인의 고민 속에는 사회규범과 집단에서 강요당한 가치가 내포된 경우가 많으며 패널들은 그를 재조명한다.

이 때문에 대중에 대한 겸손한 태도를 잃지 않으며, 그들을 위로하고 사회문제를 날카롭게 짚어낼 수 있는 능력을 가진 김제동을 MC로 내세운 것이 제작진의 '신의 한 수'였다고 표현하고 싶다. 김제동은 민감한 MC다. 짓궂은 농담과 날카로운 질문 사이를 오가며 방청객이 울고 웃도록 이야기를 엮는 균형감으로 프로그램의 무게를 나눈다. 물론 그 바탕은 방청객들의 목소리이며 프로그램 진행자들도 이를 잊지 않는다. 섭외된 게스트도 가장 주제에 맞는 고민, 방청객과 비슷한 고민을 생각하고 이야기한다. 화려한 게스트가 아닌, 프로그램을 통해 가장 영향을 많이 받을 시청자와 방청객을 주목하는 환경은 <톡투유>가 지향하는 가치를 이상적으로 실현한다. 사람에게 관심을 가지며, 공감과 위로를 통해 살아가는 힘을 기른다. 나아가 더 이상 상처주고 상처받는 사회가 되지 않도록 보다 나은 삶, 함께하는 삶을 추구한다.

주제에 대한 애매한 깊이

한편으로 방청객의 이야기에 더 집중을 하고 싶어서일까, 문제를 조명하는 깊이에 아쉬울 때가 있다. 개인에게 답을 주지 않으며, 한 가지 답으로 정의 내리지 않는 방송을 한다는 점에서 균형을 추구하고 있다고 보인다. 하지만 교양 프로그램으로서 제기하는 시사성에 그치고 더 깊은 이야기를 나누지 않는 것에 대해서는 아쉬움이 일 때가 있다. 패널 개개인의 정치적 성향과 의견을 드러내지 않기 위해 순화하는 조심성 또한 엿보이는데, 사회에서 상처받은 개인과 그 개인의 고민을 다루면서 사회를 조명하는 데는 소극적인 모습을 보인다는 점에서는 실망스럽다. 방송에서, 그리고 생전 처음 보는 사람들 앞에서 얼굴을 드러내며 고민을 드러내는 것은 무척 어려운 일이다. 물론 그런 상황을 이끌어내기까지 MC와 패널의 능력이 뒷받침된 것은 사실이다.

하지만 자신의 고민을 터놓은 방청객의 용기에 상응하도록 제작진도 용기를 내야 할 필요가 있다고 본다. 21회 차 방송에서 집과 집값에 대한 주제가 나왔을 때가 바로 그렇다. 비싼 집값에도 불구하고 집을 사도록 부추겼던 정책에 대해 언급할 때 패널은 말을 더듬고, 그 모습을 보며 방청객들은 웃는다. 방송은 최진기가 말을 더듬다가 웃음을 터뜨리는 장면을 작게 축소하고, 비가 내리는 효과까지 넣어 웃음을 유발한다. 결국 제기된 문제에 대한 이야기는 없는 상태가 되고 다시 방청객에게 질문이 향한다. '열심히 일하면 나아질 거라는 기대가 필요하다'는 메시지로 함축된 소망은 시사성과 교훈성이 갖춰져서 균형이 잡힌 듯하다. 하지만 더 생각해봐야 할 주제를 던져주기만 하고 내빼는 식의 토크가 항상 균형감 있어 보이지는 않는다. 각 주제마다 다뤄지는 고민의 무게도 다르기 때문에 몇몇 시청자는 다뤄야 할 주제가 충분히 다뤄지지 않았다고 느낄 수 있다. 어쩌면 그 주제가 300명 가까이 되는 사람들의 고민을 야기한 근본적인 문제일 수도 있기 때문이다. 시청자의 입장에서 본 <톡투유>가 추구해야 할 궁극적인 목적은 개개인이 사회에서 받은 상처를 극복하는 힘을 기를 수 있도록 돕고, 나아가 상처 주는 사회를 변화시키는 힘을 기르는 것이다. 물론 위로 자체에도 가치가 있지만, 단순히 똑같은 고민을 지닌 사람들이 위로를 나누는 장에서 그쳐서는 안 된다고 생각한다. 진정한 힐링은 개인을 넘어 사회를 치유해야 한다. 위안을 구하고자 찾아온 방청객들의 마음이 더 무거워지지 않도록 조심하는 세심함은 무척 인상 깊다. 하지만 '답을 제시하지 않는 방송'인 <톡투유>가 던지는 물음은 더욱 날카로워질 필요가 있다고 본다.

생각하는 개인, 생각하는 방송, 생각하는 사회 추구

<톡투유>는 TV 방송이라는 미디어의 한계인 일방적 성격을 극복한 몇 안 되는 성공적인 쌍방향적 의사소통 프로그램이다. 나아가 시민의

참여 없이는 이루어질 수 없는 프로그램이라고 말하고 싶다. 선정할 주제 제시부터 자신의 이야기를 통해 프로그램의 주인공이 될 기회까지 시청자에게 맡기는 모습은 혁명적이기까지 하다. 스튜디오로 방청객을 부르는 게 아니라 직접 찾아가는 모습 또한 그만큼 소통하고 싶다는 의지를 표현했다고 본다. 깊이의 애매함에는 비판을 제기했으나 그럼에도 불구하고 <톡투유>와 같이 물음을 던지는 방송은 꼭 필요하다. 앞서 언급했던 것처럼 대다수 프로그램들은 점점 아무 생각 없이 볼 수 있는 방송, 재미있고 가볍게 볼 수 있는 방송으로 변해가고 있다. 시청자들은 사람이 먹는 걸 보면서 재밌어 하고, 아이들이 뛰노는 걸 보며 열광한다. 그리고 그 가벼움에 길들여진다. 그렇기 때문에 현실 도피성 콘텐츠 사이에서 끝없이 의문을 제기하는 <톡투유>의 노력과 기여에 박수를 보내고 싶다. 감성에만 호소하는 방송으로 전락하지 않고, 사회에 대한 더 날카로운 의문을 제시해서 생각하는 개인, 생각하는 방송, 생각하는 사회를 만들어 갔으면 하는 바람이다.

다시 떠나는 수학여행,
방송에서 특정 지역과 삶을 다루는 방식
MBC 수목드라마 <맨도롱 또똣>을 중심으로

김소정

수학여행

수학여행의 의미를 찾아보면 "교육 활동의 하나로서 교사의 인솔 아래 실시하는 여행. 학생들이 평상시에 대하지 못한 곳에서, 자연 및 문화를 실지로 보고 들으며 지식을 넓히도록 한다"라는 뜻이 나온다. 다른 친구들이 제주도로 수학여행을 올 때 제주도에서 중·고등학교 시절을 보낸 필자는 반대로 대륙(상하이)으로 수학여행을 갔다. 기억에 남는 건 긴 이동 과정, 임시정부의 어렴풋한 이미지, 푸둥(浦東) 지구의 야경 정도다. 그 지역에 대한 이해나 맥락에 대한 이해 없이 방문한 수학여행은 그렇게 친구들과 단출한 일탈 행위 정도를 추억으로 남기고 끝이 났다. 제주도로 수학여행을 왔던 친구들도 별반 다를 게 없다는 걸 나중에야 알았다.

'만장굴', '백년초 초콜릿' 등 현지인인 나에게는 도리어 낯선 곳들이 그들에게는 제주도를 구성하는 주요한 이미지였다. 한라산에서 공을 차면 바다에 빠지냐, 정말 아무데서나 바다가 보이냐는 등 농담 섞인 이런 질문들은 단골이었다. 그 자리에서는 웃어넘겼지만, 이런 인식 뒤에 작용하고 있는 기제만큼은 웃어넘길 것이 아니라는 생각이 들었다. 그들도 나도 수학여행의 취지와는 달리, 특정 지역에 대해 매우 편협한 시각을 가지게 된 것이었다. 평상시에 대하지 못한 곳을 도리어 더 서툴게 대하고 온 셈이다.

제주는 방송에서 찾기 쉬운 공간적 배경이 되었고, 2015년 7월 기준으로 외국인 관광객이 감소하고 있음에도 불구하고 국내 관광객은 35% 증가했다. KBS <슈퍼맨이 돌아왔다>를 비롯해 육아 예능 프로그램뿐만 아니라 애정 관계를 다루는 드라마에서도 제주는 주인공들의 갈등 해소지나 머리 식히는 장소로 기능해왔다. MBC <무한도전>에서는 '토토가' 특집 당시 이효리 집을 방문하기 위해 제주도에 당일치기하는 모습을 보여주기도 했다. 교통의 발달로 물리적인 장벽도 허물어졌지만 방송을 통해 제주도를 향한 심리적 거리감도 좁혀지고 있는 셈이댜.

그러나 오늘날 방송에서 제주도가 다뤄지는 모습을 보면 그 시절에 떠났던 수학여행과 비슷하다는 느낌을 지울 수 없다. 기존의 프로그램들은 한 회에서 두 회 정도 짧은 분량에서, 관광에 특화된 제주의 모습만을 다루고 있다. 프로그램별로 방문지는 비슷했으며, 이에 따라 시청자들은 방송을 통해 제주에 대해 비슷한 인상만을 빚어냈다. 심리적 거리는 좁혀졌지만, 타 지역에 대한 이해도나 교감 능력 향상에 얼마나 기여했는지는 의문이다.

올해 5월에 방영을 시작해 7월에 종영한 MBC <맨도롱 또뭇>은 제목부터가 제주도의 사투리면서(적당히 먹기 좋게 따뜻한, '미지근한'이라는 뜻) 제주도를 전면 배경으로 내세워 제작되었기에 방송 전부터 기대감을 불러일으켰다. 제작 발표회에서 PD는 '사람 사는 이야기'를 다루겠다고 발표했다. 특집으로 다루어지거나 일회적인 공간 배경으로 나타났던 것과는 달리 90% 이상을 제주도를 배경으로 촬영했다. 그러나 드라마 종영 후 홍 자매 작가의 유사한 스토리 전개에 대한 지적과 아쉬움에 대한 이야기는 있었으나 이 드라마 속에서 특정 지역이 다루어지는 방식에 대한 논의는 없었다. 이 글에서는 제주도와 <맨도롱 또똣>을 중심으로 방송에서 특정 지역과 타인의 삶을 다루는 방식에 대해 이야기하고자 한다. <맨도롱 또똣>에 나타난 제주를 인식하는 방법, 제주도가 다루어진 방식 등을 꼼꼼히 따져보면서 방송은 특정 지역과 삶을 어떻게 다루어야 하는지를 논할 것이다.

　　<맨도롱 또똣>은 정주(강소라 분)와 건우(유연석 분)가 제주에서 꿈과 사랑을 찾는 이야기다. 건우는 제주에 '맨도롱 또똣'이라는 이름을 가진 레스토랑을 차리고, 억척스럽게 살았던 정주도 우여곡절 끝에 제주도에 살게 된다. 정주의 알약 통을 보고 암 환자로 오해한 건우의 호의에서 비롯된 두 사람의 동거와 동업은 두 사람을 연인 관계로 진전시킨다. 이렇듯 <맨도롱 또똣>은 제주 바닷가의 카페에서 로맨스를 그리는 정주와 건우의 주 플롯과, 제주도 리조트 사업 CEO인 건우의 형 정근(이성재 분)과 해녀 해실(김희정 분)의 러브 스토리 역시 서브플롯으로 진행된다. 그런데 과연 <맨도롱 또똣>은 기존 방송에서 제주도를 뻔한 수학여행 같은 모습으로만 다루던 한계점을 벗어났을까? 우선 이 드라마 속에서 제주를 바라보는 두 가지 시각을 정리해볼 수 있다.

<맨도롱 또똣> 속 제주

비(非)서울로서의 제주도: 도피처

투자 기회, 상업적 대상으로서의 제주도를 바라보는 시각도 드라마에 나타나지만, <맨도롱 또똣>에서 주요하게 제주를 그리는 방식은 '제주 그 자체'가 아닌 '서울이 아닌 곳'으로 인식해 의미를 부여하는 시각에 기반을 두고 있다. 이러한 비(非)서울로서의 제주도는 우선 '도피처'라는 의미를 지닌다. 도피의 출발지는 서울, 도착지는 제주인 셈이다. 제주도에서 레스토랑을 운영하는 건우를 두고 건우의 누나와 건우의 첫사랑 지원(서이안 분)이 '도망'이라고 표현하는 장면이 이를 잘 보여준다. 정주(강소라 분) 역시 처음에는 '루저의 삶'이라며 제주도에서의 삶을 비하한다. 제주 자체의 삶을 들여다보기보다 '서울이 아닌 곳=즉 도피처, 오답'이라는 시각으로 바라본 것이다.

비(非)서울로서의 제주도: 힐링의 공간

그러나 <맨도롱 또똣>에서 비(非)서울로서의 제주도는 드라마가 전개될수록 도피처에서 힐링의 장소로 탈바꿈된다. 제주도를 힐링의 공간으로 다룬 건 대다수 예능 프로그램도 이미 채택한 방식이다. 드라마 초반에는 제주도의 밭, 폭포, 유채, 돌하르방 등 제주도를 상징하는 키치들이 반복적으로 등장한다. 제주도 생활은 '부러움의 대상'이 되고, '시골스러움'과 '킨포크'를 상징한다. 심지어 제주도에서 레스토랑을 운영하던 건우를 두고 서울에서 만난 동창은 '푸근한 인상'이 되었다고 말한다. 1화의 특별 게스트로 출연한 소지섭이 운영하는 카페의 이름은 'EASY GO CAFÉ'다. 돌담집을 개조한 예쁜 집, 커피 한 잔의 여유. 이렇듯 '힐링'의 공간으로 제주도를 규정짓는 시각은 극 중 '작가'로 등장하는 부미라(김미진 분)의 내레이션에서 절정을 보인다. 그녀는 "누군가가 사무치게 그리울 때, 그럴 땐 여기 제주도로 오세요"라고 말하며 제주도에 대한 1차적 결론을 내린다.

그러나 이러한 시각은 결국 도피처로 간주하는 시각과 마찬가지로, 제주 그 자체보다 '서울이 아님'이라는 점에 방점을 찍은 것이나 다름없다. 건우가 서울에서 국제고등학교 동창들을 만났을 때 '힐링의 장소이자 영혼의 해방'으로 제주도를 수사하는 것은 언뜻 긍정적으로 받아들여질 수 있지만, 결국 이때의 제주도도 비(非)서울로서 가치가 있는 것이다. 실제 드라마 내에서도, 제주도에서 살기 시작한 건우와 정주조차 제주도를 '서울의 복잡성이 없는 곳, 서울과 공기가 다른 곳'으로 인식하고 있음이 나타난다. 서울 출신인 건우와 정주의 입장에서는 '서울'을 기준으로 사물을 판단할 수밖에 없지만, 드라마 내의 인물이 전부 이러한 시각을 지녔다는 점에서 제작진의 "제주에서의 삶, 사람 사는 얘기를 다루겠다"라는 포부가 아쉬운 단계에 그치고 만 것이다. 더불어 기존에 제주를 다루던 다른 프로그램들에서 크게 벗어나지 못했다. 이러한 시각에 기반을 두고 그려진 제주도와 그런 제주도의 모습을 접한 시청자들은 타 지역과 타인에 대한 공감 능력을 확장시키기보다 철저히 이방인의 시각에 머무를 수밖에 없었다.

섣불리 낭만화된 제주도: 편견의 고착화

<맨도롱 또똣>은 1화에서 유채 밭과 제주 바다의 장면을 보여준 뒤 바로 서울의 지하철, 바쁜 사람들, 스마트폰에 몰두하는 모습 등을 보여주

어서 서울과 제주를 노골적으로 대조해서 나타냈다. 제주도에서 생계를 꾸려가는 사람들의 출근길과 서울의 출근길을 대조하지 않고, 일반적으로 알려진 제주도의 상징물들과 특정 서울의 모습을 비교한 것이다. 드라마 내의 인물관계도 그렇다. 읍장과 마을 사람들을 비롯한 제주도 사람들은 단순하고 소박하고 배타적인 성격으로만 그려진다. 읍장은 정주와 사랑이 이뤄지지 않고 그녀와 정주의 로맨스를 거드는 역할에 그치며 주변인으로만 머문다. 이와 같이 특정한 중심 기준에 의해 파편적으로만 낭만화되는 건 서양이 동양을 낭만화하면서 서양 제국주의의 시각에 편입시켰던 오리엔탈리즘의 논리와 다를 바가 없다. 드라마가 그려내는 '제주도에서의 사람 사는 이야기'는 결국 관찰자의 욕망을 반영한 제주도에 그치고 만 것이다.

물론 제주에 대해 긍정적인 일부분을 그려내는 것이 꼭 나쁘다고만 볼 수는 없다. 제주를 방문하고 싶은 욕구를 자극할 수도 있고, 방송이 제주 관광객 증가에 기여하기도 한다. 그러나 이 같은 반복된 방식으로만 (주로 시청자들이 원래 기대하고 있던 타 지역에 대한 이미지) 제주도를 비롯한 타 지역을 다루는 것은, 타인의 삶을 배려 없이 섣불리 판단하게 하고 편견을 고착화한다는 문제가 있다. 더욱이 이러한 방식으로 제주도가 그려지는 것이 문제 제기의 필요성도 거의 느끼지 못할 만큼 당연하게 체화되어왔다는 것은 더욱 심각하다. 특히 '16회'라는 분량 모두를 제주에서 촬영했다는 점과 삶의 맥락을 보다 심도 있게 다룰 수 있는 '드라마'라는 장르임에도 기존 방송 프로그램들과 비슷한 방식을 답습했다는 점에서 큰 아쉬움이 남는다.

리모델링된 50평짜리 제주도: 외면된 문제들

또한 드라마 속에서 '비서울'로 규정된 제주도는 서울과 반대되는 요소
들로만 채워지고, 제주에서 꿈을 찾겠다던 정주와 건우의 꿈은 한정적
공간에만 머무른다. 16화라는 적지 않은 분량임에도 그들은 대부분 애월
한담 해변과, 현실과는 무관하게 정갈한 카페에서만 시간을 보낸다. 정주
와 건우의 무대는 오직 미적 기준에 의해서 로케이션 헌팅(location hunting)
된 장소들이며, 물리적 배경만 제주일 뿐 제주에서의 삶의 맥락이나 이해
없이 채색된 제주가 되어버렸다. 제주도를 배경으로 한 <맨도롱 또똣>은
그 지역이 실제로 안고 있는 문제들은 외면한 채, 제작자에 의해 편집된
장소에서만 삶을 논하게 된다. 현지인들의 삶은 물론, 실제 제주에서의
삶을 꿈꾸는 청년들의 실생활이나 어려움을 파헤치지도 못했다.

'선글라스→카메라→아이패드' 세 겹을 거쳐 나타나는 제주도

이 드라마가 제주도를 다루는 방식에서 가장 심각성을 드러내는 지점은
시청자와 극 중 인물들을 비롯한 사람들이 '제주도를 소화하고 인식하는
방식'이다. 드라마 중간중간 부미라 작가가 내레이션으로 제주도에 대해
이야기하고, 제주에서의 힐링 스토리를 블로그에 연재한다. 하지만 이
힐링에는 찜찜한 구석이 있다. 어렵게 보말을 따고 있는 정주의 모습이나
해녀들을 촬영하고 블로그에 포스팅하는 장면이 그렇다. 멀찍이 떨어져
앉아 곱게 화장을 하고 치마를 입은 채 카메라를 들고 있는 부미라 작가와,
땀을 흘리며 수고로운 일을 하는 해녀들의 모습이 대비된다. 그녀는 해녀
들에게 말 한마디 걸지 않고 발에 바닷물 한 방울 묻히지 않으면서도

해녀들의 일상을 쓰는 아이러니한 모습을 보인다. 누군가의 생계를 위한 노동이 누군가에게는 손쉽게 힐링으로 착취당한다. 화사한 효과를 넣어 그럴듯한 사진으로 재탄생되고 그렇게 소비된다. 심지어 제주도에 직접 살고 있는 정주와 건우조차 부미라의 블로그를 방문하며 아이패드 너머의 제주도를 소비한다. 건우와 정주는 부미라가 선글라스를 착용하고 예쁜 필터가 씌워진 카메라를 통해 바라본 제주도를 아이패드로 보며 제주를 소화한다. 이렇게 세 겹의 필터를 거친 후, 이방인의 시각에 머물러 있는 부미라 작가가 해석한 제주도를 다시 자기화하는 것이다. 이를 통해 등장 인물들은 그곳에 살고 있으면서도 관찰자의 시선만을 유지하게 되고, 시청자들은 '제주도'라는 지역을 특정한 배경으로만 인식하게 된다. 실제 제주의 사람들도 복잡한 사정과 인격을 가진 사람들이라는 것, 그러한 풍경들만이 제주도를 정의 내릴 수 없다는 사실을 쉽게 간과하게 되는 것이다. 특히 세 단계를 지나서 제주도를 접하게 되니, 배려나 이입의 태도로 제주도를 대하기는 더욱 어려워진다.

결국 <맨도롱 또똣>은 몇 화 정도 시청자들의 오감을 충족시켜준 여타 프로그램들과 별 차별성이 없었다. 기대보다 저조했던 시청률은 단순히 어색한 멜로 때문만이 아니었을지도 모른다. 초반을 지나 화를 거듭할수록, 단편적인 욕망의 단순 해소만으로 16화를 견인하는 데 무리 가 있었다.

타인의 삶을 대하는 방법

그럼에도 불구하고 의의가 있다면, 또 다른 삶의 방식이 존재하기는 한다는 것을 '드라마'라는 형식을 통해 보여주었다는 점이다. 그런데 이 역시 실제 제주에서의 삶을 꿈꾸는 젊은이들에게 구체적인 삶의 방식을 제안해주진 못했다는 점에서 다시 한계에 부딪힌다. 리조트 여러 개를 거느린 형을 두는 건 흔한 일이 아니며 오늘 하루 얼마나 벌 수 있을지, 유통은 어떻게 뚫을지, 어떻게 집을 구할지 등에 대한 고민 없이 사랑과 요리에만 매진하는 것은 실제 제주도에서 생업을 꾸리고자 하는 젊은이들과 거리감이 있기 때문이다. 이러한 점 때문에 극의 후반으로 갈수록 점차 공감이 어려워지고, 그저 물리적 배경만 제주일 뿐 결국 브라운관 속 '남이 사는 세상 이야기'로 표백되어버린다.

만일 드라마가 외지인이 내는 상처와 반대로 외지인으로서 겪는 어려움, 그리고 새롭게 열리는 관계에 대해서도 다루고, 환상적인 모습과 더불어 실제 삶의 맥락까지도 다룬다면, 방송을 통해 타 지역을 방문하게 될 사람들 역시 SNS에 남길 사진을 찍는다고 해서 그 장소와의 교감이 끝나는 게 아님을 느낄 것이다. 그로써 방송은 사람들이 타 지역을 좀 더 삶으로 대하고 이해할 수 있도록 도와줄 수 있을 것이다.

다시 떠나는 수학여행

"학생들이 평상시에 대하지 못한 곳에서, 자연 및 문화를 실지로 보고 들으며 지식을 넓히도록 한다"는 수학여행의 정의를 빌려 서술하자면, 방송은 우리가 평상시에 대하지 못한 지역에 대한 인상을 구성할 수 있는 거의 유일한 수단이다. 우리의 테두리 너머에 있는 곳에 대한 인상이나 현실 감각은 방송에 의해 형성된다. 방송은 볼 수 없었던 걸 경험할 수 있게 해주기 때문에 제작진은 좀 더 책임감을 갖고 도시를 다루고, 그 속의 인간사를 그려낼 필요가 있다. 오락성과 상업성을 넘어서는 방송의 또 다른 가능성인 것이다.

　<맨도롱 또똣>을 비롯한 방송은 이제 시청자들에게 맥락에 대한 이해를 바탕으로 수학여행을 다시 떠나는 것과 같은 경험을 제공해야 한다. 이를 위해서는 첫째, 공감 능력의 확장을 추구해야 한다. 방송은 지금 이 자리에서 맺고 있는 친분 관계를 넘어서는 인간들과의 접촉을 확장하는 수단이 될 수 있다. 지역을 다루는 프로그램들이 단순히 시각적인 것, 미학적인 것에 의존하지 말고, 동일시할 수 있는 부분들과 삶의 맥락을 함께 짚어주어야 한다. 둘째, '제주에 가야겠다'는 마음 이상으로 '일상에서도 제주도와 같은 색채를 찾아내야지' 정도의 삶의 교훈을 준다면, 기존과는 다른 방식으로 제주도를 비롯한 다양한 지역을 다룰 수 있을 것이다. 새로운 시선을 주고, 진지하게 삶을 대하도록 해주는 것이다. 서울에서 해결되지 않은 심리적 매듭들이 항상 제주도 바닷가에서만 풀리는 것은 아니며, 제주에서 찾은 아름다움들을 서울에서라고 찾지 못하는 것이 아니다. 방송이 타 지역을 어떤 시각으로 다루고 전달하는지에 따라, 우리들은 타 지역과 타인에 대한 이해와 공감을 더 잘할 수 있게 될 것이다.

가작

<복면가왕>으로부터 살펴본 정체성의 작동

임민혁

복면: 정체성에 대한 영원한 화두

  '복면'은 그동안 자신의 정체를 외부에 숨겨야 할 때 등장하곤 했다. 사실 이러한 도식은 지금도 유효하다. <배트맨>, <스파이더맨>과 같은 여러 영웅물 이외에도, 평범한 회사원이 숨겨진 레슬러로 활동하게 된다는 영화 <반칙왕>이나 신비주의 콘셉트를 바탕으로 트로트 가요를 부른 상황을 구성지게 그려낸 영화 <복면달호>와 같은 작품들도 찾아볼 수 있다. 그만큼 복면은 상당히 흥미로운 소재다. 여지없이 거의 모든 작품에서 주인공은 한 번쯤 자신의 정체성에 관한 질문을 가지게 되는데, 다만 이러한 질문을 어떻게 풀어나갈지, 그리고 그 과정에서 부딪히는 여러 갈등과 해결 방식이 어떠한지에 따라 각 작품의 맛이 드러나곤 한다.

  파일럿 프로그램에서 시작한 <복면가왕>에서도 이러한 도식은 명징하게 드러난다. <복면가왕>이 진행되는 과정을 간단하게 살펴보면, 복면을 쓴 가수가 무대에 서서 자신의 노래 실력을 뽐내고 관객은 여러 가수들 중에서 가장 잘하는 가수를 선택하는 형식으로 구성된다. 일종의 토너먼트전으로 수행되어 상대적으로 잘 부르지 못했다고 생각되는 복면 가수의 정체는 경연 중간에 드러나게 된다. 그 과정에서 연예인 판정단이나 일반 관객이 복면 뒤에 숨은 사람이 누구일지를 추측하는 부분이 프로그램의 상당 부분을 차지한다. 사실 매주 노래를 가장 잘한 사람을 뽑는 데에만 주안점을 두었다면, 노래 경연 중간에 벌어지는 판정단들과 복면 가수 사이의 대화는 굳이 필요하지 않을지도 모른다. 하지만 분명 복면 가수의 정체를 파악하는 것은 해당 프로그램의 재미 중 하나이며, 자신이 예상한 인물과 맞아떨어지는지에 관심을 집중한다는 점에서 일종의 퀴즈 프로그램과 같은 성격을 지닌다.

우리는 어떠한 사람을 기억할 때 일종의 이미지로 기억한다. 어떤 사람을 다른 사람과 구분 짓는 정체성은 사실 단순한 외향이나 특징이 아니라, 이를 한데 어우러지게 모아놓은 일종의 인상이다. 복면은 이러한 통합적 판별을 가리고, 개개의 특성에 집중하도록 한다. 이를 통해 사람들의 특징 자체에 온전히 귀를 기울이게 만들고, 각각의 특징으로부터 한 사람의 인상으로 통합되는 과정에 관여하는 우리의 편견이 얼마나 유약한 것인지 드러내주는 장치라고 해석할 수 있다. 다른 사람이 아닌 나 자신인 누구 즉 세상에서 유일한 나 자신에 대한 정체성이 일순간 가려졌을 때, 사람들은 자신에 대해 가지고 있던 고정관념이나 편견 혹은 이미지에 관한 편향된 효과를 배제하고 날것의 자신에게 다가가는 생경한 경험을 한다. 우리는 복면을 쓴 사람을 보며 그 사람의 정체를 궁금해하지만, 그 반대의 경우로서 오히려 복면을 쓴 사람이 대중을 어떻게 생각할지 혹은 스스로를 어떻게 생각할지에 대해서는 별로 깊이 생각해보지 않은 듯하다. 가공된 이야기들로부터 던져지는 정체성에 관한 근본적인 질문들이 종종 우리의 주의를 환기시키곤 하지만, 우리는 좀 더 실제에 근접한 이야기를 원하게 되었다.[1] 이러한 점에서 <복면가왕>은 허구와 다큐멘터리의 어느 중간 지점에 위치한다.

정체성이 부여되거나 혹은 정체성을 정의하거나

여기서 복면 가수의 정체성에 관한 질문을 던지는 주체가 누구인지를 한 번쯤 살펴볼 필요가 있다. 표면적으로는 연예인 판정단과 일반 관객, 더 나아가서 시청자들이 복면 가수의 정체에 대해 의문을 던지는 주체로 보인다. 특히 연예인 판정단의 경우 복면 가수의 노래뿐만 아니라 체형이나 행동, 대화에서의 정보들을 취합해 가수의 정체를 파악할 수 있는 일종의 가이드라인을 제시한다. 이는 관중이 자칫 상대 가수에 대해 아무런 정보를 가지고 있지 않아 흥미를 잃어버릴 경우를 가급적 방지하고 추측 과정에서 관객과 시청자가 뛰어들 수 있는 길을 닦아놓는 역할을 한다. 우리는 이러한 여러 힌트와 정보를 바탕으로 복면 가수가 누구일지를 유추하게 되는데, 그렇게 추정된 인물이 과연 실제 인물인지에 관한 여부는 차치하더라도, 최소한 우리는 제한된 정보를 통해 복면 가수에게 정체성을 부여한다. 흡사 스무고개와 같은 여러 다양한 힌트의 조합을 통해 일종의 유희를 즐기는 것이다.

우리는 이러한 과정을 왜 즐기는 것일까? 노래와 더불어 숨겨진 정체성

---

1) 만약 스파이더맨이나 배트맨 같은 허구의 인물들이, 사실 허구가 아니라 어떠한 형태든 실제로 존재한다면, 우리는 복면을 쓴 영웅에 대한 실제 다큐멘터리를 지금보다 더 즐기게 될 가능성도 있다.

을 소재로 한 또 다른 프로그램인 <히든싱어>의 경우에도, 부스 안에 숨겨진 여러 사람들 중 과연 진짜 가수가 누구일지를 판단하는 과정을 거친다. 실제 가수가 누구인지를 맞추면서 느끼게 되는 희열은 과연 어디서부터 기인하는 것일까? 각자 자신의 눈에 대한 확신 혹은 그러한 확신이 뒤집어졌을 때의 놀라움과 편견의 파괴에 대한 카타르시스는 프로그램을 꾸준하게 시청하게 만드는 밑바탕이 될 것이다. 이러한 즐거움의 기제는 <히든싱어>와 <복면가왕>에서 유사하게 관찰된다. 다만 <히든싱어>는 제한된 인원을 바탕으로 실제 가수를 찾는 것, 모사된 정체성들 가운데에서 진짜를 찾는 것에 바탕을 둔다면, <복면가왕>은 가능성 있는 모든 정체들 중에서 실제 그 사람에 부합하는 정체성을 찾아주어야 한다는 점에서 차이가 난다. 이러한 부분은 스스로 부여한 정체성 측면에서 더욱 벌어진다.

정체성을 부여하는 주체가 항상 외부에서 오는 것은 아니다. 정체가 드러난 복면 가수의 참여 이유를 살펴보면, 1) 그동안 여러 사정으로 무대에 설 수 없었지만 결국 자신이 다시 있어야 할 곳은 무대라는 것을 깨달았기 때문이라거나, 2) 대중이 가지고 있는 자신에 대한 이미지에서 벗어나 새로운 관점을 심어주기 위해서 노래를 불렀다거나, 3) 오롯이 노래로서만 한 번쯤 사람들에게 다가가고 싶었다는 등의 소감을 들을 수 있다. 반면 <히든싱어>의 경우에는 실제 우상이 되는 가수를 닮고 싶어 하는 여러 모창 가수들이 자신의 정체성을 지우고 해당 가수의 정체성을 덧씌우는 경험을 겪게 된다. 참여자의 정체성을 스스로 찾는 과정이 있다기보다는 가수와 팬의 만남으로서, 혹은 가수로서의 과정을 돌아보는 계기를 마련한다는 것에 그친다는 점에서 다소 아쉬운 감이 있다. 연예인이라는 직업은 그 사람의 정체성 구성에 중요한 부분을 이룰 것이다. 사실 정체성은 직업을 넘어선 보다 큰 개념으로서 생각되지만, 우리는 모두 어떠한 형태든 직업을 가지고 있고, 일상에서 항상 직업의 영향을 받는다. 사람들과의 관계, 자신의 생각, 그리고 수입까지 생활의 근간을 이루는 동시에 정체성을 형성하는 중요한 요소라 할 수 있다. 그러한 점에서 자신을 이루고 있는 여러 가지 특질 중 노래와 목소리, 음색, 어투와 같은 청각적인 요소만을 남기고 무대에 선다는 것은 어쩌면 상당한 용기를 필요로 하는 일이다. 예를 들어 가수임에도 불구하고 상당한 혹평이 쏟아질 경우, 말 그대로 가수라는 정체성에 상당한 타격이 올 가능성도 존재한다. 그럼에도 불구하고 <복면가왕> 프로그램에 출전한다는 것은 대중 앞에서 자신의 정체성을 새롭게 각인시키는 계기이자, 자신이 가지고 있는 연예인이라는 정체성에서 과연 노래를 잘 부른다는 것이 얼마만큼의 비중을 차지하고 있는지 확인해, 새롭게 자신을 재발견하는 시발점으로 삼을 수도 있는 것이다. 또한 가수가 아닌 참가자들에게도, 다시금 무대라는 곳이 그들에게 얼마나 소중한 곳인지, 그리고 대중은 그들을 지금까지 어떻게 바라보았으며 앞으로 자신이 연예인이라는 직업을 지속하기 위해 어떠한 편견을 극복해야 하는지를 나타내주는 지표를 제시한다. 그것이 자신 스스로 가지고 있는 정체성에 대한 관점과 100% 일치하지는 않더라도 최소한 그들 앞에 펼쳐진 미래에 대한 가능성과 이에 부합하는 정체성이 어떻게 형성되어야 하는지, 혹은 재정의 되어야 하는지에 관한 감각을 드러낸다. 즉, 앞으로 소비되어야 하는 연예인의 정체성을 그 연예인의 이미지라고 생각한다면 <복면가왕>이 연예인들에게는 일종의 정체성 재활 프로그램이자 리마인드(remind) 과정이라고 정의할 수 있을 것이다.

결국 <복면가왕>에서는 정체성을 부여하고 스스로 정의하는 경험이 동시에 일어난다. 스스로에 의해서든 아니면 관객에 의해서든 자신의 정체성이 다시 정의되는 경험을, 우리는 스크린 앞에서 확인할 수 있다.

옅어진 정체성에 대한 강조의 역설

사실 복면 가수는 노래를 부를 때 가급적 자신과 관련된 특징들을 숨기기 위해 상당히 노력한다. 이는 자신의 음색을 일부러 바꾼다든지, 말투를 달리하는 것과 같은 청각적인 요소부터, 체형을 보정하거나 심지어 성별을 바꿔서 출전하는 것[2]까지 굉장히 다양하다. 자신의 정체를 확연하게 드러내줄 수 있는 특징을 숨기고 더 나아가 일정 부분을 조작하기도 하는 모습을 보여준다. 한편 어떠한 참가자들은 자신의 목소리를 가감 없이 드러내기도 한다. 이러한 차이는 왜 발생하는 것일까?

현재 <복면가왕>에 출전한 참가자들의 유형을 두 가지 기준에 따라 분류할 수 있다. 첫 번째는 가수 혹은 뮤지컬 배우와 같이 자신의 정체성 형성에서 노래와 밀접한 관련을 가지고 있는지, 혹은 개그맨이나 영화배우와 같이 노래와는 별다른 관련이 없는지이고, 두 번째는 현재 이슈가 되고 있거나 인기가 많고 잘 알려져, 현재 방영되는 여러 다른 프로그램에서도 쉽게 찾아볼 수 있는지다. 이때 자신의 정체를 숨기고 노래를 부를 때와 이러한 과정을 다 마치고 자신의 얼굴을 드러내야 하는 최종 상황에서 나타나는 관객의 반응은 다를 수밖에 없다.

가수의 경우에는 대체로 자신의 정체성을 결정하는 음색이나 창법을 숨기게 되는데, 이는 최종 판단 결과에서 반전의 매력을 드러낼 때 그

---

[2] 가수 백청강의 경우, 남자임에도 불구하고 여장을 하고 출전했다.

장점이 극대화된다. 노래 경연 과정, 다시 말해 복면 속에 숨었을 때 자신의 정체성이 미리 드러나게 되면 관객은 그러한 편견에 사로잡힌 채 감상하기 때문에 과정 중간에 드러나는 정체성을 세심하게 조절해야 한다. 오히려 정체성을 숨기면 숨길수록, 복면을 벗었을 때 나타내는 의외의 충격을 대중에게 각인시키기 쉬운 역설적 상황이 발생하게 된다. 한편 뮤지컬 배우나 가수가 아닌 경우에는 대체로 자신의 노래 실력을 그대로 드러내게 되는데, 대중이 이러한 새로운 면을 파악하지 못할수록, 또 기존에 가지고 있는 참가자의 정체성에 노래 실력에 관한 특질이 포함되지 않을수록, 대중에게 미치는 영향력은 곧 호감으로 바뀔 여지가 높다.[3] 즉, 참가자에게 발견되는 의외의 모습을 가장 영향력 있게 전달하는 데 복면은 효과적인 도구로써 역할을 한다.

<히든싱어>와 비교해본다면, 정체성 형성에 관한 차이는 더욱 극명하게 드러난다. <히든싱어>에서는 실제 가수가 오히려 대중에게 각인된 자신의 정체성을 정말로 자신과 가깝게 드러내려는 모습들이 나타난다.[4] 즉, 대중이 인식한 가수의 정체성이 대중에게 최종적으로 소비되는 형태를 스크린 위로 끌어올림으로써, 스타는 그동안 성공적으로 이미지 형성이 되었는지를 판별할 수 있게 된다. 새롭게 발견하는 정체성이라기보다 자신이 그동안 어떻게 대중에게 다가갔으며 자신의 정체성 중 어떤 부분들

---

3) 예를 들어 다른 방송 프로그램 <삼시 세끼>의 경우, 차승원은 의외의 요리 실력을 뽐냈는데, 이는 결국 대중에게 엄마로서의 이미지를 각인시켜 호감도를 상승시킨 케이스라 말할 수 있다.

4) 데뷔한 지 오래된 가수일수록, 시간에 따라 창법이나 목소리의 음역 등이 바뀔 수 있고 기존에 발매된 음반의 경우에도 발매 당시의 목소리를 담고 있기 때문에 현재의 특징과 차이가 날 가능성도 상당하다. 따라서 실제 가수가 자신의 예전 모습을 따라 하려는 아이러니한 상황도 발생한다.

이 대중에게 더욱 친근하게 느껴졌는지를 파악하게 되는 것이다. 반면에 <복면가왕>의 정체성 발견은 그와는 거리가 있다. 그동안 참가자에게 보이지 않았던 장점이나 특색을 드러내고(물론 노래 경연인 만큼 청각적 요소에 치중할지라도) 새롭게 정체성을 재형성하면서 대중에게 이를 어필할 수 있는 기회를 갖는다.

참가자들은 대체로 연예인들이며, 이러한 연예인들은 기본적으로 자신 고유의 정체성을 형성하고 이를 대중에게 어필해야 살아남을 수 있다는 특성을 지닌다. 출연자들은 <복면가왕>의 경연 과정에서 자신의 정체성을 가급적 숨기려고 노력하나, 이는 결국 최종 과정에서 오히려 자신의 정체성을 재형성시키고 대중에게 강력하게 각인시키고자 하는 하나의 과정이라고 생각할 수 있다. 프로그램을 보며 관객은 이러한 정체성 놀이에 참여하게 되고 참가자들은 연예인 판정단에서 흘러나오는 여러 토론이나 시청자, 관객끼리 자유롭게 생각을 교환하며 발생되는 여론의 추이에 따라, 자신의 정체성을 더욱 구별 지을 수 있는 기회를 가지게 된다.[5]

우리가 경계해야 하는 것들

복면 가수의 정체를 찾기 위한 노력과 이에 따라 정체가 누구인지에 대한 확신이 오히려 상대방의 정체성을 제대로 인식하는 데 방해가 될 수 있다는 것을 살펴볼 필요가 있다. 사실 <복면가왕> 프로그램의 의도

---

5) 만약 참가자를 유추하기 위해 여러 다른 연예인들의 이름이 회자되는 경우, 자신의 정체성은 그들로 인해 흔들릴 수 있으며, 그들과 더욱 구별 지을 수 있는 확고한 특징을 지니기를 무의식적으로 희망할 수밖에 없다. 자신만의 고유한 영역을 구축하는 것은 여느 직업에든 통용되는 사실이며, 이는 연예인이라고 해서 별반 다르지 않다.

는 이미 우리가 연예인들에게 가지고 있는 편견을 깨는 데 있다고 제작진들이나 진행자들이 밝히고 있다. 하지만 우리가 가지고 있는 연예인들에 대한 이미지에서 사실 가공된 부분도 어느 정도 존재한다는 것을 잊어서는 안 된다. <복면가왕>에서 밝혀진 참가 사연이나 새롭게 보이는 모습들 또한 어느 정도 진정성을 가지고 있더라도, 그들은 무대 위에 있으며 그들의 정체성, 이미지로 보이는 것들을 형성하고 의미를 부여하는 것은 결국 시청자와 관객의 몫이라는 점을 간과해서는 안 될 것이다.

또한 경연 형식으로 인해 줄 세우기라는 비판을 들을 여지도 존재한다. 가왕이라는 자리에 설 사람을 뽑아야 할 것인가 혹은 각자의 노래 스타일이 다름에도 불구하고 이를 점수로 평가할 수 있을 것인지에 관한 문제로 환원될 수 있을 것이다. 그럼에도 불구하고 이러한 경연 방식은 결국 시청자들로 하여금 참가자들의 외적 부분을 제거하고 오롯이 노래라는 한 가지 요소에만 집중하도록 함으로써 공정한 평가나 새로운 정체성의 재발견이라는 목적을 달성하는 데 도움을 주는 것으로 생각된다.

더불어 공정한 경쟁이라는 것이 너무나 이상적인 가치인 만큼 도달하기 어렵다는 점도 잊지 말아야 한다. 우리가 이미 참가자들에게 정체성의 굴레를 씌우는 순간, 우리의 귀는 단순한 목소리를 넘어서 우리가 부여하는 정체에 맞추어지고 그에 따라 호감에 영향을 받을 것이 자명하다. 대중문화는 감상자의 취향에 따라 호불호가 갈릴 수 있으며 <복면가왕>에서의 노래 또한 이러한 구속에서 자유로울 수 없음을 깨닫는 것이 중요하다. 따라서 가왕이라는 콘셉트를 등장시키는 것은 정말로 노래를 잘하는 사람을 뽑고 북돋워주겠다는 의미보다는, 시청자들을 집중하게 하는 도구로서 작동하고 있음을 인지하는 것이 중요하다.

여러 비판점에도 불구하고 최소한 우리가 가지고 있는, 연예인의 이미지에 대한 고정관념에 대해 다시 한 번 환기할 수 있는 기회를 제공한 것에는 분명 성공한 것으로 평가될 수 있을 것이다. 우리의 귀가 정확하지 않을 수 있음을, 우리가 보고 듣는 것 저 너머의 또 다른 한 사람의 생이 자리 잡고 있음을 깨닫는 것은 새로운 시각과 더불어 감동을 느낄 수 있는 일인 것이다. 예를 들어 두려움은 모두가 가지고 있는 보편적인 감정 중 하나이며, 비록 그가 연예인이라 할지라도 이를 다시 극복해내기까지 애타게 갈구한다. 무대에 서는 날을 기다릴 때까지의 과정이 순탄치 않았으리라는 것을 깨닫는 순간, 그 사람의 정체성이 우리 관념 속의 이미지에서 좀 더 통합된 한 사람의 인간으로 통합되는 것을 살펴볼 수 있다. <복면가왕>이 던진 정체성에 관한 물음들을 적극적으로 수용하되, 한계점을 인정하고 그 안에서 발현될 수 있는 여러 카타르시스를 만끽하는 것이 우리가 할 수 있는 최선이라고 생각한다.

복면 관객: 우리의 정체성은 과연 무엇인가

최근 복면을 이용한 여러 프로그램들이 자리를 잡으면서, 이야기가 전개될 때 복면이란 과연 어떠한 역할을 하는지에 관한 고찰이 필수적인 것이 되었다. <복면가왕> 프로그램에서 복면이 없었다면, <나는 가수다>나 <불후의 명곡>과 별다른 차별성을 찾지 못했을 것이다. 정체성에 대한 화두로 시작해 진정성을 탐색해나간다는 점에서, <복면가왕>은 리얼 버라이어티 쇼의 변형을 보여주고 있는 셈이다. 예능과 다큐멘터리의 어느 중간 지점에서 <복면가왕>은 미묘한 줄다리기를 하고 있다.

복면과 같은 장치는 예전부터 이야기나 소설에서도 다양하게 변용되었던 만큼 앞으로도 프로그램에서 다양하게 쓰일 것으로 보인다. 예를 들어

최근 대세로 떠오르고 있는 쿡방(요리에 관련된 여러 포맷의 다양한 방송 프로그램)에서도, <복면가왕>처럼 익명의 요리사가 만든 음식의 특징을 바탕으로 누가 요리했는지를 알아맞히는 형식의 프로그램이 나올지도 모르는 일이다.

하지만 반대로 한번 생각해볼 필요가 있다. 시청자의 입장에서, 관객의 입장에서 우리가 이미 복면을 쓰고 있는 것은 아닌가 하고 말이다. 사실상 연예인들의 입장에서 시청자는 그들의 행동에 반응하고 평가하는 존재로 자리 잡고 있다. 이는 <복면가왕>에서도 예외는 아니다. 프로그램의 진행에 영향을 미치는 투표에 따라 점수가 공개되고 복면을 언제 벗을지에 대한 시기가 결정된다. 대중문화에서 관객은 이미 복면을 쓴 채로 반응하고 있지 않은가? 연예인들과 관련 프로그램에 쉽게 영향받고 여론을 형성하는 존재로서만 정체성이 부여된 것은 아닌가 하는 의문이 들곤 한다.

그렇다면 시청자는 우리 고유의 정체성을 어떻게 하면 스스로 부여할 것인가. 사실 이에 대한 답은 쉽지 않다. 시청자·관객에 대한 정체성을 어떻게 재형성할 수 있을지, 어떤 방향이 옳을지에 대한 확신은 존재하지 않는다. 하지만 <복면가왕>에서 보았듯, 정체성은 외부로부터 부여될 수 있는 동시에 내부로부터 스스로 재정의될 가능성이 있다. 아직까지 <복면가왕>에서 관객의 정체성은 다른 여느 프로그램과 마찬가지로 특정 대상에 대해 호불호를 평가하는 수준에 머물러 있으며, 이러한 역할은 고정된 편견으로부터 기인한 것으로 해석할 수 있을 것이다. 만일 우리가 우리의 복면을 스스로 걷어내고 민낯을 드러내게 된다면, 그때 과연 우리는 어떠한 가치를 이야기해야 할 것인가. 이미지의 소비를 통해 연예인의 정체성을 단순하게 향유하는 것에서 벗어나, 우리가 가진 편견으로부터 좀 더 자유로워질 수 있도록 참신한 프로그램으로, 새로운 방향성을 적극적으로 요구하는 목소리를 낼 수 있어야 하지 않을까. 더 나아가 방송의 콘텐츠를 수동적으로 수용하는 입장에서 탈피해 새판을 짤 수 있어야 하며, 사회에서 우리는 소통을 통해 어떠한 가치를 추구해야 하는 지에 대한 고민이 필요한 시점이 아닐까 싶다.

"계급장 다 떼고 오직 노래만으로 한판 붙어보자"는 <복면가왕> 프로 그램의 구호부터 알 수 있듯이, 최소한 <복면가왕>은 이러한 정체성에 관여하는 이슈들[6]을 끄집어내어 시청자, 더 나아가 사회 전체에게 제시할 수 있도록 한 발짝 내딛은 것으로 보인다.

누구나 복면은 가지고 있다. 우리의 노래는 과연 우리의 정체성과 합치 하는가?

---

6) 정체로부터 야기될 수 있는 편향된 시각에서 벗어난 공정한 경쟁에 대한 가치, 화려한 연예인의 이미지 뒤에 숨어 있는 무대에 대한 열정과 고난의 시간, 가수에게 노래를 부르는 것이 어떤 의미인가 혹은 가수로서의 정체성에서 노래 실력이 차지하는 비중 등 정체성에 관한 소재들과 질문들이 차츰 수면 위로 떠오르는 것을 살펴볼 수 있다.

가작

예능 프로그램의 자기 반영성

MBC <마이 리틀 텔레비전>

이상호

자기 반영성의 예능 프로그램

장 뤽 고다르(Jean Luc Godard)의 영화 <경멸(Contempt)>의 오프닝은 한 영화 촬영 현장에서부터 시작된다. 카메라가 레일을 따라 화면을 향해 점점 다가오는 동안 출연진과 감독, 스태프를 소개하는 내레이션이 이어진다. 그러고는 ≪카이에 뒤 시네마(Cahiers du Cinéma)≫를 창간한 앙드레 바쟁(André Bazin)의 말을 인용한다. "영화는 우리의 욕망을 반영한 세계를 보여준다(Cinema shows us a world that fits our desires)." 영화 <경멸>은 영화의 '자기 반영성'을 가장 잘 드러낸 교과서적인 작품으로 손꼽힌다. 영화 용어인 '자기 반영성'은 작품에 '카메라'가 등장하는 것을 말한다. 즉, '영화가 영화를 이야기한다'는 의미다. 작품은 두 주인공인 '까미유와 뽈 자벨의 치정'을 그린 것처럼 보이지만 동시에 '영화 산업의 복잡한 이면'을 그렸다. 영화가 스스로를 반영하는 것에는 여러 가지 목적이 있다. 주목할 만한 지점은 극의 생산과정을 드러냄으로써 제작 시스템에 대한 반성을 자극하기도 하고 관객의 관람 태도를 수정하기도 한다는 것이다. 여기에서 영화의 이야기를 끄집어낸 것은 예능 프로그램에서도 이런 모습이 발견되기 때문이다. 바로 MBC 예능 프로그램 <마이 리틀 텔레비전>(이하 <마리텔>)이 대표적인 사례다.

<마리텔>은 유명 방송인을 포함한 출연진이 '1인 방송'을 하는 모습을 그린 예능 포맷이기 때문에 자기 반영적이다. 1인 방송을 위한 카메라가 등장하고 제작자와 출연자의 역할을 겸하는 방송의 출연자가 있다. 출연자들은 방송마다 시청률을 걱정하며 콘텐츠 발굴을 위해 머리를 싸매는 모습을 보이는 등, 예능 프로그램을 중심으로 한 실제 우리나라 방송계의 모습이 나타난다.

<마리텔>의 자기 반영적 요소

<마리텔>은 기본적으로 1인 방송의 안과 밖이라는 이중구조를 가지고 있다. 먼저 인터넷을 기반으로 한 1인 방송이 제공되고 이후에 1인 방송의 제작 과정을 담은 영상이 <마리텔>이라는 예능 프로그램으로 제공된다. 결국 각각의 출연진이 만들어내는 콘텐츠와 제작 과정을 취합한 것이 예능 프로그램으로서의 <마리텔> 포맷이다. 여기에서 1인 방송을 독립적인 각각의 예능 프로그램으로 치환한다면 <마리텔>은 많은 예능 프로그램들이 각축전을 벌이는 방송계로 의미를 확장할 수 있다. 이런 가정을 염두에 둔다면 <마리텔>이 자기 반영적 요소들을 가질 것이라는 추론은 충분히 가능하다.

먼저 <마리텔> 본 방송에는 1인 방송에 사용되는 카메라가 등장한다. 인터넷 기반 방송에서는 확인할 수 없는 공간을 방송에서 드러내는 과정이다. 1인 방송에서 기본적으로 하나의 앵글, 하나의 고정된 장면을 통해 소통한다면 본 방송에서는 여러 대의 카메라를 통해 다채롭고 입체적인 현장 모습을 시청자들에게 전달한다. 여기에서 대비점이 발생한다. 1인 방송에서는 기본적으로 한 대의 카메라를 이용해 방송한다는 점이 일종의 제약으로 기능한다. 하나의 프레임 안에서 모든 것을 해결해야 하는 것이다. 출연자가 프레임에서 사라지거나 애써 준비한 자료들을 제대로 카메라에 담지 못하는 상황이 발생하기도 한다. 일종의 방송 제작 여건상의 제약인 셈이다. 예를 들어 초기에 출연했던 걸그룹 AOA 멤버 초아의 경우 ENG 카메라가 야외촬영을 하는 것과 같이 이동촬영을 할 수 있는 기회를 얻었지만 마이크를 챙기지 못해 제대로 오디오를 담지 못하는 모습을 보이기도 했다. 실제로 MBC <무한도전>에서도 비슷한 상황이 발생했다. 야외에서 추격전을 하던 도중 오디오 스태프와 떨어진 출연자의 촬영분이 무음으로 처리된 채 방송됐던 것이다. 한편 본 방송을 위한 영상은 보다 높은 자유도를 갖는다. 훨씬 많은 수의 카메라가 자유롭게 움직이며 방송의 현장을 담아낸다. 또한 오디오 소스도 본 방송을 위해 따로 잡아낸다.

다음은 출연자의 역할이다. 1인 방송에서 출연자는 방송 제작 스태프의 역할을 겸한다. 출연자 본인이 방송에 필요한 모든 역할을 소화해야 하는 것이다. 따라서 출연자들은 각자의 방송에 대한 책임도 본인이 져야 한다는 특징을 공유한다. 즉각적으로 나타나는 점유율 수치에 출연자들이 울고 웃는 모습도 빠지지 않는 장면이다. 모든 출연자들이 소통의 중요성을 알고 있지만 마음대로 되지 않는 상황에 답답함을 감추지 못하는 모습을 보이기도 한다. 이 때문에 주목받기 위한 이들의 치밀한 준비, 현장에서 흘린 땀이 안타깝게 느껴지기도 한다. 하지만 희비는 너무 간단하게 판가름 난다. 시청자들의 이목을 더 오래 붙잡아둔 순서가 수치로 나열되면서 우열이 결정되는 것이다. 한편 여기에서 더욱 눈길을 끄는 부분이 있다. 바로 스태프가 출연자 역할을 하는 전환이 다시 한 번 일어나는 것이다. 최근 몇 년 사이 이른바 스타 PD들이 카메라 안에 잠깐씩 등장하는 경우가 있었지만 <마리텔>의 경우에는 스태프들이 아예 고정 출연자 역할을 한다. '백주부'의 음식을 맛봤던 '기미 작가', 운동·노래·춤·연기 등 열정적인 배움의 자세를 보여줬던 '모르모트 PD'는 담당 프로듀서가 공개적으로 고마움을 표현할 정도로 방송에서 뺄 수 없는 중요한 요소가 됐다. 이처럼 본래 방송 출연자 역할의 확장과 동시에 출연자와 스태프의 역할 교환은 과장된 듯 보이지만 그들의 존재가 동시에 카메라에 잡히며 '지금 방송 제작 과정이 재현되어 카메라에 담기고 있다'는 점을 부각시킨다.

그리고 방송 시스템과 방송계의 암묵적 관행에 대한 내용도 나온다. 2015년 5월 23일 방송된 <마리텔>에서는 '방송 심의'에 관한 내용이 등장했다. 1인 방송을 시작하기에 앞서 이런 공지가 발표된다. "지난 MLT-02 방송 중에 백주부 님의 방송이 <마리텔> 심의위원회 심의 규정 2조 4항 '방송 언어', 2조 6항 '품위 유지'를 준수하지 않아서 우승 경품으로 드린 우대권이 몰수됐습니다." 여기에서 김구라가 말 한마디를 얹는다. "아 진짜 우리 동현이랑 보는데 얼굴이 후끈거려서 혼났어요." 이것을 통해 <마리텔>의 1인 방송들은 동일한 방송 시스템의 통제를 받는다는 것을 시청자들에게 다시 한 번 상기시킨다. '겹치기 출연'에 대한 부분도 언급된다. 출연자 효과가 반감되기 때문에 방송계에서는 같은 시간대에

다른 방송에 출연하는 '겹치기 출연'을 터부시하고 있다. <마리텔>에서
는 다른 출연자의 게스트들이 백주부 방에서 음식을 먹으러 가는 식으로
겹치기 출연이 표현된다. 초기 <마리텔>에 출연한 초아는 계속 자리를
비우면서 '탈주왕'이라는 별명을 얻기도 했다. 출연자 효과가 떨어지면
방송에 악영향이 미친다는 통설이 <마리텔>의 1인 방송 성적에서도
어느 정도 확인됐다.

매스미디어 산업의 고민 반영

지금 방송계는 큰 변화를 맞이하고 있다. 백남준 선생의 예언대로 모든
사람들이 텔레비전(미디어)를 손에 들고 다니는 시대가 된 것이다. 거대
방송 시스템을 통해 콘텐츠를 제작하고 송출했던 것에서 1인 방송이
가능해진 기술 환경의 변화가 이루어지고 있다. 최근 많은 미디어 업체들
이 MCN(다중 채널 네트워크) 사업에 큰 관심을 보이는 것에는 이런 환경
변화 속에서 전통적인 방식의 소통만으로는 경쟁에서 살아남을 수 없다는
위기감이 깔려 있다. <마리텔>도 이런 환경 변화를 적극적으로 받아들이
고 있다. 전통적 매체인 텔레비전의 물리적인 한계를 넘어서려는 시도다.
동시에 변화를 위기가 아닌 기회로 선점할 수 있다는 가능성을 열어두는
과정이다.

먼저 1인 방송 포맷을 기성 예능 프로그램 안으로 끌어들였다. 인터넷을
기반으로 한 1인 방송은 실시간 쌍방 소통이 가능하다는 특징을 갖는다.
방송 출연자는 영상과 음향을 전달하고 시청자는 채팅(문자)을 통해 메시
지를 전달하는 방식이다. 곧바로 나타나는 시청자들의 피드백을 확인하고
반응할 수 있기 때문에 소통의 중요성이 두드러지는 매체라고 할 수

있다. <마리텔>에서도 출연자들이 인터넷을 통해 방송을 시청하는 사람들과 적극적으로 소통하는 모습을 확인할 수 있다. 텔레비전이 가진 물리적 한계에 대한 1차적인 해결책이다. 기존 예능 프로그램들은 직접 야외에 나가서 시민들과 만나거나 콘서트 등의 형태로 소통하는 모습을 카메라에 담았다. 하지만 <마리텔>에서 출연자들이 시청자들과 소통하는 모습은 더욱 직접적이다. '핵노잼', '망뻘' 등의 피드백이 여과 없이 출연자들에게 전달되기 때문에 출연자들의 반응도 더욱 생동감이 넘친다.

다음으로 콘텐트의 소비 시점을 다변화했다는 점이 주목할 만하다. 1차적으로 인터넷을 통해 <마리텔>의 일부가 시청자들에게 노출된다. 그 후 현장의 모습을 담은 영상을 일정한 시간 간격을 두고 가공해 <마리텔>이라는 예능 프로그램으로 완성시켜 시청자들에게 전달하는 것이다. 총 두 단계의 커뮤니케이션을 통해 소통의 방법과 범위를 다양화하는 것이다. 1차 커뮤니케이션에서 발생한 즉각적이고 격렬한 소통은 2차 커뮤니케이션 과정에서 정제된 모습으로 탈바꿈한다. 이것은 1인 방송의 형식이 <마리텔>이라는 이름의 전통적 매스커뮤니케이션 안으로 편입된 것이라는 의미다. 전통적 방송 제작 시스템을 통해 제작된 콘텐츠라는 점을 분명히 하겠다는 의지가 엿보이는 대목이다. 결국 이런 특징도 텔레비전이라는 물리적 한계를 벗어나려는 시도로 풀이할 수 있다. 텔레비전이 과거와 같이 많은 시간이 소요되는 전통적인 커뮤니케이션 과정을 되풀이하는 것이 아니라는 점을 부각하고 있다. '텔레비전이 실시간으로 소통하고 있다'는 것을 보여주고 싶은 것이다. 같은 맥락에서 소통의 과정을 담는 포맷이라는 점도 주목해야 한다. 1인 방송의 전 과정, 즉 프리프로덕션 - 프로덕션 - 포스트프로덕션의 과정이 카메라에 담긴다. 물론 직접적으로 소통이 일어나는 프로덕션 단계에 대부분의 시간이 할애

되지만 프로덕션 전후로 뒷이야기를 하거나 방송 소품을 준비하는 장면이 등장한다. 그리고 프로덕션 과정에도 대기실 장면, 출연자와 1인 방송용 카메라를 한 화면에 담는 장면을 등장하는데 이것들도 결국 예능 프로그램의 소통 현장이 반영되고 있다는 점을 강조한 요소들이라고 할 수 있다.

<마리텔>의 자기 반영성이 나타내는 것

다시 처음으로 돌아간다. 앙드레 바쟁이 언급했던 '우리의 욕망'은 무엇일까. 방송과 같은 매스미디어, 특히 대중성이 강한 예능 프로그램에서는 단연 '커뮤니케이션의 가능성'일 것이다. 실제로 시청자 개개인이 커뮤니케이션 과정에 참여할 수 있는지에 대한 이야기다. 보통의 1인 방송과 마찬가지로 <마리텔>은 출연자들이 시청자들을 호명함으로써 의미를 부여하는 과정을 거친다. 그럼으로써 시청자들 스스로 커뮤니케이션 과정에 포함된 주체라는 확신을 갖게 된다. <마리텔>은 시청자들과 직접 소통 가능한 텔레비전 예능 프로그램이라는 점을 시청자들에게 각인시키는 과정을 반복하는 것이다.

이것은 크게 두 가지 지점에서 의미가 있다. 우선 텔레비전 방송이 새로운 미디어 환경에서 살아남을 수 있는 또 하나의 가능성을 제시했다는 점이다. 방송계뿐만 아니라 미디어와 관련된 모든 사람들, 미디어 콘텐츠를 소비하는 모든 사람들에게 텔레비전 예능 프로그램의 커뮤니케이션 확장 가능성을 드러내는 역할을 한 것이다. 다음으로 시청자의 시청 방법을 변화시키고 있다. 텔레비전을 통해서만 소통하는 것뿐만 아니라 인터넷 기반 1인 방송이라는 포맷을 통해 시청자가 직접적인 메시지를 출연자와 프로그램에 던질 수 있다. 그리고 인터넷을 통해 1인 방송 형태로 콘텐츠를 보는 것과 방송 과정을 담는 <마리텔>은 본질적으로 다르기 때문에 중복을 피하면서 다층적인 프로그램 시청이 가능하다.

매스미디어, 텔레비전 예능 프로그램의 커뮤니케이션 확장 가능성을 연 것에 대해서는 의미를 부여할 만하다. 하지만 앞으로 가야 할 길은 멀다. 우선 1인 방송 이외에도 다양한 루트의 커뮤니케이션 방법을 고민해야 할 것이다. 시청자들이 커뮤니케이션 과정에 참여하고 있다는 확신을 줄 수 있을 만한 요소들을 도입하는 노력을 계속해야 한다. 한편으로는 직접 소통이 갖는 단점도 인식해야 한다. '백주부' 백종원 씨는 부친의 송사 때문에 프로그램에서 하차했다. 다른 방송사의 프로그램은 하차하지 않은 반면, 가장 큰 호응을 얻은 <마리텔>에서 하차한 것은 직접 소통이 이루어지는 방송 형태 때문이다. 한 인격체가 감당하기 힘든 폭력이 가해질 수도 있는 것이 1인 방송의 커뮤니케이션인 것이다. 지속 가능한 프로그램 제작을 위해서는 출연자를 보호할 수 있는 안전장치를 마련할 필요가 있다.

<마리텔> 제작진이 모든 것을 사전에 계획한 것인지는 누구도 알 수 없지만 분명한 것은 자기 반영성이 존재한다는 것이다. 또한 이것은 매스미디어 방송을 위한 하나의 실험장으로서 역할을 한다. 이런 시도들이 평가를 받아야 하는 이유는 새로운 미디어 환경에서 시청자들이 바라는 방송 콘텐츠의 진화 가능성을 확장시키기 때문이다.

엥겔지수 높이는 TV
폭식을 권하는 사회, 나는 여전히 배고프다

손완주

'본다'와 '먹는다'의 결합

사람이 하는 유희 중 '본다'의 힘은 실로 엄청나다. '뽀통령'이라는 말이 괜히 나온 게 아니다. 한시도 가만히 못 있는 아이들에게 <뽀로로> 하나만 틀어주면 세상에 없던 평화가 찾아오는 것은, 본다는 것이 얼마나 충만한 즐거움을 주는지를 실감하게 한다. 우리는 끊임없이 무언가를 보려 한다. 먹고살고 일하는, 일상을 영위하는 것 외에도 여행을 가서 경치를 보고 싶어 하고, 다른 사람을 관찰하려 하고, 게임이나 스포츠 등 새로운 무언가를 보는 것을 통해 즐거움을 찾는다.

'본다'는 것 가운데서 TV 프로그램은 가장 보편적이고, 가장 대중 지향적인 소프트웨어이다. 특정한 '그것'을 보기 위해 영화표를 끊고 영화관을 찾는 것과 달리 TV 프로그램은 밥을 먹고 청소를 하고 멍하게 있는 일상

속에서 때로는 BGM으로, 때로는 끊임없이 돌아가는 리모컨 재핑(zapping)으로 선택받는 존재다. 그렇기에 TV 프로그램 기획에 있어 가장 기본은 보편성을 건드리는 것이다. 남녀노소 누구나 두루 알고 있는 보편적인 정서를, 기존 프로그램에서 다루지 않은 구성을 통해 새롭게 만드는 것! 그것이 TV 프로그램이 대중에게 선택받고, 사랑받는 길이다.

그런 점에서 봤을 때 최근 들어 우후죽순으로 생기는 음식 프로그램은 적절한 기획이다. '먹는다'는 것만큼 남녀노소 누구나 두루 관심 있고, 좋아하는 주제가 어디 있으랴. 특히 우리나라 사람들이 갖는 '먹는다'는 것에 대한 열중은 보통 이상으로 보인다.

우리나라는 약식동원(藥食同源)이라고 해서 예부터 음식을 통해 병을 치료할 수 있다고 생각했다. 먹은 음식이 생활할 에너지원을 만든다는 의미에서 내 몸을 만든다는 말은 일견 맞지만, 여기서 한발 더 나아가 병을 치료한다는 것은 지나친 면이 있다. 몇 년 전에 암 완치 환자들을 대상으로 하는 암 재발 방지를 위한 강의를 들은 적이 있다. 그때 의사 선생님의 첫 말씀은 "암은 음식으로 낫지 않는다. 그러니 먹는 것으로 암을 예방하고 나을 거라는 기대는 버려라"였다. 그러면서 운동법, 수면법 등 일상에서 암을 예방하고 건강을 관리할 수 있는 방법에 대해 강의했다. 강의 속에는 식사법도 포함되어 있었지만, 삼시 세끼를 제 시간에 맞춰 기름지지 않은 채소 위주의 식단으로 먹으라는 말이 전부였다. 그런데 강의가 끝난 후 진행된 질의응답에서 나온 질문 대부분은 먹는 것과 관련된 질문이었다. 버섯 달인 물을 물처럼 마시면 좋다는데 사실인지, 현미밥이 소화가 안 되는데 반드시 현미밥을 먹어야 하는지, 고기를 좋아해서 채식 식단이 입에 맞지 않는데 일주일에 몇 번 고기를 먹으면 되는지 등 음식에 관한 질문이 대다수였다. 의사가 먹는 것은 병을 치료하는 방편이 될 수 없다고 설명했음에도 음식과 관련된 질문이 계속되었다. 그 모습을 보며 식욕이 본능인 것은 분명하지만, 유독 '우리나라 사람들이 먹는 것에 민감하다'는 인상을 지울 수 없었다.

그 인상은 최근 들어 우후죽순으로 생기는 음식 프로그램과 그것에 열광하는 대중의 모습을 보며 더욱 깊게 각인되고 있다. 작년부터 올해까지 방송되는 음식 관련 프로그램들은 그야말로 론칭만 하면 대박이 터지고 있다. <삼시 세끼>, <신동엽, 성시경은 오늘 뭐 먹지?>, <냉장고를 부탁해>, <맛있는 녀석들>, <집밥 백선생>, <수요미식회>, <백종원의 3대 천왕>, <비법>은 2014년부터 최근까지 론칭한 프로그램이라는 공통점과 론칭하자마자 안정적인 시청률을 기록하고 대중으로부터 호의적인 이슈를 끌고 있다는 공통점이 있다. 물론 이는 음식이라는 '보편성'과 기존 프로그램에서 다루지 않은 '창의적인 구성'이라는 양념을 친 결과물이다. 실제로 위에 나열한 프로그램은, 음식 프로그램의 '맛'에 색다른 '멋'을 더한 프로그램이다. 그러나 아무리 우리나라 사람들이 먹을 것에 관심이 많다고 한들, 보편적인 주제와 창의성을 더한 콘텐츠라는 이유만으로 이 프로그램들의 인기를 짚어보는 것에는 한계가 있다. 왜 어떤 요인 때문에 음식 프로그램이 인기를 끄는 것일까?

우리는 왜 음식 프로그램을 보는가?

나는 먹을 권리가 있다

팍팍한 삶, 복지는 없다. 나는 내가 지켜야 한다.
열심히 내 삶을 지탱하는 나는, 먹을 권리가 있다.

사람은 배가 고플 때만 음식을 먹는 게 아니다. 삼시 세끼 때를 거르지 않기 위해 먹기도 한다. 또 딱히 배가 고프지 않아도 '먹는다'라는 행위가 주는 즐거움을 좇아 먹기도 한다. 이는 보상 심리다. 힘들게 일을 하거나 스트레스를 받았을 때 쇼핑을 하거나 술을 마시거나 배가 고프지 않아도 음식을 먹으면서 즐거운 기분을 얻으려는 보상 심리 말이다. 이를 통해 수고한 나를 위로하고, '그럼에도 불구하고 나는 괜찮은 삶을 살고 있다'는 위안을 얻으려고 한다. 특히 탄수화물을 통해 배출되는 단맛은 뇌에 '나는 행복하다'라는 만족감을 주므로 짧은 시간에 보상 심리를 충족시키는 효과가 높다.

최근 음식 프로그램이 인기를 끄는 것은 이 보상 심리의 발동이다. OECD 국가 중 자살률 1위인 우리나라의 우울 지수는 최상에 속한다. 우리 사회에 깔린 우울은 지금 삶의 팍팍함에 기인한다. 네 명 중 한 명이 비정규직이고, 지금 정규직이라고 한들 언제 직장을 잃을지 모를 상황, 또 연봉 인상은 저 멀리 있는데 물가 인상은 코앞에 있다. 당장 먹고살기도 팍팍한데 전셋값이 치솟아 내년의 삶을 기약할 수 없다. 이럴 때 기댈 수 있는 게 국가의 복지 정책인데, 복지의 층은 유리처럼 얇아 기대기가 어렵다. 결국 나는 내가 지켜야 하는데 그러기에는 세상이 무섭다. 한 번 발을 잘못 디디면 낭떠러지로 떨어질 수 있다는 불안감, 우리는 그 속에서 살아가고 있다.

이렇듯 팍팍하고 부조리한 삶의 구조에서 우리에게는 위안이 필요하다. '그럼에도 불구하고 나는 괜찮다, 나는 살 만하다'는 위안을 얻고 싶은 마음이 있다. 우리는 지금 그 보상 심리를 음식 프로그램을 통해 충족하고 있다. 나는 내 상황에서 최선을 다하고 있으니 맛있는 음식을 먹을 권리가 있고, 먹을 것을 충분히 누려야 한다는 마음으로 음식 프로그램을 보는 것이다. <신동엽, 성시경은 오늘 뭐 먹지?>와 <집밥 백선생>, <비법>에 소개된 음식 레시피를 배우며 '나도 한번 해봐야지'라고 생각하고, <맛있는 녀석들>, <수요미식회>, <백종원의 3대 천왕>에 나온 맛집에 '한번 가볼까?'라는 생각을 하면서 그래도 이만하면 괜찮은 삶이라고 자위하는 것이다.

복잡하게 생각 안 할란다

부글부글 끓어오르는 사회, '그랬대'라는 말로 넘길 뿐
복잡하게 생각하고 싶지도, 논의하고 싶지도 않다

'헬(hell)조선'이라는 말은 현재 우리나라의 위기 지수가 어느 정도 인지를 알게 한다. 그 나라에 사는 국민이 지옥이라고 말하는 나라, 거기에 헬대한민국이 아니라 헬조선이라고 하는 것은, 자유와 권리로 대변되는 민주주의 사회가 아니라 신분과 종속이 지배하는 계급주의 사회로 회귀하는 현실에 대한 쓰디쓴 일갈이다.

그런데 더 큰 문제는 많은 이들이 '헬조선'이라고 냉소하고, 우리나라에 빨간불이 들어올 만큼 위기 상황이라는 사실에는 공감하지만, 그 문제에 대해 깊이 고민하거나 현 상황을 타개할 방법에 대해서는 논의하지 않는다는 점이다.

스마트폰 속 뉴스 카테고리에는 매일매일 갖가지 뉴스가 올라온다. 표리부동이라고 일갈할 수 있는 정치 문제는 물론이고, 예전에는 듣도 보도 못했던 갖가지 뉴스가 난무하다. 예전 같았으면 간담회가 열리고, 대중에게 문제의식을 갖게 했을 뉴스들이 더 이상 이슈가 되지 못한다.

일단, 수적으로 희한한 뉴스가 너무 많아 뉴스 하나하나를 얘기할 틈이 없다. 뉴스가 올라온 자리에 더 큰 뉴스가 자리 잡는 형국이다.

또 하나의 문제는 사람들이 더 이상 이슈에 대해 깊이 있게 사고하지 않으려 한다는 점이다. 스마트폰 뉴스 카테고리에 있는 뉴스가 한 번 읽으면 없어지는 것처럼, 읽으면 그만일 뿐 이슈에 대한 고민이나 논의가 진행되지 않는다.

이는 대중의 마음속에 복잡하게 생각하고 싶지 않다는 정서가 깔려 있기 때문이다. 대중에게 이런 정서가 깔린 데에는 자신이 고민한다고 해서 달라질 게 없다는 패배감이 반복적으로 학습된 까닭도 있다. 결국 점점 복잡한 것에 거리를 두기 시작한 대중은 현실의 문제에 대해 깊이 생각하지 않은 채 단순하고 원초적인 즐거움에 몰입해가고 있다. 몇 년 전 '애니팡' 게임이 국민 게임의 반열에 오른 것도 단순하게 몰입할 수 있다는 장점 때문이었다.

지금 음식 프로그램이 인기를 끄는 것도 마찬가지다. 별 다르게 복잡하게 생각할 필요 없이 <삼시 세끼>, <냉장고를 부탁해>, <집밥 백선생>에서 음식이 맛있게 만들어지는 과정을 지켜보며 '먹고 싶다'는 단순하고 원초적인 것에 몰입하는 즐거움을 좇는 것이다. 결과적으로 말해 음식 프로그램을 보는 우리는 부글부글 끓고 있는 사회는 보려 하지 않고, 부글부글 끓고 있는 냄비 속의 요리만 보려고 하는 것이다.

먹는 게 문화고 소통이다

문화가 없어진 자리, 대화할 거리가 줄어들었다
하지만 먹는 것으로는 누구와도 대화가 가능하다

먹는 것으로 문화를 채우고 소통하겠다

커피숍에 가면 사람들이 노트북과 태블릿 PC를 보며 무언가에 열중하는 것을 볼 수 있다. 혼자가 아니라 몇몇이 같이 온 경우에도 상황은 달라지지 않는다. 잠깐 이야기를 나누고는 다시 노트북에 열중한다. 가족들이 함께하는 순간도 마찬가지다. 처음에는 이야기를 나누지만, 이내 시선은 스마트폰으로 향한다. 스마트폰을 들여다보는 것은 이제 아이들의 얘기만은 아니다. 스마트폰이 우리 곁에 온 몇 년 사이, 스마트폰은 정보이자 문화의 총체가 되었다. 스마트폰 하나면 마치 여행지에 간 것만 같은 사진을 볼 수도 있고, 음악이나 전시도 유튜브 하나면 충분히 즐길 수 있다는 점에서 스마트폰은 문화를 채워주는 역할도 하고 있다.

스마트폰이 문화가 된 속도에 비례해 사람들 간의 대화도 줄어들었다. 기존에는 정보를 얻기 위해서라도 인적 네트워크가 필요했지만, 지금은 스마트폰만큼 정확한 정보를 줄 수 있는 사람이 없다. 또한 SNS를 통해 불특정 다수와 소통하기에 반드시 오프라인에서 대화할 필요도 줄었다.

문화도 없어지고 소통도 없어진 지금, 그래서 사람들은 외롭다. 사람을 만나도 이야기를 나눌 공통의 관심사가 여실히 줄었다. 가족과 함께 있어도 마땅히 나눌 대화의 주제가 없다.

이런 상황에서 음식은 아주 탁월한 대화와 소통의 소재가 된다. "지난 번 <수요미식회>에 ○○ 음식점이 나왔던데 거기 가봤어요?", "<백종원의 3대 천왕>에 보니 낙지볶음이 맛있어 보이던데 그거 먹을래요?"처럼 대화의 소재를 찾기가 수월하다. 음식 얘기만큼 하기 편한 얘기도 없으니 말이다. 또한 가족과 한자리에 모여 음식 프로그램을 본 후 그 음식을 함께 해먹거나 프로그램에 나온 음식점을 가기도 한다는 점에서 지금 음식 프로그램은 문화이자 소통의 역할을 하고 있다.

엥겔지수 높이는 TV

음식 프로그램이 인기를 끄는 것은 하루하루 먹고살기 힘든 세상사에서 먹는다는 행위를 통해 '그럼에도 불구하고 나는 괜찮은 삶을 살고 있다'를 위안받기 위함이다. 헬조선은 부글부글 끓어오르고 있지만, 내가 고민한다고 해도 나아질 리 만무하니, 복잡하게 생각하지 않고 단순하고 원초적인 즐거움에 몰입하겠다. 또한 이를 통해 다른 사람과 소통할 수 있는 문화와 이야깃거리가 되니 좋지 아니한가!

음식 프로그램이 인기를 끄는 이유를 정리하면 위와 같다. TV 프로그램 기획자들이 시대 조류를 관통하고 음식 프로그램을 론칭했는지, 아니면 대중이 음식 프로그램을 보며 즐거움을 찾았고, 그래서 점점 더 많은 음식 프로그램이 생겨나 음식 프로그램이라는 하나의 카테고리까지 만들어냈는지를 생각하는 것은 닭이 먼저냐 달걀이 먼저냐를 논하는 것처럼 의미 없는 일이다.

그러나 한 가지 생각해볼 문제는 남는다. 음식 프로그램이 늘어나고 대중이 음식 프로그램에 열광하는 사이 우리의 엥겔지수가 올라가게 된다는 사실이다. 가계 소비지출 가운데 식비 지출의 비중이 늘어나는 게 나쁜 것만은 아니다. 하지만 가계 소비지출 비중이 정신적인 부분으로까지 확대된다면 얘기는 달라진다. '먹는다'는 단순하고 원초적인 것에 몰입하게 되면, 자기 계발에 대한 관심이 줄어들거나 사회문제에 대한 관심이 줄어들 여지가 충분히 있기 때문이다.

가장 보편적이고 대중 지향적인 소프트웨어인 TV 프로그램이 대중의 지적인 부분을 채워주고, 계몽적인 역할을 해야 한다고 얘기하는 것은 아니다. 음식 프로그램은 예능의 범주에 들어가기 때문에 대중에게 즐거움을 주어야 한다는 당위성은 인정한다. 그러나 우리의 삶은 오늘 한 끼로 무엇을 먹을 것인가, 내일 외식 메뉴를 뭘로 할 것인가 외에도 생각하고 결정해야 할 것들이 많다. 그러나 늘어나는 음식 프로그램은 점점 더 먹는 것에 열중하고, 그것에 대해 관심을 갖는 풍토를 만들어내고 있다.

우리를 둘러싼 삶의 문제들을 어떻게 풀어나갈 것인지, 앞으로 어떻게 살아갈 것인지에 대한 문제 제기나 환기 없이 먹는 것에만 집착하는 것에는 문제가 있다. 과거 TV를 '바보상자'라고 부른 것처럼 TV가 '먹는 상자'가 되어 엥겔지수 높은, 배부르지만 머리는 가벼운 대중을 만들어낼 수 있다는 사실을 유념해야 할 때가 되었다.

가작

N포 세대에게 진정한 힐링을
KBS 2 <청춘 FC 헝그리 일레븐>

박진성

N포 세대에게 힐링이란?

현재 대한민국 보통의 젊은이들을 대표하는 단어는 'N포 세대'다. 이는 과거 젊은이들을 지칭했던 'X 세대'나 'N 세대'처럼 반항적이고 새로운 문화를 나타내는 단어들과는 극명한 차이를 보인다. 저성장의 늪에서 사회적·경제적 압박으로 인해 삶에서 하나씩 포기한 것이 이제는 N포가 되었다. 점점 더 많은 것들을 포기하는 이들에게 사회는 더욱 경쟁하라고 다그친다. 태어나면서부터 시작된 타인과의 경쟁은 입시 지옥, 취업 지옥으로 이어진다. 하지만 이 경쟁 과정에 패자부활전은 없다. OECD 회원국 중 최하위 수준을 기록(「OECD 2011 고용 전망 보고」)한 우리나라의 사회 안전망은 낙오자들에게 다른 대안을 제시하지 못하기 때문이다. 이는 곧 삶에서 단 한 번의 실패도 용납되지 않음을 뜻한다.

치열한 경쟁과 실패는 스포츠에서도 마찬가지다. 하지만 축구계에서 좌절을 겪은 축구 미생들에게 한 번 더 기회를 주자는 취지의 프로그램이 탄생했는데, 그것이 KBS 예능 프로그램 <청춘 FC 헝그리 일레븐>(이하 <청춘 FC>)이다. <청춘 FC>는 벨기에 2부 리그 AFC 투비즈 구단주인 심찬구 스포티즌 대표의 제안에서 시작해 <천하무적 야구단>, <날아라 슛돌이>와 같은 스포츠 예능을 연출했던 KBS 최재형 PD가 맡았다. 제목에서 노골적으로 드러나는 청춘(靑春)이란 단어는 프로그램 소개에서 이야기하듯 '시대의 영원한 코드'다. 미디어에서의 청춘은 얼마 전까지 대한민국을 휩쓸었던 '힐링' 열풍과 연관 지어져 위로의 대상이 되었지만 이제는 '감성 팔이'의 대명사가 되어 젊은이들 사이에선 속칭 '오그라드는' 소재로 변해가고 있다.

아프면 환자지, 무슨 청춘이야

도서 『아프니까 청춘이다』로부터 시작된 '힐링' 열풍은 서점가뿐만 아니라 TV 프로그램과 사회 전반을 잠식했다. 예능 프로그램 중에서는 <무릎팍 도사>(MBC), <이야기쇼 두드림>(KBS), <힐링캠프>(SBS)가 각 지상파 채널의 대표적인 예다. 이처럼 '힐링'이라는 코드가 사회를 휩쓴 것은 그만큼 사회가 '힐링'이 필요하다는 것을 반증한다. 경제적으로는 양극화 현상, 사회적으로는 취업난과 고령화 현상 속에서 심화되는 경쟁이 우리네 삶을 팍팍하게 만들고 있는 것이다. 하지만 '힐링' 열풍은 이제 예전만 못하다. '힐링'이라는 것이 지나치게 범람한 동시에 지친 이들을 보듬어주려던 이전의 방식이 더 이상 사람들의 공감을 사지 못하기 때문이다.

기존의 '힐링'을 표방하는 예능 방송들은 주로 유명인의 힘든 시절과 성공 스토리를 들려주는 형식이었다. 시청자들은 그들의 고난에 공감하고 그 역경을 극복하는 모습을 보며 현실에서 힘을 얻을 수 있었다. 하지만 매주 반복되는 그들의 성공 스토리는 시청자들에게 점차 괴리감만을 남겼다. TV 속 그들은 매주 성공하는데 그 모습을 지켜보는 '나'는 매일 현실에서의 패배에 익숙해져 갈 뿐이기 때문이다. 시청자와 TV 속 성공한 사람들 사이의 괴리감은 더 이상 '힐링'을 주지 못하고, 현실의 무게감을 더욱 가중시킬 뿐이기에 시청자들은 그들만의 '힐링'을 점점 외면하게 되었다. 이러한 '겉핥기식 힐링'에 지친 이들은 이제 '힐링'의 대표 캐치프레이즈였던 '아프니까 청춘이다'보다 '아프면 환자지, 무슨 청춘이야'에 더욱 공감한다.

이와는 달리 <청춘 FC>의 주인공들은 지금 우리의 모습과 많이 닮아 있다. 한때 프로 축구 선수를 꿈꾸며 달려왔던 청년들은 부상이나 집안 사정 등으로 축구를 포기해야만 했다. 낙오는 한순간이었지만 문이 좁은 프로 스포츠의 세계에서 그 결과는 가혹했다. 이리저리 방황하던 그들은 <청춘 FC>의 제작 소식에 한 번 더 도전을 선택했고, 총 2311명 중 25명만이 그 가능성과 간절함을 인정받을 수 있었다. 선수들은 선발된 이후에도 과거의 나태한 모습을 반복하기도 한다. 하지만 감독과 동료들의 도움으로 실패의 그림자를 떨쳐내는 데 성공하며 도전을 이어가고 있다. 이들은 이미 성공한 '완생'이 아닌 아직 방황하고 있는 '미생'이라는 점에서 시청자들의 모습과 더 유사하다. 그들이 간절하게 노력하는 모습은 삶에서 하나씩 포기하고 있는 이 시대 사람들에게 다시 한 번 뛰어보자고 말을 건네는 것처럼 느껴진다. 이렇게 <청춘 FC>는 더 이상 TV 속 그들만의 영웅담이 아닌 우리네 이야기로 시청자들에게 공감과 감동을 주고 있다. 그리고 이들의 이야기를 풀어가는 방식은 기존의 예능과 비교했을 때, '세 가지가 없다는' 특징을 갖고 있다.

<청춘 FC>는 '세 가지'가 없다

첫째로 연예인이 없다. 예능 프로그램에서 연예인이 없는 경우는 찾아보기 어렵다. 기존에 스포츠를 소재로 했던 프로그램들에서도 주로 연예인들이 주축으로 방송을 이끌어갔었다. <천하무적 야구단>, <우리 동네 예체능>(KBS)에서는 연예인들이 스포츠를 배워가고 다른 팀과 경쟁하는 모습에서 재미를 찾았다. 또한 아이들이 축구를 했던 <날아라 슛돌이>(KBS)에서도 아이들을 지도하고 관리하는 역할로 연예인들이 출연했었다. 이에 비해 <청춘 FC>는 안정환, 이을용 감독과 25명의 청년들만이 있을 뿐이다.

안정환 감독은 선수 생활을 은퇴한 이후 방송에 많이 노출되면서 방송인으로의 모습을 많이 보였지만, <청춘 FC>에서는 선수들을 지도하는 감독으로서의 면모를 보여주고 있다. 과거 힘든 환경에서 운동하던 시절을 떠올리며 출연을 결정한 그는 때로는 아버지처럼, 때로는 동네 형처럼 선수들을 이끈다. 하지만 따끔한 충고가 필요할 때는 악역을 자청하기도 한다. 특히 7화 중 절실함이 부족한 두 선수에게 혹독하게 지적하고 뒤에서 마음 아파하는 모습에서 선수들에 대한 진심이 느껴졌다. 이을용 감독 또한 평탄하지만은 않았던 자신의 선수 시절을 생각하며 안정환 감독이 건넨 공동 감독직 부탁을 그 자리에서 수락했다. 이후 선수 시절 그라운드 위에서 보여주었던 성실함과 솔선수범을 바탕으로 U 리그에서 청주대 돌풍을 이끈 지도력을 아낌없이 발휘하고 있다. 여기에 올림픽 축구 대표

팀 코치를 겸하면서 전지훈련까지 참여한 이운재의 조력은 그만의 귀여운 매력으로 팀에 활기를 불어넣었다. <청춘 FC>의 감독들은 일반 예능의 연예인처럼 프로그램을 매끄럽게 진행하거나 웃음을 이끌어내지는 않지만, 자신의 선수들에 대한 진정성 하나로 프로그램을 가득 채워나간다.

두 번째로 억지 설정, 억지 감동이 없다. 많은 예능 프로그램이 인물들에 캐릭터를 부여해 재미를 극대화한다. 이는 성인들이 출연하는 일반 프로그램뿐만 아니라 아동을 대상으로 한 관찰 프로그램들에서도 보이는 특징이다. 가장 대표적인 예가 출연하는 아이들에게 '먹보', '선비', '울보' 등 각각의 캐릭터를 부여했던 <아빠, 어디가>(MBC)일 것이다. 또한 다른 예능 프로그램, 특히 스포츠나 서바이벌의 장르에서는 그 장르만이 가지고 있는 극적인 순간을 부각시켜 감동을 유발하곤 한다. 하지만 <청춘 FC>는 필요 이상의 캐릭터 설정이나 극적인 감동을 이용하지 않는다. 물론 몇몇 선수에게는 '상남자'나 '조용한 카리스마' 같은 수식어를 붙이기도 하지만 이는 운동장에서의 스타일을 나타내는 단어일 뿐이다.

그렇지만 예능에서 꼭 필요한 웃음이 없는 것은 아니다. 훈련 과정에서 또래 청년들이 자연스럽게 만들어내는 웃음들은 오히려 꾸밈이 없어 더 건강하고 친근하다. 또한 승패의 순간도 비교적 객관적으로 관찰한 뒤 다음 일정으로 나아간다. 경기에서의 승패는 결과가 아니라 도전의 과정이기 때문이다. 경기의 승패 장면을 특별히 부각하지 않아도 같은 길을 걸어본 감독들의 진심어린 충고와 선수들의 자발적인 노력은 시청자들에게 잔잔한 감동을 주기에 충분하다. 이 과정에서 선수들은 더욱 하나가 된다. 4회에서 최종 엔트리 선발을 위한 마지막 평가 경기가 끝난 후, 선수들끼리 모인 자리에서 션 선수가 형, 친구, 동생들이 새로 생겼다며 눈물을 보이는 장면은 별다른 연출 없이도 그들의 끈끈함을 보여주었다.

이렇게 꾸밈없이 따뜻한 '집밥' 같은 <청춘 FC>의 연출은 시청자들로 하여금 더 큰 공감과 몰입을 일으켜, 9회부턴 방영 시간이 10분 연장됐음에도 불구하고 여전히 짧게 느껴지게끔 만들었다.

마지막으로 자극적인 서바이벌이 없다. 몇 년 전에 시작해 이제는 각 방송사마다 하나씩 자리 잡은 오디션 프로그램들은 흥미 유발을 위해 출연자를 자극적이고 난처한 상황에 처하게 하는 방법을 사용해왔다. 가수를 뽑는 서바이벌에서 목 상태가 좋지 않은 지원자에게 '몸 관리도 본인 책임'이라며 탈락시키거나 지원자 본인에게 '누가 합격했으면 좋겠냐'며 곤란한 상황을 만드는 장면은 기존의 서바이벌 프로그램에서 쉽게 발견된다. 이러한 장면들은 시청자들의 관심을 끄는 동시에 냉혹한 프로 세계의 단면을 보여주지만, 낙오자에 대한 안전망이 부족한 우리 사회의 대안은 제시할 수 없을 것이다.

이에 비해 <청춘 FC>는 서바이벌 내의 승패에 집중하기보다 탈락한 이들을 끝까지 최선을 다한 동료로 그리며 그들의 도전과 노력에 집중한다. 또한 도전자들을 서로 경쟁 관계만이 아닌 협력 관계로서 서로를 발전시키는 존재로 그린다. 특히 6회에서 염호덕 선수와 최희영 선수가 서로 체력 왕을 다투면서도 크로스컨트리라는 고된 훈련 과정에서 나란히 뛰며 함께 1위로 들어오는 모습을 통해 진정한 경쟁이 무엇인지 보여준다. 이를 통해 방송은 현실에서 매일 경쟁하는 시청자들에게도 실패해도 괜찮다고, 아직 끝나지 않았다고 위로를 건네는 것처럼 느껴진다.

그뿐만 아니라 그들의 서바이벌은 공정한 경쟁을 지향하는데, 이는 최근 우리 사회의 '금수저', '흙수저'와 같은 단어들의 유행과도 연관이 있다. 앞의 단어들은 부모의 경제력을 수저에 비유하며 극복할 수 없는 차이를 자조적으로 표현한 단어로, 사회에 만연한 불공정성을 나타내고 있다. 노력해도 나아지지 않는 삶에 대해 응답자의 81%가 '노력해도 계층 상승 가능성이 낮으며', '90.7%는 부와 가난의 대물림이 심각한 수준'(「2015 계층 사다리에 대한 설문 조사」, 현대경제연구원)이라고 답한 설문 조사에서도 사회의 전반적 인식을 살펴볼 수 있다. 이러한 불공정성은 축구계를 포함한 체육계 전반에도 해당된다. 감독에게 금품을 제공하고 자녀의 출전 기회를 보장받거나 입시에서 특혜를 받는 폐단은 끊임없이 존재하기 때문이다.

하지만 <청춘 FC>는 정정당당이라는 대표적 스포츠맨십이 무엇인지 보여준다. 다른 요인은 모두 배제하고 성실히 운동하는 선수가 발전해나 가고, 출전을 보장받는 모습을 통해 '노력한 만큼 보상받는다'는 정직한 가치를 일깨운다. 특히 훈련 과정에서 부상을 당한 선수들을 끝까지 책임 지고 기회를 보장하는 모습은 우리로 하여금 '공정한 기회의 보장이란 무엇인가'에 대해 다시 한 번 생각해보게 하며, 동시에 부상으로 인해 낙오됐던 선수들의 상처를 보듬어준다.

앞으로의 과제: '방송을 위한 청춘들'이 아닌 '청춘들을 위한 방송'

하지만 <청춘 FC>가 앞으로 더욱 건강하게 나아가기 위해 필요한 몇 가지 과제가 존재한다. 먼저 많은 참가자들이 가정 형편 때문에 축구를 그만둔 것은 사실이지만 그것을 지속적으로 부각시키는 것을 경계해야 할 것이다. 그들은 '축구 선수로서' 다시 도전한 것이지 '가난한 자'로서 도전한 것이 아니기 때문이다. 하지만 방송은 아버지의 행상 일을 돕거나(4 회), 휴가에도 어업을 하시는 부모님의 일손을 거드는(12회) 선수들의 모습 을 꾸준히 보여준다. 이런 장면들은 '넉넉지 않은 선수들에게 방송국

측이 기회를 준다'는 일종의 '갑을 관계'를 형성하며 그들의 도전 의미를 퇴색시킬 수 있다. 따라서 제작진에게는 타인의 고통을 어떻게 바라볼 것인가에 대한 고려가 좀 더 필요할 것이다. 이는 "<느낌표>, <일요일 일요일 밤에>의 '러브하우스' 프로그램을 맡았을 때 어려운 사람의 신분을 노출하고 슬픔을 다시 끄집어내 상처를 보여준 다음, 그 '대가'로 집을 지어주고 도움을 주는, 일종의 거래가 아닐까 고민했다"는 <무한도전>의 김태호 PD가 했던 과거 인터뷰 내용과 일맥상통한다.

두 번째로 외모를 이용한 재미를 지양해야 할 것이다. <청춘 FC>는 젊은 감독들과 또래 청년들끼리의 소소하고 친근한 웃음을 만들어내지만 모든 장면들이 마냥 유쾌하지만은 않다. 이제석 선수의 '향숙이' 별명처럼 '외모'를 통해 웃음을 이끌어내는 것이 바로 그러하다. 예능에서의 외형적 모습을 통한 재미는 시청자들에게 웃음을 주기 위한 도구로서 과거부터 많이 사용돼왔지만, 인간의 외적 가치가 내적 가치와 일치하는 상황을 보여주는 경우가 많았다. 이는 외모지상주의와 같은 부작용을 유발할 수 있고, 아직 가치관 형성이 이루어지지 않은 청소년 시청자들에게는 더 큰 영향을 미칠 수 있으므로 지양해야 할 방법이다. 물론 프로그램 내에 상황을 주도할 연예인도 없고 극적인 장면도 부족하기에 재미를 좀 더 뽑아내기 위한 제작진의 의도겠지만, 진지하게 도전에 임하는 선수가 혹여나 필요 이상으로 희화화되는 것은 아닌지 세심하게 배려해야 할 것이다.

마지막으로 앞으로 방송이 끝난 이후의 <청춘 FC>의 운영 방식에 대해서 고민해야 할 것이다. 3회의 인터뷰에서 "<청춘 FC>의 끝에는 무엇이 있을까"라는 제작진의 질문에 안정환 선수가 "선수들의 실력을 세상에 보여줄 수 있는 기회를 만든다"고 답했다. <청춘 FC>는 선발

과정을 거쳐 유럽 전지훈련을 마친 뒤, K리그 팀들과 평가전까지 가지며 스포츠 예능의 '좋은 예'를 만들었다. 하지만 방송 횟수가 정해져 있기에 주어진 기간 안에 모든 선수를 스카우트시키기란 실질적으로 어렵다. 따라서 제작진은 <청춘 FC>가 '방송을 위한 청춘들'이 아닌 '청춘들을 위한 방송'이었음을 증명하기 위해, 방송이 끝난 후의 선수들에 대한 현실적인 대안을 생각해야 할 것이다.

마치면서: 청춘에게 진정한 힐링을

<청춘 FC>는 4~5%대(닐슨코리아 제공)의 그렇게 높지 않은 시청률을 기록하고 있다. 하지만 방영 시간이 토요일 늦은 저녁인 데다 주 시청자 연령대가 TV뿐만 아니라 다양한 매체로 프로그램을 접하는 젊은 세대임을 고려할 때, 단순 수치만으로 프로그램의 흥행을 판단하기는 어려울 것이다. 우리는 프로그램의 영향력을 시청률이 아닌 시청자들의 직접적인 호응을 통해 확인할 수 있다. 유럽 전지훈련 이후 진행된 K리그 팀들과의 연습 경기에 많은 시청자들이 직접 청춘들을 응원하기 위해 운집했다. 서울 이랜드 FC전은 3000여 명, 성남 FC전은 8000여 명의 관중을 기록했다. 특히 성남 FC전의 관중 수는 2015년 32라운드까지 K리그 구단별 평균 관중 수에서 5위를 차지한 제주의 평균 홈 관중 수(6756명)보다 많은 수치다. TV라는 매체를 넘어 직관으로 이어지는 시청자들의 반응은 프로그램 4부 연장이라는 결과를 낳았고 매회 이슈를 생산하고 있다.

이를 통해 우리는 시청자들이 얼마나 프로그램에 공감하는지를 확인할 수 있고, 동시에 대안 없는 사회에서의 출구가 얼마나 필요했는지도 알 수 있다. 지금의 청춘들은 우리 사회를 '헬조선'이라고 지칭하며 조국을

자조한다. 이들에겐 더 이상 '감성 팔이' 수준에서 그치지 않는, 진정한 '힐링'이 필요하다. 청춘들이 겪고 있는 자존감의 위기에서 <청춘 FC>는 경쟁과 포기가 일상이 된 우리에게 재도전의 가치를 보여줌으로써 패자부활전의 부재에 대한 의문을 제기하고, 더욱 건강한 사회로 나아갈 방향을 제시하고 있다.

가작

문화가 달라도 고부 갈등은 존재한다?
문화가 달라서 고부 갈등이 존재한다!
EBS <다문화 고부 열전>

나윤채

2010년, 한국 내 다문화 가족 인구가 50만 명을 넘어섰다. 전문가들은 2050년에 들어서면 그 수가 200만 명에 육박할 것이라 추정하고 있다. 사람들은 어렴풋이 한국이 다문화 사회에 들어섰음을 직감하고 있다. 작년에 나는 다문화 학생 멘토링을 진행했었다. 내가 맡은 학교에 다문화 학생은 대략 한 학년에 다섯 명 정도 있었으며, 저학년으로 갈수록 그 수가 점차 늘어나는 추세였다. 또한 유치원에서 보조 교사로 일했을 당시에도 30명 내외가 되는 반 아이들 중 네 명이 다문화 가정의 아이들이었다. 이처럼 다문화는 이제 우리 생활에 근접해 있다. 다문화 가정이 늘어나고 있는 지금, 우리의 인식은 그들을 받아들일 준비가 되었을까?

아직 그렇지 않다. 이를 단적으로 보여주는 TV 프로그램이 EBS <다문화 고부 열전>이다. EBS에서 진행하는 이 프로그램은 여느 고부 갈등과는 다른, 다문화 가정의 고부 갈등을 주제로 한다. JTBC의 <비정상회담>에 출연한 정준하는 "아내와 결혼하려 할 때, 장인어른께서 한국 드라마에 늘 등장하는 고부 갈등을 보시고 결혼을 반대했었다"며 고부 갈등이 한국에서 더 빈번하고 심각하게 일어나고 있음을 말했다. 이는 외국 여성이 한국으로 시집올 때, 가장 걱정하는 부분이기도 하다. 사실 한국인 고부 사이에서도 갈등은 존재한다. 그렇다면 EBS는 왜 굳이 '다문화 가정'의 고부 갈등을 주제로 한 것일까? 그 갈등이 특히 달라지는 이유는 무엇일까? 바로 자국의 문화와 사고에 익숙한 서로 다른 두 성인이 시어머니와 며느리가 되어 만나는 상황 때문이다. 서로 다른 외모와 문화는 이들에게 큰 벽으로 존재할 수밖에 없다. 이것이 한국인 고부간의 갈등과 다른 차이점이자 이 프로그램만의 특별함이다.

"내가 한국 사람이 아니니까. 나를 바꾸려고 하는 것은 틀린 거예요"라고 말하는 며느리. 이보다 더한 말을 하는 며느리도 있다. 하지만 그녀들은 남자 하나만을 믿고 이 낯선 한국 땅에 들어온 외국 여인들이다. 그들에게 한국은 이야기를 나눌 친구를 만나는 것조차 힘든 일이 되어버린 나라다.

그렇다고 모든 것을 이해하고 포용해주기에는, 그들이 큰소리를 내는 모습이 방송에 심심치 않게 등장하며, 도를 넘어서는 행동과 말투를 보인다. 며느리 자신은 최선을 다한다고 하지만, 시어머니에게는 탐탁지 않은 것이 마찬가지다. 시어머니 또한 처음 며느리를 맞이했을 때는 잘 지내고 싶다는 생각이 컸지만, 며느리는 하나부터 열까지 마음에 들지 않는다. 함께 있으면 답답하고, 서로 상처만 받는다. 이를 해결하기 위해 EBS는 서로의 삶을 살펴볼 '함께하는 힐링 여행'을 기획한다.

하지만 이런 좋은 기획 의도와는 달리 EBS <다문화 고부 열전>은 다른 방향으로 나아가고 있다. 엄밀히 말하면 이 프로그램은 기획 의도를 살리지 못하고 있다. EBS <다문화 고부 열전>의 문제점은 무엇일까.

시청자로 하여금 무의식중에 다분히 한국적인 시선을 유도한다

방송분 '늘 배고픈 며느리의 숨겨진 아픔' 편은 어릴 적 새어머니로 인한 애정 결핍을 음식 섭취로 풀려는 며느리와, 살을 빼서 손자를 낳아주길 바라는 시어머니의 대립 구도로 이루어진다. 시어머니는 우리가 생각하는 윽박지르는 사람이 아니었다. 부드럽게 이야기했으며, 늘 웃음이 많고 며느리의 사정을 헤아리려고 노력한다. 또한 며느리와 안사돈의 관계 개선을 위해 늦은 밤임에도 불구하고 사돈집을 찾아가기까지 한다. 결국 시어머니의 노력으로 며느리와 안사돈은 화해하고, 며느리가 마음의 짐을 던다는 내용으로 방송은 마무리된다.

이날 방송의 키워드는 '감동'이었고 결과는 성공이었다. 시어머니의 노력으로 근 20년 만에 화해를 이룬 며느리 가족. 하지만 방송에서는 그 결과만 내비칠 뿐, 며느리의 입장에서 배경이나 과거사 등의 과정은 설명하지 않았다. 시어머니는 한국의 정서로 '그래도 부모인데, 옛날 일은 용서하고 자식이 먼저 화해를 구해야지'라고 주장한다. 이는 분명 며느리의 아픈 과거는 생각하지 않은 그릇된 처사였다. 하지만 방송에서는 이런 부분을 배제한 채 화해를 종용했고, 며느리의 서운함은 묵살되었다. 며느리도 화해를 종용하는 어머니의 마음을 모르는 것은 아니지만, '분명하게 싫다'는 의사를 드러냈다. 그럼에도 불구하고 짧은 시간에 둘의 억지스러운 화해를 이끌어내 감동적인 이야기로 그려낸 것은 출연자에 대한 배려가 부족한 부분이었다.

이날 방송에서 확연히 드러난 EBS <다문화 고부 열전>의 문제점은 다분히 한국적인 정서와 시선으로 그들의 문제를 해결해내려 한다는 것이었다. 다문화 가정인 만큼, 한 가지의 문화적 잣대로 갈등을 해결하려 해서는 안 된다. 이런 점을 보완하기 위해 프로그램은 시어머니가 며느리의 나라에 가서 며느리의 가족들을 만나고, 서로 이해하고 의지하는 모습을 보인다. 하지만 이마저도 그 나라의 겉모습만 잠깐 보여줄 뿐 그 나라의 문화나 정서에 대해서는 설명해주지 않으며, 시청자로 하여금 은연중에 시어머니의 편으로 기울게 한다. 시청자들은 며느리가 힘들게 한국으로 들어온 과정을 모른다. 그러나 눈앞에서 '시어머니가 며느리를 이해하기 위해 그 연세에 먼 타국 땅까지 힘들게 가는 장면'은 본다. 결과적으로 EBS <다문화 고부 열전>은 그 특색을 '두 문화의 갈등'으로 설정했지만 해결책의 잣대를 하나로 적용한다는 모순점을 간과하고 있는 것이다.

이러한 문제점은 방송분 '며느리만 모르는 남편의 사라진 월급' 편에서도 드러난다. 며느리의 가장 큰 불만은 남편의 월급 통장이다. 며느리는 시어머니와 남편이 편을 이루고 자신에게만 월급을 보여주지 않는다고 생각한다. 며느리는 이 상황을 그 둘이 자신을 가족이라고 생각하지 않기 때문이라고 생각하며 오해한다. 이날 방송분에서 며느리는 목소리의 톤이 높고, 시어머니에게 반말을 하며, 화를 내고 대드는 모습으로 등장했다. 이미 방송은 시어머니가 화내는 모습보다 며느리의 버릇없는 모습에 초점을 두고 있었다.

다문화 고부 갈등의 시발점은 문화가 다르다는 점, 이 하나가 아니다

방송분 '과소비 며느리와 알뜰한 시어머니' 편은 20살 초반의 며느리와 나이 차이가 한참 나는 시어머니가 주인공이다. 자식들을 악착같이 키워 온 시어머니는 지금도 해어진 옷을 버리지 못하고 천을 덧대어 입는다. 하지만 며느리는 그렇지 않다. 어린 나이에 시집온 며느리는 옷, 보석을 보면 사고 싶은 마음을 저버리지 못한다. 이로 인한 고부 갈등은 아들의 출가로 일단락된다. 며느리는 지속적으로 아들에게 시어머니의 잔소리가 싫다는 내색을 강하게 하고, 아들은 몸이 불편한 자신과 결혼해준 아내가 고맙기만 하다. 며느리는 여느 때처럼 일은 나가지 않고 주변 상가에 간다. 처음에는 만 원, 2만 원 하는 옷 한두 벌을 사는 듯했으나, 나중에는 팔찌 하나에 7만 원, 8만 원 하는 장신구까지 산다. 갈등을 해결하기 위해 고부는 며느리의 나라에 간다. 하지만 그곳에서 두 사람의 갈등은 최고조에 이른다. 며느리가 사재기한 물건들이 친정집에 있었기 때문이다. 시어머니는 배신감을 느끼지만 며느리의 친정어머니 속내를 알고 난 뒤에는 마음을 열고 며느리를 이해하기 시작한다. 이에 화해의 손길로 시어머니는 비를 맞으면서 땅을 갈아 물길을 만들어주고, 냉장고를 선물 해준다.

이 방송분에서 고부 갈등 문제는 사실 다문화 문제라고 보기 어렵다. 그저 갈등의 주체가 국적이 다른 두 사람일 뿐이다. 이 갈등의 시발점은 결혼을 했으면 후에 태어날 자식을 위해 돈을 모으고, 자신의 치장에는 검소해야 한다고 생각하는 노모와 아직은 꾸미고 싶은 20대 어린 여성의 생각 차이다.

대다수 다문화 가정의 며느리와 그 남편은 나이 차이가 많이 난다. 특히 시골에서는 마흔 살이 넘은 늦은 나이에 스무 살의 어린 여성과 결혼하는 경우가 많다. 남편과도 세대 차이를 느낄 만한 나이인데, 하물며 그 위세대와의 세대 차이는 말할 것도 없다. 물론 본 방송분에서 며느리의 행동이 칭찬받아 마땅하다는 것은 아니다. 며느리의 무분별한 소비 행동과 시어머니와 남편 사이에서 취한 행동은 모자 관계를 뒤엉키게 만들기에 충분했다.

하지만 EBS <다문화 고부 열전>은 이러한 갈등 요소는 고려하지 않고, 그저 해결을 위해 다른 편과 마찬가지로 '고부 갈등 - 며느리의 나라에서의 여행 - 화해'의 형식을 일률적으로 취했다. 차라리 이런 방식보다는 며느리에게 남편이 어떻게 돈을 버는지를 알게 하고, 며느리로 하여금 직접 돈을 벌어보게 해 돈의 소중함을 깨닫게 하고, 시어머니와 며느리가 함께 소비 생활을 하거나 은행에서 함께 저축 통장을 만드는 기회를 만들어 며느리 스스로의 감화를 이끌어내는 방식이 더 올바른 형식이었을 것이다.

다문화 가정 아이들의 얼굴이 적나라하게 드러난다

가정 내의 갈등을 다루는 만큼 EBS <다문화 고부 열전>에는 거의 매 회 그 가정의 아이들이 등장한다. 하지만 고부 갈등이나 부부 갈등이 주된 소재이기 때문에 필수 요소가 아닌 아이들의 얼굴 또한 특별한 처리 없이 방송에 나온다. 우리의 인식은 아직 다문화를 아무렇지 않게 받아들일 준비가 덜 되어 있다. 물론 모두가 그렇다고는 할 수 없지만, 유치원이나 초등학교에 다니는 나이대의 아이들 중에는 '다문화'가 아이들 사이에서 놀림거리가 되기도 한다. 내가 직접 가르친 다문화 학생은 초등학교 1학년 여자아이였다. 눈도 크고 얼굴이 작아 정말 예쁜 아이였으나, 또래 친구들에게 얼굴색이 다르다는 이유로 무시당하며 더럽다고 늘 놀림을 받는 친구였다. 그 어린 나이의 아이들조차 다문화 가정 아이가 자신들과 어떻게 다른지 알고 민망하게 하고 기피하는 일이 비일비재하다. 동시에 멘토링을 진행하는 다른 다문화 가정 내 여자아이는 누군가 말해주기 전까지는 다문화 가정의 아이일 거라고는 생각하지 못할 외모였다. 이 아이는 스스로 다문화 가정임을 말하고 다니지 않았으며, 다른 아이들과도 사이좋게 지내고 있었다. 이러한 상황 속에서 다문화 가정 아이를 방송에 그대로 내보내는 것이 옳은 것일까? 이는 EBS <다문화 고부 열전>에서 심각하게 고려해봐야 할 것이다.

화해 그 이후의 모습은 보여주지 않는다

이 프로그램은 약 45분 동안 방송된다. 대략적으로 한국에서의 갈등 상황을 20분 정도, 그 후 며느리의 나라에 가서 화해를 위해 노력하는 장면이 20분 정도, 그리고 화해하는 장면이 5분을 차지한다. 이처럼 EBS <다문화 고부 열전>은 45분의 긴 시간 동안 갈등과 극복 과정은 보여주나 화해 그 이후의 모습에는 비중을 두지 않는다. 결론적으로 시청자들은 갈등에 초점을 맞추고 방송을 보게 되며, 화해를 하고 나서 그들의 단란한 생활을 짐작만 할 뿐이다.

EBS <다문화 고부 열전>의 기획 의도는 다문화 가정의 고부간 화해에 초점을 맞췄다. 하지만 방송이 흥미를 위해 갈등이라는 자극적인 요소를 집어낸 만큼, 그에 상응하는 공익적 역할도 수행해야만 한다. 다문화 시대가 온 지금, 다문화 갈등에 지나치게 많은 시간을 할애해 방송한다는 것은 '다문화 가정이 더 보편화되면 저런 갈등이 빈번하게 일어나겠구나'라는 부정적인 시선을 심어주는 것이다. 또한 방송 내 외국인 며느리들의 반말과 예의 없는 언행에 시청자들이 분노하게 된다. 따라서 갈등보다는 화해, 화합에 초점을 맞추어 EBS <다문화 고부 열전> 방송 형식 내 시간 분배에 대해서도 재고해봐야 할 것이다.

방송은 현대인에게 가장 큰 영향력을 끼치는 매체라 해도 과언이 아니다. 따라서 방송은 수익성 추구와 동시에 공익성도 함께 추구해야 한다. 하지만 EBS <다문화 고부 열전>과 같이 어느 한쪽의 시선에 편향되어 중립을 잃어버린 프로그램은 다문화에 대한 인식을 좋지 않게 심어줄 수 있어 매우 위험하다. EBS <다문화 고부 열전>은 다문화에 대한 사안이 매우 예민하게 다뤄지는 시기인 만큼, 시청자에게 다문화에 대한 올바른 생각을 가질 수 있도록 그 중심을 찾아야 하지 않을까.

입선

노인들의 취향 저격 방송의 변화

정세영

들어가며: <6시 내고향>의 위기

할머니 집에서 대학교에 통학하다 보니, 오후 6시의 일상은 저녁식사와 <6시 내고향> 시청이다. <6시 내고향>은 고향을 떠나 상경한 도시인들이 방송을 통해, 변화한 고향과 다시 마주할 수 있게 한다. 할머니도 40년 전쯤 전라도에서 서울로 오셨기에, 이 프로그램 취지에 딱 맞는 시청자 중 한 명이다. 방송에 나오는 시골 풍경을 보면서 옛날을 떠올리고, 일반인 출연자들의 입담에 같이 웃으신다. 마치 <6시 내고향>이 할머니의 오랜 친구 같다.

그런데 요즘 오후 6시에는 백주부의 목소리가 더 자주 들리는 것 같다. 바로 tvN <집밥 백선생>이라는 요리 예능 프로그램 재방송 시간 때문인데, 남녀노소 할 것 없이 많은 이들에게 인기를 얻고 있다. 할머니는 <6시 내고향>을 볼 때보다 이 방송이 더 재미있고 배우는 것도 많다고 하시면서 채널을 돌리신다. 이 현상은 단순히 한 가정에서만 나타나는 현상이라고만 볼 수 없다. 이를 시작으로 점차 전국적으로 확대될 것이다. 1991년부터 20년 넘게 6시 시간대를 꾸준히 지켜온 KBS 1의 안방마님이 그 자리를 언제까지 지킬 수 있을까? 이 글에서는 <6시 내고향>이 위기를 맞게 된 이유를 중심으로, 이 방송의 존재 가치를 생각해보고, 어떤 방향으로 발전해야 하는지를 살펴보겠다.

노인의 TV 시청 안목의 성장

'KBS 네트워크 연결 <6시 내고향>'이라는 이름에 맞게, 이 방송은 어느 특정 지역에 편중되지 않고 여러 지역을 골고루 다루어 지역 간의 네트워크 형성에 이바지한다. 노인들은 방송을 통해 자신의 고향뿐 아니라, 직접 가보지 못한 마을까지도 간접적으로 다녀오는 체험을 한다. 요리 정보 시간에도, 방송에서 직접 다뤘던 지방 특산물을 위주로 자료 화면과 함께 보여주니, 실제 그 지역에서 가져온 재료로 요리하는 듯한 신선함과 생동감을 느낄 수 있다. 또 교양 프로그램이지만 딱딱한 다큐멘터리 형식이 아니고 리포터들의 농담과 함께 편안한 분위기로 방송이 진행되기 때문에 노인들도 부담 없이 방송을 볼 수 있다.

그런데 문제는 '내용의 중복'과 '형식의 반복'에 있다. 첫 번째, 내용의 문제부터 살펴보면 월요일부터 금요일까지 주 5일 방송이고 하루 세 코너씩 들어가 있어서 굉장히 내용이 많고 다양한 것처럼 보인다. 그러나 '문화재 소개 코너'와 '장터 소개 코너'만 특정 내용을 지정한 것이고, 나머지 코너들은 내용이 포괄적이어서 대부분 비슷하다. 각각의 코너를 외주들이 제작한다는 점에서 중복될 수밖에 없다는 한계가 드러난다.

노인들은 그동안 방송에 나온 시골 풍경을 보면서 향수에 잠기기도 하고, 새로운 마을을 보면서 시야를 확장할 수도 있었다. 그런데 이제 그들도 방송이 지루해지기 시작했다. 자신의 고향은 더 이상 큰 변화를 겪지 않고, 다른 지역의 풍경조차 그다지 새롭지 않다. 좀 더 새롭고, 좀 더 먼 외국의 풍경이 궁금하다. 이런 까닭에 <꽃보다 할배>라는 프로그램이 남녀노소에게 인기를 얻은 것이다. 노인들도 <꽃보다 할배>를 보면서 국내에만 시야가 머물지 않고, 외국에도 나가보는 상상을 한다. 그리고 그동안 여행이 젊은이들의 것이라고 치부했다면, 간접 체험을 통해 자신들의 젊음이 아직 끝나지 않은 것 같은 기분을 느낀다. 반면 <6시 내고향>을 보면, 자신들은 여전히 수동적이고 대우받아야 하는 '어르신'에 속하고 그 틀 안에 갇히게 된다. 노인의 TV 시청 안목은 날로 성장하고 있는데 <6시 내고향>의 내용은 중복되기만 하고, 그들의 안목이 성장하는 속도를 따라가지 못해, 더 이상 노인의 흥미를 끌지 못하게 된다.

두 번째, 형식의 문제를 살펴보면, 방송은 대부분 시골 풍경이 먼저 나오고 마을 어르신들과 리포터의 콩트와 함께 인터뷰가 이루어진다. 젊은 층은 <개그콘서트>나 <코미디 빅리그>와 같은 전문적인 개그 프로그램에 시야가 노출되어 있기 때문에, 분위기를 띄우려고 콩트를 하는 리포터가 안쓰러울 뿐이다. 그리고 일반인들의 인터뷰는 그냥 동네 할머니의 수다처럼 들릴 뿐 유익하다고 생각하지 않는다. 처음부터 젊은 층을 타깃으로 하지 않았기 때문에 이런 반복된 형식들이 지루하다고 생각할 수 있다. 그런데 노인들도 이를 유치하다고 생각하기 시작했다. 노인들도 최근 <1박 2일>을 즐겨본다. 교양 프로그램이 아닌 예능 프로그램임에도 <6시 내고향>만큼이나 다양한 지역을 소개해서 눈이 즐겁고, 일반인들의 대화보다 입담 좋은 연예인들의 대화가 있어 귀가 즐겁다.

노인들에게 인터뷰만 하는 방송이 아니라, 함께 상식 문제의 정답을 맞히는 게임에 참여하는 모습을 보면서, 콩트 없이도 노인들이 유익한 정보를 재미있게 얻을 수 있다는 점을 깨닫게 된다. 노인들이 더 이상 <6시 내고향>만 보는 것도 아니고, 노인의 시청 안목도 보수적이어서 노인 타깃 방송의 성장 속도는 더딜 수 있다. 그러나 노인들이 점차 다양한 프로그램으로 시청 안목을 넓혀가는 반면, <6시 내고향>은 여전히 고루한 형식을 추구하다 보니 성장한 노인의 시각에서 볼 때 지루함이 느껴지는 것이 당연하다.

노인 교육의 새로운 방향 대두

교양 프로그램에서는 학문의 영역을 넘어서 음악, 미술, 요리, 스포츠, 여행, 그리고 역사 등 다양한 분야를 다룬다. 더 이상 학교를 다니지 않아, 교육을 받지 못하는 노인들은 교양 프로그램을 통해 지적 수준을 높일 수 있고, 세상의 변화를 간접적으로 체험할 수 있다. <6시 내고향>도 공영방송 KBS 1의 대표 교양 프로그램으로 특정 연령대의 교육을 담당한다. 6시라는 시간대를 고려했을 때, 학생들은 학원에 있을 것이고 직장인들은 회사에 있을 것이므로 노인이 주된 연령층임을 추측할 수 있다. 노인들은 <6시 내고향>에서 제철 음식과 지방 특산물에 대한 정보를 얻고, 요리 전문가에게 요리를 배울 수 있다. 카메라를 통해 계절별 아름다운 자연경관을 볼 수 있고, 각 고장의 축제에 갈 수 있다. 일주일에 한 번은 일상생활에서 벗어나 문화재 탐방을 하며 역사 공부도 할 수 있다. 그동안은 이런 '보여주기'식의 수동적인 교육이 대중에게 당연하게 여겨졌다. 그런데 최근 노인들은 새로운 교육의 방향으로 이동해가는 추세다.

노인 교육의 새로운 방향에는 두 가지가 있다. 첫째, 노인이 원하는 교육의 방식이 달라졌다. '보여주기'식 교육에서 '체험'식 교육으로 노인의 취향이 변하고 있다. 예를 들어 <6시 내고향>은 요리 전문가가 시청자 앞에서 요리 시범을 보이는 것으로 교육을 마치는데, 이렇게 되면 전문가의 완벽한 요리만 보이기 때문에, 일반인이 그 요리를 했을 때의 실패 가능성은 알 수가 없다. 또 노인들이 그 과정을 이해하기도 전에, 다음 진도로 넘어가기 때문에 요리에 대한 내용을 기억하기가 힘들다. 반면 같은 요리 방송이어도 <집밥 백선생>은 '체험'식 교육 방법을 택하고 있는데, 전문가인 백주부가 요리를 보여주기 전에 일반 연예인들로 하여금 본인 스스로 요리 방법을 터득하게 한다. 이 과정에서 시청자도 자신의 요리를 상상하면서 진도를 따라갈 수 있고, 미리 예습이 된 덕분에, 백주부가 직접 요리를 선보일 때 자신이 상상한 요리와 비교하면서 정보를 습득할 수 있어서 내용을 더 오래 기억할 수 있다. 이런 까닭에 노인들은 수동적으로 보여주기만 하는 <6시 내고향>보다 체험식 교육을 택하는 다른 방송으로 점차 옮겨가게 되는 것이다.

둘째, 노인의 교육 습득 목적이 변화하고 있다. 지난 20년간 노인들의 평균 지적 수준은 크게 성장했다. 컴퓨터를 하거나 영어를 읽는 노인이 많아진 것을 통해 확인할 수 있다. 이전의 노인들이 교육을 통해 단순 지적 수준의 성장을 원했다면, 지금은 그것 이상으로 세대 간의 소통까지도 이루고 싶어 한다. <6시 내고향>은 주요 타깃층도 노인이고 출연하는 일반인도 대부분 노인이기 때문에, 같은 세대 안의 소통이 잘 이루어지지만, 다양한 세대와의 소통은 부족하다. 노인들은 이 부족함을 <6시 내고향> 밖에서 찾으려고 한다. <삼시 세끼>와 <6시 내고향>을 비교해 보면, 둘 다 자연 풍경과 시골 생활들을 엿보며 향수를 느낀다는 공통점이 있다. 그러나 <삼시 세끼>의 경우 젊은 남자 연예인들이 나와서 직접 생활하는 모습을 보여주기 때문에 젊은 사람들이 실생활에 사용하는 언어나 몸짓, 유행, 그리고 문화 등을 배울 수 있고, 이를 통해 다양한 세대와의 교감이라는 갈증이 해소된다. 노인의 교육 수준이 높아짐에 따라 요구하는 교육 방법과 습득 목적이 변화하고 있는데, <6시 내고향>은 이런 변화의 추세를 잘 읽지 못하고 있는 듯하다.

기획 의도의 변화 촉구

저녁 6시 시간대에는 <6시 내고향> 외에도 노인을 타깃으로 한 교양 프로그램이 많다. <생생 정보통>, <생방송 오늘 저녁>, <VJ 특공대> 등이 비슷한 교양 프로그램이라고 할 수 있다. 이 중에서 <6시 내고향>만 평균 7%로 닐슨 코리아나 TNMS의 일일 종합 시청률 20위권 안에 들어가 있다. <6시 내고향>은 '고향을 그리워하는 도시인들을 위한 방송'이라는 독특한 기획 의도 덕분에, 다른 교양 프로그램과 비슷한 듯해도 그중에서 1위를 할 수 있는 것이다. 동 시간대 방송 대비 시청률이 높은 편이지만, 그렇다고 <6시 내고향>이 위기가 아니라고 할 수는 없다. 젊은 세대는 TV로 방송을 보기보다 원하는 방송을 인터넷에서 찾아보기 때문에 이 부분은 시청률 순위를 매기는 데 제외된다. 이런 추세이기 때문에 인터넷 사용보다 TV로 방송을 시청하는 데 익숙한 노년층의 시청 비율이 높은 <6시 내고향>이 아직 시청률 순위권 안에 들 수 있는 것이다.

노인의 교양 수준 고양을 위해 중요한 역할을 하는 <6시 내고향>이 위기를 맞은 것은 앞서 살펴보았듯이, 시대 변화에 뒤처지기 때문이다. 20년 전 기획 의도는 "급속히 변화하는 고향의 모습을 보여주는 것"이었다. 90년대까지만 해도 우리나라는 급격한 경제성장을 이루었고, 생활의 많은 부분이 달라졌다. 그렇기 때문에 예전에 살던 고향의 모습이 변하는 것을 보는 것이 신기하고, 새롭고, 궁금했다. 당시의 시청자는 노인만이 아니었을 것이다. 기획 의도로 보면 60년대쯤 젊은 나이에 상경한 어르신들일 것이고, 그들은 90년대에 40~50대 중·장년층으로 당시 사회 흐름을 주도하던 세대였다. 그 후 <6시 내고향>은 개편의 위기를 겪지 않으며, 6시 시간대를 지켜나갔다. 위기가 없다 보니 변화를 줄 일도 흔치 않았고 그런 이유로 이 방송은 변화에 느리고 보수적이었다.

10년이 흐른 뒤, 2000년대에 들어서부터 '고향에 대한 향수'뿐 아니라 '귀농 정보'를 알려주면서 젊은 층의 유입을 시도했다. 당시 '웰빙(well-being)'이라는 단어가 유행하면서 건강하게 잘 먹고 잘 살기 위해, 귀향하는 인구가 늘어났다. 이런 분위기에 맞춰 <6시 내고향>이 '귀향 정보'라는 아이템을 내놓은 것은 올바른 변화 방법을 취한 것이다. 그로부터 10년이라는 시간이 또 지나갔다. 시대가 바뀐 만큼 <6시 내고향>도 새로운 아이템을 만들어내야 할 때다. 그런데 여전히 '고향에 대한 향수'와 '귀농 정보 공유'가 주된 기획 목적이다. 20년 전 시청자층은 현재 70~80대가 되었고, 이대로 새로운 시청자층을 확보하지 못한다면 앞으로 20년 후에 <6시 내고향>은 없을 것이다.

<6시 내고향>은 현재 40~50대와 20~30대를 다르게 공략해야 한다. 우선 40~50대 시청자의 경우, 기획 의도를 크게 변화시키지 않더라도 유지할 수 있다. 서울 생활에 지쳐서 귀농을 할 가능성이 높은 세대이기도 하고, 정서적으로도 자신의 부모 세대인 70~80대와 그리 멀지 않기 때문에 방송을 공감하며 볼 수 있다. 다만 주의해야 할 것은 리포터들의 말투다. 리포터의 말투는 노인을 어린아이 대하는 듯하다. 공경하는 말투라고

볼 수도 있겠지만, 노인의 수준을 무시하는 말투로도 볼 수 있다. 이는 교육을 해야 하는 방송인데 오히려 차별을 조장한다. 그리고 장기적으로 봤을 때, 이런 대화법은 오래가지 못할 것이다. 앞으로 20년 후 지적 수준이 매우 높은 지금의 40~50대가 노인이 될 텐데, 그들에게 이런 말투로 대하는 것을 상상해보면, 여간 어색하지 않을 수 없다.

다음으로 20~30대의 경우, 기획의 대폭 수정이 필요하다. '젊은 층은 교양 프로그램을 보지 않을 것이다'라는 생각은 편견이다. 기획만 달라져도 젊은 시청자층을 확보할 수 있을 것이다. 최근 <삼시 세끼>, <집밥 백선생> 등만 보더라도 예능이기는 하지만 한편으로는 교양에 가까운데, 주요 시청자층은 20~30대다. 이들이 <6시 내고향>은 보지 않으면서 이런 예능 교양을 보는 이유는 이런 방송들이 그들에게 '세련된 교양 프로그램'으로 다가왔기 때문이다. <6시 내고향>이 공영방송 KBS 1의 방송인 까닭에, 이런 예능 교양보다는 조금 무겁고 진지할 수 있다. 그러나 그것이 문제의 본질이 아니다. 예능 프로그램이 교양 프로그램화되는 것은 방송계의 하나의 혁신인데, 정작 교양 프로그램들은 퇴보의 길을 걷고 있으면서도 아무런 변화의 시도조차 없다는 데 문제가 있는 것이다. 이런 포맷이 유지된다면 새로운 것을 좋아하는 20~30대가 노인이 되었을 때, 그들의 시청안목 수준과 지적 수준을 맞출 수 없게 될 것이다.

결론: 그럼에도 불구하고 <6시 내고향>

할머니의 오랜 친구였던 <6시 내고향>이 위기를 맞게 된 원인은 크게 '노인의 TV 시청 안목의 성장'과 '노인 교육의 새로운 방향 대두'다. 그들은 내용의 반복과 형식의 중복에 지루함을 느끼기 시작했고, 그들이 원하는 교육의 방식과 습득 목적이 달라지면서 새로운 기획의 방송을 원하고 있다. 이런 현상의 근본적인 배경은 최근 새로운 형식의 방송 출현과 관련이 있다. 예능의 교양화가 이루어지면서 노인들이 볼만한 프로그램이 증가했다. 그들에게 지난 20년간 <6시 내고향>이 모든 교양의 기준이었다면, 이제는 다른 방송들과 <6시 내고향>을 비교하면서 자신들의 입맛에 더 잘 맞는 방송으로 이동해가는 추세다.

여러 문제점이 서서히 표면 위에 드러나고 있는 데도 불구하고, 여전히 이 방송은 존재할 만한 가치가 있다. 왜냐하면 <6시 내고향>은 지난 20년간, 상경한 도시인들의 곁을 묵묵히 지키며 함께 성장해왔기 때문에, 그저 노인들의 교육을 위한 방송에 불과한 것이 아니라 역사의 산증인이기 때문이다. 여러 방송 프로그램이 생겼다 없어지곤 하지만, <6시 내고향>은 소모적이거나 일시적인 유행을 타는 프로그램이 아니다. 다만 장기적으로 봤을 때 기획의 변화가 필요한 것은 사실이다. 변화가 서툰 오늘날 노인들의 '취향 저격' 방송도 벌써부터 <6시 내고향>에서 다른 방송으로 바뀌고 있는데, 20년 후, 멀게는 40년 후까지 노인 시청자층을 모두 잡기 위해서는 변화가 필요하다. <6시 내고향>은 단순히 현재 시청률만 보면서 안주할 것이 아니라, 장기적으로 어떤 변화를 줄 수 있을지 생각해보아야 할 것이다.

복고 바람에는 '내일'이 없다

MBC <무한도전> '토요일 토요일은 가수다'

김영은

2014년의 끝자락에서 2015년 새해까지. 올 상반기 포문을 뜨겁게 연 프로그램이 있었다. <무한도전>의 '토요일 토요일은 가수다'(이하 '토토가')가 그것이다. 600석이 전부인 공연의 방청 신청은 7만 명을 훌쩍 넘었다. 사람들은 너 나 할 것 없이 90년대 유행 아이템을 장착하고 즐겁게 모여들었다. 공연은 시작하지도 않았는데 그들은 벌써 신이 나 한바탕 춤판을 벌이기까지 했다. 근래 들어 가장 '핫'한 공연이었다.

엄밀히 말하자면 '토토가'가 완벽히 참신한 기획이라고는 할 수 없다. 처음 아이디어를 제시했던 정준하와 박명수는 멤버들과 제작진들로부터 식상하다고 뭇매를 맞을 만큼 그 시작은 미약했다. 그러나 하나둘 베일을 벗는 반가운 얼굴들에 사람들의 기대는 수직 상승했고, 90년대를 대표하는 화려한 라인업과 열띤 호응 속에서 30%가 넘는 시청률을 기록하며 '토토가'라는 이름 그 자체가 하나의 키워드로 급부상했다. 이러한 '토토가'의 남다른 인기 비결은 어디에서 있는지, 나아가 '토토가'로 정점을 찍은 최근의 방송가 복고 콘텐츠의 문제점은 무엇인지에 대해 고민해보려 한다.

화려했던 시절에 대한 예의: 내어줌의 미학

'토토가'가 <무한도전>이라는 대명제에 앞서 그 자체로 화제몰이 했던 것은 실제로 '토토가' 속에 <무한도전>이 마치 존재하지 않는 것처럼 녹아 있기 때문이다. 지금까지 <무한도전>의 대다수 특집들은 멤버들이 주인공이었다. 게스트가 대거 등장한다 해도 중심축은 멤버들이 이루고 있는 형국이었다. 무도 가요제 역시 예외가 없다. 쟁쟁한 가수들은 멤버들의 파트너이자 조력자일 뿐 그들 자신이 주인공으로 무대에 서지는 않는다. 그러나 '토토가'는 달랐다. 멤버들은 대기실에서 방청객의 한 사람으로 환호했으며 정준하와 박명수는 이본의 양옆에서 보조 MC를 맡았고 유재석은 엄정화의 일일 V맨이 되어 30초도 안 되는 짧은 시간 동안 무대에서 잠시 춤을 출 뿐이다. 90년대로부터 초대받은 열 팀의 가수들. 그들의 무대는 온전히 그들만의 것이며 <무한도전>은 그들에게 즐길 수 있는 무대를 열어주는 역할, 그 이상도 이하도 아님을 보여주었다. 자신들의 자리를 욕심내지 않고 흔쾌히 내어주었던 것이다.

또 하나 주목해야 할 것은 앞서 제시된 '온전히'라는 단어다. 생각해보면 과거 스타들이 다시 무대에 선 것이 이번이 처음은 아니다. '토요일 토요일은 가수다'라는 타이들이 전신으로 삼고 있듯 '토토가' 이전에 <나는 가수다>(이하 <나가수>)가 있었다. <나가수>는 추첨에 따라 가수들이 무작위로 타인의 노래를 부르는 방식이다. 회를 거듭할수록 경쟁 구도는 과열되었고 원곡을 파격적으로 비튼 편곡이 공식처럼 따라왔다.

<나가수>를 반추해볼 때 '토토가'의 '온전히'라는 점은 더욱 의미가 있다. 세월을 거슬러 그때 그 시절의 가수가 자신의 노래를 온전히 무대에 펼쳐놓는다는 것은 별것 아닌 것 같아도 방송에서 자주 볼 수 없는 광경이었다. 음악은 시대를 상징하는 가장 강력한 매체다. 그리고 그 음악의 원형에 가깝게 재현되었을 때, 타임머신을 탄 듯 과거와 소통하는 경험은 더욱 진해진다. 감격스러운 얼굴로 지누션은 말하고 있지 않은가. 특히나 이 무대가 그 시절과 똑같다고 말이다. 가감 없이 온전히 모셔오는 방식. <무한도전>이 택한 예의 있는 소환의 방식이었다.

복고의 시대: 유행에서 장르로

<건축학개론>과 <써니>를 시작으로 <국제시장>과 <쎄시봉>, 연이어 인기를 끌었던 <응답하라> 시리즈까지. 2010년대의 주요한 키워드들 중에서 '복고'는 그것을 빼놓고는 이야기가 진행되기 어려울 정도로 존재함이 뚜렷하다. 복고는 더 이상 일시적인 유행으로 치부할 수 없는 문화 콘텐츠의 한 장르로 자리 잡고 있다. 그 정점에 자리하고 있는 것이 '토토가'라고 여기는 이유는 '토토가'가 보여준 확장성 때문이다. 시대를 대표하되 세대를 대표하기는 어려운 음악이라는 매체, 그 한계를 허무는 모습이 '토토가'에 있었다. 최근 아이돌 중심의 음악 프로그램이나 <가요대전>을 생각해볼 때 주 타깃은 젊은 층, 그것도 10대와 일부 20대가 압도적이다. 이는 뚜렷한 세대 편향성을 보여준다. 기성세대와는 소통하지 못하는 것이 요즘 가요계의 모습이다. 그러나 '토토가'는 기성세대에게는 향수를, 젊은 세대에게는 새로움을 가져다주며 세대를 관통했다. 언뜻 그 시절을 향유했던 기성세대 외에 젊은 층까지 열광하는 풍경이 이색적으

로 여겨지기도 한다. 그러나 현재의 젊은 층에게 복고는 새로움이다. 유행이 돌고 도는 이유가 거기에 있다. 세대를 아우르며 수요층을 넓혀가면서, 복고는 그렇게 장르가 되어간다.

할리우드에서 시작된 장르 시스템은 일정한 공식에 들어맞는 영화를 생산함으로써 안정적인 타깃층을 구축해 수요와 수익을 담보하기 위해 시작되었다. 상업주의와 분리시켜 생각할 수 없는 시스템인 것이다. 복고 콘텐츠를 더 이상 아름다운 추억을 복기하는 것쯤으로 쉽게 생각할 수 없는 건 이 때문이다. 과거는 이미 상업성과 결탁했다. 감성은 자본과 만나 차츰차츰 안정적인 수요층을 늘려가는 추세다. 추억은 보기 좋게 다듬어지고 가공되어 잘 팔리는 상품으로 둔갑한다. 복고는 돈이 되는 하나의 시장이 된다. 이같이 지속적인 복고 문화 트렌드가 가능한 이유, 시청자가 복고에 반응하는 이유는 명백하다. 시대 유감이 그것이다.

시대 유감의 이란성 쌍둥이: '토토가' 그리고 <미생>

과거와 추억의 힘이 강하면 강할수록, 현재가 비루하다는 반증이 된다. 3포, 5포를 넘어선 7포 세대, 경기 침체, 고용 불안, 청년 실업, 심지어는 '헬조선'이라는 단어까지 등장할 만큼 우리 삶의 지표들은 서글픈 현실을 반영하고 있다. 그리고 그와 동시에 복고 콘텐츠는 더욱 강세하고 있다. 수만 건의 리트윗을 낳은 한 트위터리언의 짧막한 트윗은 이런 내용을 담고 있다. 자도 자도 졸린 자신의 몸 상태가 걱정스러워서 병원을 찾았더니, 의사 선생님이 "현실에서 도망치고 싶은 힘든 일이 있으신가 봐요" 하더라고 말이다. 복고 콘텐츠에 열광하는 시청자들 역시 현실도피의 일종으로 이해할 수 있을까. 시대 유감이 시청자들로 하여금 '토토가'에 환호하게 만들었던 것이다.

'토토가'와 비슷한 시기에 전혀 다른 방식으로 시청자를 위로했던 프로그램이 있다. tvN의 드라마 <미생>이다. 열심히만 하면 언젠가는 정직원을 기대할 수 있느냐는 장그래의 말에 오 차장은 단호히 안 된다고 말한다. 어려운 시대기에 대책 없는 희망이, 무책임한 위로가 무슨 소용이냐고 말이다. 대책 없는 희망, 무책임한 위로 한마디라도 절실한 사람들이 많지 않겠느냐는 질문에 거듭 답한다. '그래도 …… 안 돼'라고. 미생은 단단하게 얼어붙은 현실을 있는 그대로 보여주면서 시청자들에게 아프게 파고들었다. 두 프로그램은 모두 시대 유감에서 비롯되었으나 완전히 다른 방식을 취하고 있다. '토토가'가 과거로의 현실도피를 꾀한다면, <미생>은 적나라한 현실의 괴로움 속에서 답을 찾아간다. '토토가'의 세상은 박제되어 있으나 <미생>의 세상은 '그럼에도 불구하고' 내일을 꿈꾸게 하는 괴로운 희망이 존재한다. '토토가'가 추억을 공유하며 '우리'라는 공동체로 위안을 준다면 미생은 개개인에게 공감으로 파고들어 현실 위에서 위안을 전한다. "꿈을 잊었다고 꿈이 아니게 되는 것은 아니다. 길이 보이지 않는다고 길이 아닌 것은 아니다. 희망은 본래 있다고도 할 수 없고 없다고도 할 수 없다." 미생의 엔딩은 일견 무미건조한 메시지를 던지지만, 그 안에는 '내일'에 대한 분명한 희망이 존재한다. 그렇다면 '토토가'에는, 복고에는 과연 내일이 존재할까.

그곳에는 내일이 없다: '토토가' 그 이후

'토토가'가 방송되고 난 후 음원 사이트에는 90년대 노래들이 대거 역주행해 차트에 진입했다. 그러나 지속 시간은 길지 않았다. 멜론 차트를 살펴보면 일주일 새 순위는 하락하기 시작했고 3주 차부터 하나둘씩 순위권 밖으로 밀려났다. 1월 말에는 김건모의 「잘못된 만남」과 김현정의 「그녀와의 이별」 두 곡이 남았으며 한 달 뒤인 2월 중순에는 모두 자취를 감췄다. 뜨거운 화제에 비해 잔열은 그리 오래가지 않았다. 그렇다면 출연 가수들은 '토토가'를 계기로 방송에 복귀했을까. 답은 반반이다. 원래부터 지속적으로 예능 활동을 하던 김종국은 다시 예능으로 복귀했고, 영화와 드라마 활동을 하던 엄정화 역시 연기로 돌아갔다. 육아 예능을 하던 슈도 마찬가지다. 이후 지누션, 김현정, 소찬휘, 쿨 네 팀이 앨범을 발매했으나 화제성은 미미했다. 토토가가 가수로서 두드러지는 전환점으로 작용한 출연자는 없었다. 그들은 다시 슬그머니 방송에서는 찾아보기 힘든 얼굴들이 되었다. 무대는 여전히 10대와 한류를 타깃으로 삼은 아이돌 시장이 점령하고 있다. 의도했든 그렇지 않든 결과적으로 '토토가'의 90년대 스타들은 일시적인 복고 콘텐츠로 소비되는 데 그치고 마는 결과를 낳은 것이다.

'토토가'가 가치 없다고 평가절하를 하려는 것이 아니다. '토토가'는 분명 시청자를 위로했고, 그 때문에 호평을 받았다. 다만 위로에 치중했을 뿐 거기에 내일을 위한 그림은 존재하지 않았다. 기존의 복고 콘텐츠 흐름 중 하나로 남았을 뿐 그 이상의 발전적인 내용을 담보하지 못했다. 최근 <무한도전>은 '토토가'에 이어 '토요일 토요일은 드라마다' 제작 기획을 발표했다. tvN에서는 <응답하라 1997>, <응답하라 1994>에 이어 <응답하라 1988>이 방송될 예정이다. '토토가'를 비롯한 방송계 전반의 복고 콘텐츠에 고민이 요구되는 이유가 여기에 있다. 복고 바람은 여전히 순항 중이며, 과거로의 회귀는 한동안 지속될 전망이다. 과거를 소비하는 행위에는 생산이 존재하지 않는다. 같은 것을 끊임없이 되씹을 뿐 성장이 존재하지 않는다. 오늘도 내일도 같은 어제 속에서 반복될 뿐이다. 그야말로 방송계에 도래한 저성장의 시대다.

복고는 '추억 팔이'라는 남루한 단어, 그 안에 깃든 비난의 어조에서 완전히 자유로울 수 없다. 과거에 매몰되어 발전 없는 내용만을 동의 반복하고 있는 것이 요즘 복고 콘텐츠의 자화상이기 때문이다. 현실이 기댈 곳 없이 각박하다면 방송은 시청자들로 하여금 그 현실을 타개할 희망을 전하는 역할을 담당하는 것이 바람직하다. 그리고 그 희망은 현실 도피의 방식으로는 취득할 수 없는 것이다. 방송계에 복고라는 거대한 트렌드의 반성이 시급하다. 그리고 앞으로의 복고는 지금까지의 복고와는 달라야 할 것이다. 우리의 현실은 물론, 방송 역시 언제까지나 과거로 떠나는 잠시간의 시간 여행만 고집할 수는 없는 노릇이다. '토토가'의 엔딩 자막은 말한다. "눈부시게 찬란했던 우리의 90년대!" 우리는 찬란함으로 기억될 2010년대를, 그런 방송을 만들고 있는가? 더 이상의 현실도피는 무의미하다. 이제 우리의 '지금'에서 '내일'에 대한 답을 찾을 시간이다.

입선

상처 입은 소년의 드메신드롬,[1] 누나를 탄생시키다
MBC <킬미힐미>를 통해 본 멜로드라마 속 남녀 캐릭터의 변화 양상

오현화

멜로, 가족과 만나다

한국 멜로드라마의 서사 기반은 1900년대 초 대중적 인기를 끌었던 신파극에서 그 연원을 찾을 수 있다. 일본 작품을 번안한 <장한몽>에서 심순애를 둘러싼 이수일과 김중배의 경쟁 구도가 갈등을 유발하고 사건을 견인했다면, <사랑에 속고, 돈에 울고>는 기존 신파극들과 달리 남녀 간의 관계나 갈등에 있어 가족이 개입되는 한국 특유의 서사 전략을 보여주었다. 통속 비극이었던 신파극과 정서적 서사 기반이 유사한 한국 멜로드라마는 가족(주로 남성 가족에서 발생)의 반대로 인한 혼사 장애, 이복

1) 19세기 초 프랑스 파리에서 연상의 여성에게만 사랑을 고백했다는 '드메'라는 청년을 일컫는 말로, 여성의 나이가 남성보다 많은 커플이나 그러한 부부를 말한다.

형제(자매) 사이의 암투, 출생의 비밀을 통한 근친상간 모티프 등으로 막장 드라마의 온상이라는 불명예를 안고 있다. 막장 드라마라는 불명예에도 불구하고 이러한 반복적인 서사 전략은 신파극이 유입된 이래 100년이 넘는 시간이 지났음에도 안방극장의 시청률 보증수표다. 높은 시청률을 기록하고 종영한 <왔다, 장보리>(김순옥 작, 2014)나 매일 아침 20%를 상회하는 시청률을 기록했던 <청담동 스캔들>(김지은 작, 2014) 역시 가업을 둘러싼 형제간의 암투, 시어머니의 음모와 출생의 비밀과 같은 전혀 새로울 게 없는 진부한 소재가 시청률 고공 행진의 주된 요인이었다.

그렇다면 왜 그토록 한국의 대중은 멜로드라마 속 가족 서사에 열광하는 걸까? 이는 한국 사회에 뿌리 깊게 자리 잡은 가부장적 유교 질서와 혈연 중심의 가족 문화와 관련이 깊다. 한국 사회는 친근감의 표시로 가족이나 친족 관계에서 사용하는 호칭인 오빠나 누나, 이모, 고모 등의 호칭을 사용한다. 혈연 중심의 가족 관계나 유대감을 중시하는 가족 문화는 남녀 사이의 연애에도 깊숙이 관여하며, 한국 특유의 연애 담론을 양산하기도 한다. 누가 봐도 연인을 지칭하는 대중가요 속 오빠와 누나의 등장은 우연이 아니다. 연상의 남자 친구에게 오빠라고 부르는 것 역시 동서양을 막론하고 한국만의 고유한 호명 방법이다. 조금 과장하면 한국 멜로드라마는 가족의, 가족에 의한, 가족을 위한 서사라 해도 과언이 아니다.

완벽한 오빠의 프로파간다(propaganda), 누이를 보호해야 한다

1960~1970년대 이후 국가 주도의 근대화 프로젝트는 훈육(교육)을 통한 완벽한 남성 주체의 탄생을 도모했다. 완벽한 남성 주체와 유교적

가부장제 문화의 결합은 가장을 중심으로 하는 수직적 가족 문화를 공고히 하는 결과를 낳았다. 가족의 생계와 안녕을 책임져야만 하는 무거운 짐과 함께 성 모럴(moral)에 있어 무한한 권한을 부여받은 한국식 가장의 이중성이 배태된 것은 어쩌면 당연한 귀결인지도 모른다. 당대 성 담론이나 모럴을 반영하는 멜로드라마 속 남성 캐릭터가 완벽한 능력을 갖춘 가부장으로서의 면모를 갖추고 있지만, 불륜과 혼외자 출생처럼 모럴에 있어서 부도덕한 측면을 보이는 점은 우리 사회의 근대화 프로젝트의 어두운 그림자를 투영한 것이다.

근대화 일꾼으로서 청년 문화를 주도했던 남성 주체와 달리, 여성은 유교적 가부장제의 가족 문화로 인해 순종적 주체 혹은 대상화된 주체로 자리 잡게 된다. 1970년대 멜로드라마 속 여주인공이 자기 스스로의 성공보다 완벽한 남성과의 연애와 결혼을 통한 현모양처를 지향하고 있는 점이 이를 반증한다. 단막극 위주의 드라마 환경에서 일일 연속극 시대로의 전환을 가능케 한 TBC의 <아씨>(임희재·이철향 작, 1970~1971)는 양반 댁에 시집온 아씨가 남편의 외도와 냉대 속에서도 인내와 순종만을 여자의 부덕으로 알고 시부모를 봉양하고 지아비를 섬기는 내용이다. 초기 한국 멜로드라마는 명문가의 능력 있는 가장이지만 부도덕한 성 모럴을 지닌 남성 주체와 남편의 외도와 시댁의 모함에도 묵묵히 인내하는 순종적 여성 주체를 통해 신파극에서부터 이어오는 한국식 가족 서사의 방식을 그대로 답습하고 있다.

80년대 멜로드라마를 주도했던 김수현의 드라마들은 소재적 측면에서는 전대와 대동소이한 면을 보이지만, 여성 캐릭터에서는 변주를 시도한다. 김수현의 <청춘의 덫>과 같은 80년대 멜로드라마 속 여성 캐릭터는 순종하는 여성이었으나 자신을 배신한 남성을 철저히 무너뜨려 응징하고 진정한 사랑을 욕망하는 히스테리적 주체로 변모하기 시작했다. 이는 근대화 프로젝트로 인해 절대로 무너지지 않을 것만 같았던 굳건한 가부장 신화가 균열을 보이고 있음을 의미한다.

90년대에 접어들면서 가부장 문화의 균열은 남성 캐릭터에 큰 변화를 가져왔다. 공소시효가 끝난 부도덕한 가부장은 여성 캐릭터를 괴롭히는 악역으로 전락하고, 여주인공의 복수를 돕는 조력자였던 재벌 후계자가 당당히 주인공의 자리에 입성하게 된다. 이는 멜로드라마의 주된 사건이 직장과 같은 공적 공간으로 이동하면서 전문직이거나 대기업의 상사(실장님), 재벌 후계자와 같은 캐릭터로 대체된 탓도 크다. 공간의 변화는 여성 주인공 역시 순종적인 현모양처에서 어려운 가정 형편에도 불구하고 밝고 유쾌한 직장 여성으로의 변화를 가져왔다.

신인이던 차인표를 단번에 인기 스타로 만들어준 <사랑을 그대 품안에>(이선미 작, 1994)는 90년대 멜로드라마의 지형학을 단적으로 보여주는 작품이다. 강풍호(차인표 분)는 서울백화점 오너 자리를 두고 경쟁하는 정도일에게 연인인 은채마저 빼앗긴다. 풍호는 백화점 의류 매장 직원인 진주를 만나면서 사랑의 상처도 치유하고 정도일에게서 백화점의 오너 자리를 빼앗아온다. 이전 시대의 주인공이었던 부도덕한 가부장 도일과 인내하고 순종하는 아내 은채는 사랑에 서툴지만 진주를 지키기 위해서 무슨 일이라도 하는 키다리 아저씨 풍호와 어려운 가정환경 속에서도 구김살 없이 자란 밝은 여동생 진주에게 그 자리를 내주고 만다.

한국 사회는 유교적 가부장제와 가족 문화로 인해 남녀 관계에서 여성보다 능력 있는 남성을 선호하거나 당연시하는 분위기다. 이러한 사회적·문화적 분위기 속에서 멜로드라마의 남녀 캐릭터는 남성 상위의 구조를 많이 띠고 있다. 신파극에서부터 변함없이 멜로드라마 속의 남성 주인공

대다수가 부유한 집안의 장남이자 엘리트 남성이며, 그에 반해 여성 주인공은 가난한 집안의 현모양처이거나 어려운 환경이나 시련에도 굴하지 않는 밝은 여성이 대다수다. 90년대 서사 공간의 변화로 인해 남녀 캐릭터의 변화가 있었지만 남성 상위의 신데렐라 구조는 여전히 그 틀을 유지하고 있다. 가정의 주도권을 쥐고 여성을 시련에 빠뜨리는 가부장은 몰락했지만, <사랑에 속고, 돈에 울고>의 철수처럼 누이를 지키는 오빠의 자리는 여전히 유효해 보였다. 말단 직원인 진주가 위기에 처할 때마다 든든한 버팀목이 되어주는 재벌 후계자 풍호는 오빠로서의 소임을 완수하는 인물이다. 폭력적 가부장 대신 가족과 누이를 지키는 오빠를 통해 90년대 멜로드라마의 지형학에서도 가부장 신화는 그 명맥을 유지하고 있었다.

나를 도와줘, 손 내미는 오빠들

2000년 이후 한국 멜로드라마는 여전히 재벌 2세나 전문직 남성과 같이 완벽한 남성과 평범한 여성의 결합이 주류를 이루나, 1980~1990년대의 균열과는 성격을 달리하는 또 한 번의 변화를 도모한다. 1999년, 한국은 한국전쟁 이후 가장 최악의 경제 위기에 봉착하게 된다. IMF 사태 이후 한국 사회는 많은 대기업과 중소기업들이 도산하거나 경영 악화로 인해 대규모 해고 사태가 발생하고, 평생직장의 개념이 사라지면서 대규모의 계약직을 양산하는 시스템이 자리 잡기 시작한다. 외환 위기와 함께 무한 경쟁 사회로 돌입한 21세기는 근대화 프로젝트가 구축한 규율 사회의 규범을 완벽하게 수행하는 '복종적 주체'인 가부장의 실효성에 대해 의문을 제기한다. 국가와 가족을 위해 본분을 다하는 가부장들은 과도한 책임으로부터 도망치기 시작했고, 그 자리엔 완전히 다른 사회가 들어섰다. 한병철은 『피로사회』(2012)에서 21세기 가장 큰 변화로 규율 사회에서 성과 사회(피로사회)로의 패러다임의 전환을 꼽는다. 과도한 경쟁 은 생산성 향상을 위해 성과의 패러다임인 'Yes, we can'이라는 긍정의 도식을 주입하기 시작했다. '성과 주체'로 거듭나지 못한 가부장들은 회사 에서 쫓겨나 거리로 내몰렸고, 장기 경기 침체로 인한 청년 실업의 증가가 낙오자를 양산했다. 부도덕한 가부장에서 누이를 지키는 오빠로 가부장 신화의 명맥을 이어오던 우리네 아버지들은 마침내 백기를 들고 투항한다. 성과 사회의 누적된 피로도가 한 번도 가족 앞에서 눈물을 보이지 않던 가부장을 단번에 무너뜨린 것이다. 과거와 달리 드라마 속 눈물을 흘리는 남성의 빈번한 노출은 우연이 아니다.

공고할 것만 같았던 가부장 중심의 가정 경제가 흔들리면서 90년대 초까지 결혼 이후에 전업주부가 되는 비율이 높았던 한국 사회에서 여성 경제활동 인구가 증가하기 시작한다. 여성의 경제활동 증가는 '골드미스' 나 '알파걸'과 같은 여성 담론을 양산해냈으며, 사회의 변화를 근거리에서 반영하는 멜로드라마는 발 빠르게 남녀 주인공의 캐릭터에 변화를 준다. 2005년에 제작된 <내 이름은 김삼순>(김도우 작)은 기존 멜로드라마의 여주인공과 달리 파티셰라는 전문 직종을 가진 연상녀가 등장하는 파격적 인 변화를 보인다. 거친 말투와 통통한 체형 역시 김삼순이 기존 여주인공 과의 변별점이다. 김삼순은 자신의 일에 대한 자부심과 진헌의 첫사랑 희진에게 "추억은 추억일 뿐 아무런 힘이 없다"는 솔직함으로 사랑을 쟁취하는 적극적인 인물이다. 1980~1990년대 가부장제의 균열과 함께 여성 캐릭터들이 변화하기 시작했지만 그녀들은 능력 있는 남성을 통해 복수를 하거나 사회적 성공을 이루는 의존적이고 수동적 여성에 불과했다. 근대화 프로젝트가 가부장적 남성 주체의 탄생을 도모했다면, 외환위기 이후에 여성의 경제활동 증가는 일과 사랑을 능동적으로 욕망하고 성취하는 여성 주체의 탄생을 목도케 했다. <내 이름은 김삼순> 이후 한국 멜로드라마에서 '연상연하' 소재가 빈번하게 사용되고 있으며, 주부가 주 시청자층인 아침 드라마의 경우 이혼녀와 연하남의 로맨스가 드라마 성공 법칙 중 하나로 자리 잡았다.

상처 입은 소년의 드메신드롬, 누나를 탄생시키다

연상연하 소재는 멜로드라마의 연애 모티프가 오빠 - 누이의 구조에서 누나 - 남동생의 구조로 전환한 것을 의미한다. 오빠 - 누이 구조가 남성 상위의 수직적 부계 사회의 가족 서사를 반영한다면, 누나 - 남동생 구조는 모성과 성적 욕망의 대상이 중첩된 수평적 모계 사회로의 회귀를 의미한다. 오이디푸스적 금기로 인해 어린아이는 어머니의 몸에서 완전히 분리되어야만 어른이 될 수 있으며, 아버지의 질서가 요구하는 사회의 일원이 될 수 있다. 그러나 아이러니하게도 어머니의 몸인 자궁에서 태어난 인간은 모성적 신체와의 완전한 분리가 불가능하다. 분리 단계에서 억압된 어머니의 몸은 주체와 분리된 후에도 주체의 무의식 속에 흔적으로 남아, 주체를 위협하는 것으로부터 주체를 분리시키고, 동시에 끊임없이 주체에게 위험을 고백함으로써 그들을 위기에서 구원한다. 놀라거나 위급한 상황에 직면했을 때 '엄마야'라고 비명을 지르는 행위는 분리 불가능성에 대한 무의식적 호명 의식이라고 할 수 있다. 규범을 준수하고 경제력을 획득해 가족을 부양했던 가부장 신화와 달리, 모성 신화는 위기 상황에서 자식들을 구하고 상처 입은 이들의 안식처가 되어주곤 한다.

2000년 이후 연상연하 담론이 멜로드라마의 소재로 빈번하게 사용되고 있지만, 여전히 남성 주인공은 그 전대와 별반 다를 게 없는 재벌 후계자나 엘리트 남성으로 그려지고 있다. <내 이름은 김삼순>의 남성 주인공 현진헌 역시 호텔 후계자이며 레스토랑을 운영하는 오너로 등장한다. 기존 예술 장르와 달리 드라마나 영화는 상업성을 배제할 수 없다. 이는 멜로드라마의 시청률을 좌지우지하는 주 시청자층이 여성이다 보니 그들의 욕망이나 성적 판타지를 충족시키기 위함이다. 그렇다면 아직 가부장으로서의 능력이 유효한 남성 캐릭터와 고개 숙인 가부장을 위로하는 누나와 조우할 수 있는 접점이 사라지게 된다. 시청자의 욕구를 충족시키면서 누나와의 접점을 위해 등장한 완벽한 남성 주인공들은 과거와 달리 성격적 결함이나 어린 시절 트라우마와 같은 결핍을 지닌 캐릭터로 등장한다. <내 이름은 김삼순>의 진헌이 진실한 사랑을 믿지 않는 괴팍한 성격의 소유자에서 삼순과의 연애를 통해 상처를 치유해나가듯, 2000년 이후 남성 주인공들은 가부장으로서의 능력은 유지하되 여성 주인공과의 연애를 통해 성격적 결함이나 상처를 극복하는 캐릭터로 거듭난다.

2015년 초 방영된 <킬미힐미>(진수완 작)는 일곱 개의 인격을 가진 재벌 3세 차도현과 그의 비밀 주치의가 된 레지던트 1년 차 정신과 의사 오리진의 로맨스를 통한 힐링을 작품 전면에 내세우고 있다. 승진그룹의 외아들이자 완벽남 차도현은 어린 시절 상처로 인해 자신의 고통을 대신해 줄 신세기를 비롯한 여섯 개의 부인격을 만들어낸다. 힘든 현실이나 기억나지 않는 유년 시절의 기억들이 그를 괴롭힐 때, 도현은 자신의 부인격들을 소환하고 그들 뒤로 숨어버린다. 차도현은 이제껏 한국 멜로드라마에서 볼 수 없었던 가장 유약한 남성 주인공이다. <내 이름은 김삼순>의 진헌이 까칠한 성격이기는 하지만 자신의 여자를 지키기 위해서 강한 남성성을 드러냈던 반면에, 도현은 연인인 오리진마저도 지키지 못하고 고통스러운 상처 앞에서 부인격에게 자리를 내어주고 마는 함량 미달의 남성 주인공이다.

도현의 이런 성격 탓에 부인격들은 오랜 기간 그를 대신해 그의 상처와 고통을 대면해야만 했던 대리자들이었다. 그러던 그들이 오리진을 만난 이후 더 이상 도현의 방패막이를 거부하고, 신세기의 주도로 폭주하기 시작한다. 급기야 극심한 스트레스로 인해 자해를 일삼던 부인격 요섭은 자살을 결심하기에 이른다. 실수로 환자를 잃은 경험이 있는 오리진은 도현마저 그리 될까 전전긍긍하며 그의 부인격인 요섭을 설득하고 그의 상처를 어루만져준다. 자살 직전 요섭이 썼던 유서 형식의 '킬미(kill me)'는 오리진에 의해 '힐미(heal me)'로 수정된다.

요섭의 자살 사건 이후 오리진은 최근 도현의 부인격 출현 증세가 빈번하게 나타나는 것을 보고 그의 다중인격 증세를 본격적으로 치료하기 시작한다. 첫사랑 오리진을 도현으로부터 되찾기 위해 신세기는 인격 융합 치료를 거부하고 자신이 주인격이 되려 한다. 부인격들의 폭주로 과거를 기억해낸 도현은 다시금 그의 대리자였던 부인격 뒤로 숨어버린다. 한국 멜로드라마 역사상 가장 유약한 남성 주인공을 뽑으라면 누구라도 차도현을 선택할 것이다. 그러나 차도현에게 여성 시청자들은 열광했고, 그의 상처에 마음 아파하고 보듬어주기 위해 손 내미는 것을 주저하지 않았다. 오리진 역시 기꺼이 영영 돌아오지 않을 것처럼 사라져버린 도현의 곁에 머물며 그의 상처를 치유해주었다.

과거 드라마 속 '오빠'들이 가족을 부양하고 책임지는 가부장을 상징했다면, 2000년 이후 연상연하 담론 속 '누나'들은 상처 입은 가부장을 보듬어 가정을 유지하는 동반자이자, 그들이 최초로 경험한 욕망 대상으로서의 모성을 표상한다. <킬미힐미>의 도현이 오리진에 의해 구원받고 치유되었듯이 <꽃보다 남자>(윤지련 작) 구준표의 폭력적 성격이나 <시크릿 가든>(김은숙 작) 주원의 트라우마, <별에서 온 그대>(박지은 작)의 400년 동안 이방인으로 살아온 외계인 도민준의 고독은 여성 주인공과의 연애를 통해서 비로소 치유될 수 있었다. 경제력 있는 연상녀 '누나'는 한국 사회가 남성 가부장에게 부과했던 과도한 책임을 나눠 가짐으로써 멜로드라마 속 남녀 관계에 있어 수직적 상하 관계에서 수평적 평등 관계로의 변화를 반영하고 있다. 누이를 지키는 오빠에서 소년의 상처를 보듬어주는 모성 강한 누나로 이어지는 가족 서사는 한국 사회의 변화와 맞물려 멜로드라마 속 남녀 캐릭터의 지형 변화를 끊임없이 주도하고 있다.

KBS <강연 100도씨>,
당신의 열정으로 위기를 극복하세요

권예은

위기의 시대를 달래는 새로운 강연 프로그램

위로가 필요한 시대다. 기업을 은퇴한 50대 가장은 위기를 극복하기 위해 사업을 시작하지만 퇴직금을 전부 날리고[1] 취업에 실패한 청년들은 스트레스로 우울증에 시달리며 스스로의 삶을 부정하는 시대,[2] 학대에 못 이겨 집을 나와 떠돌다가 성매매를 시작하는[3] 이 절망의 시대에 우리는 위로가 절실하게 필요했다.

미디어 업계는 사람들의 지친 마음을 달래고 격려하기 위한 프로그램을

---

1) "'재취업·소득' 절벽 …… '치킨집' 내몰리는 50대", ≪세계일보≫, 2015년 10월 7일 자.
2) "묻지마 폭행, 우울감 …… 짙어지는 청년실업 그늘", ≪헤럴드경제≫, 2015년 9월 21일 자.
3) "가출청소년, 그들은 누구인가", ≪충청투데이≫, 2015년 9월 14일 자.

연이어 제작했다. 학생들에게 아침밥을 제공하고(MBC <느낌표>), 기성세대의 화양연화를 복기하며(MBC <놀러와> '세시봉 특집', MBC <무한도전> '토요일 토요일은 가수다'), 청년들의 고민을 상담(JTBC <김제동의 톡투유: 걱정 말아요 그대>, SBS <지식 나눔 콘서트, 아이러브 인>)해주기까지 했다.

이런 '국민 위로 프로젝트'의 연장선상에서 '강연 프로그램'이 나타났다. 사람들은 위로받기를 원하면서도 동시에 생존경쟁에서 살아남아야 하는 처지에 몰렸다. 시장은 민감하게 반응했다. 방송에서는 인문학적 소양과 자기 계발, 거기에 감동을 더하는 프로그램이 등장하기 시작했다. '강연 프로그램'의 등장 배경이다.

유명인사의 성공 스토리는 사람들에게 성공의 욕망을 부추기고 스스로를 반성케 하며 잠자고 있던 열정을 상기시켰다. 하지만 시간이 흐르면서 프로그램 강연자의 획일화된 성공 스토리와 끊임없이 극복을 장려하는 듯한 메시지 때문에 사람들은 피로감을 느끼기 시작했다. 그러자 단순하고 본질적인 물음이 다시 제기되었다. 진정한 행복은 무엇인가.

KBS에서 2012년 5월, 새로운 형식의 강연 프로그램을 선보였다. 제작진의 프로그램 소개는 다음과 같다.

감동과 위로가 필요한 이 시대, 투박하지만 진솔한 강연으로 한 사람의 인생을 변화시키는 한순간, <강연 100도씨>! …… 저명한 유명 인사들만이 할 수 있는 강연이 아닌 누구나 할 수 있는 강연을 지향합니다. (<강연 100도씨> 홈페이지에서 발췌)

유명 인사가 아닌 인생을 치열하게 살아온 평범한 이들이 각자 강연을 맡아 진행하는 이 프로그램은 첫 방송과 함께 커다란 반향을 일으켰다.

시청자들의 방청 신청이 끊이질 않았고 실제로 포털 사이트에는 프로그램이 종영한 지 몇 달이 지난 지금도 감동의 후기가 빈번하게 올라왔다. 또한 <강연 100도씨>에 대해 긍정적 시선을 드러낸 기사나 칼럼이 올라오기도 했다.

2015년 4월 12일 종영한 이 프로그램은 그렇게 약 3년간 꾸준히 방송하며 강연 프로그램의 맥을 이었다. 하지만 어느 순간, 박수 속에서 조용히 막을 내린 이 '강연 프로그램'이 정말 시청자들에게 감동과 위로를 주었는지 의구심이 점차 고개를 들기 시작했다.

촘촘히 짜인 강연의 구성

의구심을 본격적으로 살피기에 앞서 우선 <강연 100도씨>의 형식적 특성을 살펴보자. <강연 100도씨>의 기본적인 골격은 일정하다. 먼저 진행자와 VCR의 역할이다. 진행자는 프로그램을 시작할 때 강연자를 소개하고 관객이 자연스럽게 강연의 분위기에 젖어들 수 있도록 한다. 또 강연자가 바뀔 때마다 매끄럽게 이어지도록 하며, 강연이 끝나면 인터뷰를 주도하거나 정리 발언으로 마무리한다. 진행자와 비슷한 역할을 수행하는 또 다른 요소는 VCR 화면이다. 강연을 하기 전, 시청자에게 강연의 흐름을 한눈에 파악할 수 있도록 한 것이다. VCR은 그날의 프로그램을 시청하지 않더라도 강연의 내용이 무엇인지 쉽게 짐작할 수 있게 해주기도 하지만 동시에 강연에 대한 궁금증을 자극한다. 이렇듯 진행자의 역할과 VCR은 시청자가 받을 공감과 감동의 흐름을 제작자가 의도한 방향으로 통제하고 유도한다.

더불어 이 프로그램이 다른 강연 프로그램과 차별화되는 부분은 강연자의 선정이다. 프로그램의 기획 의도를 보면 "우리의 평범한 이웃 누구나가 강단에 설 수 있는 프로그램"이다. 하지만 실제 모습은 사뭇 다르다. 예를 들어 2012년 프로그램을 처음 시작했을 당시 강연자들은 강남 호텔 셰프, 전직 대기업 사장, 20대 CEO 등이었다. 시간이 지나면서 자신이 하는 일에도 충분히 행복감을 느끼고 삶을 주도하는 일반인 강연자가 주를 이뤘지만 종영이 가까워진 2015년 1월부터 또다시 낯익은 유명 인사들이 주인공이 되었다. 10대에 회사를 창업한 천재 발명 소녀 연희연 씨(2015.2.1, 124회), 유명 마술사 이은결 씨(2015.2.1, 124회), 전 리듬체조 국가대표 선수 신수지 씨(2015.2.8, 125회), 드럼 신동 김태현 씨(2015.3. 29, 129회), 유명 셰프 최현석 씨(2015.4.5, 130회) 등을 예로 들 수 있다. 이들의 이야기가 사람들에게 감동을 주지 않는 것은 아니다. 하지만 과거 동네 빵집 사장님이나 20년 넘게 버스를 운행하는 여기사, 교사 출신 택배 기사의 이야기를 다뤘던 것과는 많이 다르다.

또 다른 특징은 관객의 반응과 인터뷰다. VCR 화면이 나오거나 강연의 진행 중간에 관객의 반응을 보여주는데, 대체로 관객이 있는 프로그램이라면 관객 반응은 필수적으로 편집해 활용하는 장면들이다. 다만 언급하고 싶은 것은 <강연 100도씨>에는 관객이 강연에 감정적으로 동요하는 장면이 대부분이고 이것은 간접적으로 강연의 분위기와 시청자의 반응을 이끌어간다. 또 다른 요소인 인터뷰는 직접적으로 의식에 개입한다. 유명인이 아닌 일반인 강연자의 이야기가 끝나면 진행자는 사연자의 가족이나 지인을 인터뷰하며 그들의 사연을 더욱 부각시킨다.

마지막으로 언급할 수 있는 구성상 특징은 강연의 '수치화'다. 프로그램 안에서 '공감 온도' 측정으로 불린 이 코너는 강연과 진행자와의 인터뷰까지 마치면 무작위로 추첨된 100명의 관객이 강연자의 이야기를 평가해

측정한다. 개인의 이야기에 점수를 매기고 서열을 매긴다는 비판이 있었던 반면, '공감 온도'가 높은 강연자가 사회적 반향을 일으킬 수 있었다는 사실은 분명해 보인다.

감동과 위로가 자리하는 곳에 위치한 의문

하지만 결과적으로 2013년 11월부터 제작진은 '수치화된 공감 온도가 마치 강연자의 진정성 있는 강연을 점수로 매기는 것으로 비춰져 불편하다는 시청자의 지적이 많았다'는 이유로 '공감 온도 측정' 코너를 폐지한다고 알렸다.

이렇듯 <강연 100도씨>가 시청자에게 좋은 인상만을 남기지 않은 것은 분명해 보인다. 좋은 의도에도 불구하고 불편함이 느껴지는 이유를 먼저 강연의 형식에서 찾았다. 강연은 화자와 청자 사이에 심리적 거리가 존재하는 일방적인 주입식 전달 방식이다. 게다가 이 프로그램은 150회가 넘는 강연(한 회당 평균 2회 이상의 강연)을 진행하며 강연자가 겪은 위기와 그것을 극복하는 획일화된 이야기를 청중에게 전달하고, 시청자는 오랜 기간 수많은 강연과 내포된 일정한 규칙을 삶의 정답으로 인식할 수 있다. 강연자의 이야기는 다양하지만 메시지는 '위기와 결점을 열정으로 극복해야 한다'라는 하나이기 때문이다. 이러한 방식이 시청자에게 진정한 위로가 될 수 있을지 의심스럽다.

일정한 감동이 생성되는 길목에는 강연자의 결점과 위기의 순간이 자리한다. <강연 100도씨>의 또 다른 문제는 그것을 받아들이는 시청자의 자의식에 있다. 시청자는 강연자의 극복 스토리에서 드러나는 고통의 순간을 통해 위안을 받는 듯 착각에 빠진다. 그들의 고백은 공감과 치유의 언어로 다가갈 수 있다지만 결국 시청자에게 남는 것은 현실의 순간을 견디기 위한 자기 위로뿐이다. 이것을 더욱 의심하지 못하도록 만드는 것은 강연의 끝에 진행하는 가족 인터뷰, 그리고 강연을 듣고 공감하는 방청객의 반응이다. 진행자는 강연자의 가족에게 질문을 하고 답을 들으면서 프로그램이 더욱 극적으로 흘러갈 수 있도록 하는데, 이는 작위적이고 감동을 극대화한다는 비판을 받을 수 있다. 또한 감동하는 방청객의 모습을 편집해서 보여주면 시청자는 강연자의 이야기에 모두가 공감한다고 판단해 의심 없이 받아들이게 된다. 프로그램의 이런 구성은 시청자에게 강연자의 이야기를 비판조차 할 수 없게 만든다. 결국 이렇게 프로그램의 연출 방식에 정당성이 부여된다.

뒤이어 제기될 수 있는 것은 강연자가 일반인이기 때문에 벌어질 수 있는 또 다른 가능성에 대한 것이다. 평범한 사람들의 이야기는 공감할 수 있는 감동과 위로의 서사가 될 수 있지만, 누군가에게는 상대적 박탈감과 열등감에 시달리게 한다. 예를 들어보자. 2014년 11월 9일, 114회에서는 은행지점장 출신으로 월 매출 1000만 원을 올리는 김재만 씨의 강연이 방송됐다. 그는 젊은 나이에 성공했지만 갑작스럽게 퇴직했고 삶을 견디다가 재기에 성공한 사례에 속한다. 국세청은 2013년을 기준으로 한국 전체 사업장의 퇴직자가 205만 2708명으로 추산된다고 밝혔지만,[4] 창업에 성공한 사례는 극히 드물다. 강연을 들으며 희망을 가지는 퇴직자도 있겠지만 절망적인 상황에서 누군가의 성공 스토리를 듣는 것은 용기를 주기보단 거부감과 열등감을 불러일으킬 수 있다. 이것은 사회의 제도적 장치가 마련되지 않아 생긴 문제를 개인 문제로 치부하고 극복을 강요하는

---

4) "퇴직 근로자 대다수 퇴직금 1000만 원 이하", ≪경북도민일보≫, 2015년 9월 7일 자.

것처럼 보여 불편하게 만든다.

그렇다면 근본적인 마지막 질문이 남는다. 우리는 어떤 형식으로 위로를 받아야 하는가? 좌절의 책임은 오로지 개인이 져야 할까? 결점은 반드시 극복되어야 하는가? 극복되어야 한다면 그 이유는 무엇이며 성공의 기준은 도대체 어디에 있는가?

'강연 프로그램'이 솟아날 구멍은 어디에

지금까지 <강연 100도씨>의 형식과 내용에 대해 살펴보았다. 몇 가지 장점을 살펴봤지만 더불어 한계 역시 노정했다. 그런 면에서 '강연 프로그램'이 고민하고 논의해야 할 방향성은 내용과 형식 모두일 것이다.

먼저 내용적인 부분에서 주목되어야 할 점은 관점이다. 이 프로그램은 강연자만의 이야기로 진행되기 때문에 시청자는 지극히 개인적인 부분에 초점을 맞춰 받아들일 가능성이 크다. 게다가 조력자의 도움을 받는다고 하더라도 가족으로 한정되므로 보는 이들은 자연스럽게 위기를 개인의 관점에서 바라보는 경향이 생길 수 있다. 예를 들어 2012년 5월 18일 1회에서는 아르바이트의 달인 이종룡 씨의 이야기가 방송되었다. 강연은 '10여 개의 아르바이트로 하루 22시간 노동을 했고, 그 결과 10년간 3억 5000만 원의 빚을 청산했다'는 내용이 주를 이뤘다. 이는 복합적으로 나타나는 사회문제를 개인의 문제로 귀결시킨 것이어서, 시청자들은 해당 문제가 시스템의 구조적 결함에서 기인할 수 있다는 사실을 간과할 수도 있다. 즉, <강연 100도씨>는 개인이 극복해야 할 방향뿐 아니라 사회 시스템으로 보장해야 할 제도와 구조의 변화를 살펴보며 다양한 관점에서 풀어나갈 필요가 있다.

'강연 프로그램'의 내용이 유일하고 정형화되어 있으며 이를 성급하게 일반화한다는 비판을 피하기 위해서는 프로그램 스스로 본질적인 질문을 던지고 기존의 인식과 다르게 생각하는 등의 노력을 겸해야 한다. 그것은 각각의 강연자가 갖는 행복과 열정의 기준을 시청자에게 설명하고 설득하는 방식으로 이루어질 수 있다. 누군가에게 사고는 위기가 아닐 수 있고, 부와 명예를 가지는 것은 성공의 기준이 아닐 수 있다는 다양한 전제 하에 다채로운 삶의 기준을 보여주는 방식을 고려해야 한다.

형식의 부분에서도 논의되어야 할 부분이 존재한다. '강연'의 형식을 고수하면서 비슷한 이야기들로 프로그램을 진행하는 것은 껍질뿐인 공감을 이끌어낼 뿐이다. 진행자는 '강연'의 형식뿐 아니라 강연의 내용을 극화시키지 않고 다양한 이야기를 이끌어낸다. 이렇게 하면 단순히 '열정을 가지고 위기를 극복해야 한다'는 유일무이한 해법뿐 아니라, 여러 가지 문제의식과 방안에 시선을 집중시킬 수 있다. 시청자는 출연자들이 피력하는 다양한 의견을 들으며 답을 찾는 과정에서 위로를 받고, 제작진은 바로 이 지점에서 공감을 이끌어내야 한다.

결국 우리에게 필요한 것은 '위로'뿐일까

나와 다르지 않은 타인의 극복 스토리에 귀를 기울이게 되는 것은 분명 우리 모두 위로와 희망이 필요하기 때문일 것이다. 하지만 강연 프로그램이 단순히 감정적인 자기 위로를 유도하고, 사회구조의 문제가 충분히 해결되지 않은 상태에서 개인의 노력만으로 이 고비를 타개할 수 있다고 공허한 희망을 전파하는 것은 언론의 책임 회피처럼 보인다.

요즘 TV를 켜면 위로와 공감을 표방한 프로그램이 많이 보인다. 각자의 고민을 털어놓고 토로하는 토크쇼부터 사연자의 문제를 직접 해결해주는 프로그램, 그리고 힐링의 이름으로 인생 컨설팅을 해준다. 하지만 이런 동일한 패턴의 프로그램들은 이미 하나의 양식으로 굳어진 지 오래다. 위로와 공감을 필요로 하는 시대, 이렇게 또 하나의 TV 장르가 만들어졌다.

모두가 절박함에 주저앉는 이 시대에, 우리에게 진정 필요한 것은 허울과 껍질뿐인 위로와 격려가 아니다. 서로의 고통을 주춧돌 삼아 버티는 삶을 지속하는 것 또한 아니다. 개개인의 극복과 성공이 아니라 실질적인 해결을 위해 머리를 맞대고 그 과정에서 뿜어져 나오는 열정에 공감하는 것이 필요하다. 문제의식을 함께 공유하고 더 나은 사회를 위해 고군분투하는 프로그램이 간절하다. 더 이상 상상과 바람으로만 남기고 싶지 않은 기대를 담아 지금, TV를 켠다.

방황하는 모두가 길을 잃은 것은 아니다

완생(完生)을 위한 길 위에서, tvN <미생>

이유미

『피로사회』라는 책이 있다. 저자인 한병철 교수는 이 책에서 "시대마다 그 시대에 고유한 질병이 있다"고 지적한다. 21세기는 성과(成果) 사회다. 성과의 주체가 된 개인은 동기부여와 성공에 대한 필사적인 노력을 강요당한다. 한국 사회도 예외는 아니다. 1997년 외환위기 이후 IMF 체제하에서 신자유주의로 경제 질서가 재편되면서, 무한 경쟁과 성과 위주의 패러다임이 지배하게 된 것이다. 이러한 시대상은 TV 드라마에도 반영되어, 1999년을 기점으로 2000년대 초반 MBC <허준>, MBC <대장금> 등 시련과 역경을 딛고 이뤄낸 개인의 성공 스토리가 주목받기 시작했다.

2015년 대한민국은 달라졌다. '할 수 있다', '하면 된다'는 무한 긍정론은 이제 탄력을 잃었다. '3포 세대'를 넘어 '5포 세대'라는 신조어가 청년들의 자화상을 대변한다. 비정규직 600만, 청년실업률 10% 등의 지표가 가리키는 대한민국의 현실은 고용만큼이나 불안정하다. 그 속에서 위태롭게 흔들리는 개인들의 이야기가 tvN <미생>이라는 드라마를 통해 변주된다. 일하고 싶지만 일할 기회가 없고, 열심히 고군분투하지만 그 노력이 반드시 성과로 귀결되지는 않는 현실에 대한 이야기다. 2014년 하반기에 방영된 tvN <미생>은 케이블 드라마로서는 독보적인 두 자릿수의 최고 시청률과 평균 시청률 8%대를 기록하면서 장안의 화제로 떠올랐다. 지난해 왜 우리는 그토록 <미생>에 열광했을까?

어설픈 위로 대신, 전체를 관조하다

> 사람들 북적대는 출근길의 지하철엔
> 좀처럼 카드 찍고 타볼 일이 전혀 없죠
> 집에서 뒹굴뒹굴 할 일 없어 빈둥대는 내 모습
> 너무 초라해서 정말 죄송하죠
> 위잉위잉 하루살이도 처량한 나를 비웃듯이 멀리 날아가죠
> 비잉비잉 돌아가는 세상도 나를 비웃듯이 계속 꿈틀대죠
> 쌔앵쌔앵 칼바람도 상처 난 내 마음을 어쩌지는 못할 거야
> 뚜욱뚜욱 떨어지는 눈물이 언젠가는 이 세상을 덮을 거야 ……

밴드 '혁오'의 「위잉위잉」이라는 곡은 희망을 노래하는 젊은이의 목소리와는 거리가 멀다. 무기력하고, 자조적이고, 서글프다. <미생> 속 장그래의 모습과 많이 닮아 있다. 대중목욕탕 청소부터 야간 대리운전, 편의점 아르바이트 등 파트타임으로 일하며 빠듯하게 살아가는 장그래는 내일에 대한 희망이 없다. 유년 시절을 바친 바둑의 길은 어려운 가정환경과 맞물려 끝나버렸고, 꿈은 사라졌다. 미래를 꾸려나갈 안정적인 소득도

없다. 그저 하루 벌이로 하루를 열심히 살아낼 뿐이다. 그래도 성실하고 열심히 일하는 장그래의 모습은 일견 애처롭기까지 하다.

아침 출근길 직장인들과 다른 방향으로 발걸음을 떼는 장그래의 모습은 그가 일찍이 이 사회의 아웃사이더로 자리했음을 보여준다. 바둑을 두던 시절부터 그는 누구보다 열심히 살았고 노력했다. 하지만 경쟁과 성과 위주의 사회에서 그는 늘 한 발짝 떨어져 있었다. 바둑마저 접고 사회로 나오게 되면서 변변한 자격증 하나, 스펙 한 줄 없는 그는 무능력한 실패자로 낙인찍힌다. 어렵사리 들어간 회사(원인터내셔널)에서도 그는 외톨이고 아웃사이더였다. 고졸 출신에 이렇다 할 스펙도 없는 그를 동기들은 미묘하게 따돌리고, 같은 팀인 오 과장조차 탐탁지 않게 여긴다. 인턴 기간이 끝난 후에도 그는 여전히 비정규직으로서 동기들과 이질감을 느끼는 순간들이 발생한다. 장그래는 '같은 사람이고 싶다'고 소망하고, '우리 …… 우리라고 그랬다'며 감동한다.

이런 장그래를 통해 <미생>은 어설픈 희망을 노래하지도 어설픈 위로를 주지도 않는다. 오 과장은 정규직 전환 문제를 두고 장그래에게 '욕심내지 말라'고 한다. '욕심도 허락받아야 하느냐'는 장그래는 그저 같이 일하고 싶은 것뿐이라고 항변한다. 현실에 발붙일 수 있는 일자리와 '우리'라는 소속감을 바라는 게 사치냐고 묻고 싶은 대한민국 청춘들의 목소리를 대변한다. 소박하지만 절실한 꿈이고 삶의 문제다. 그런 장그래에게 '아프니까 청춘이다'라는 어설픈 위로가 비집고 들어갈 틈은 없다. 2012년 KBS에서 방영된 드라마 <직장의 신>의 미스 김(김혜수 분)이라면 어땠을까? 그는 삼류 대학 출신 계약직 정주리(정유미 분)에게 이런 격려의 말을 건넸다.

"정규직이든 계약직이든 그런 건 중요하지 않아. 가장 중요한 건, 넌

2015 좋은 방송을 위한 시민의 비평상 수상집

187

그냥 너의 길을 가면 되는 거야."

결국 정주리는 계약 연장을 마다한 채, 동화 작가의 꿈을 택한다. 같은 비정규직 캐릭터를 다루면서도 <직장의 신>은 자신이 하고 싶은 일을 하며 진정한 행복의 길을 찾는다는 동화 같은 이야기였다. <미생>의 도입 초반부에 깔리는 장그래의 내레이션은 이에 정면으로 상충한다. "길은 모두에게 열려 있지만, 모두가 그 길을 가질 수 있는 것은 아니다."

동화가 아닌 현실을 살아가는 대다수 시청자들이 <미생>에 공감할 수밖에 없는 이유이자, 이 드라마의 핵심 메시지다. 부장님도 쩔쩔매는 '슈퍼갑 계약직'이라는 설정의 <직장의 신> 미스 김은 캐릭터부터 만화적이었고, '을'의 생활에 찌든 시청자들에게 일종의 카타르시스를 선사했다. "싫으시면 그냥 정규직 직원 세 명을 쓰시면 됩니다. 하지만 그 세 명분의 월급이 아까우시면 그냥 저 하나 쓰시면 됩니다"라고 말하는 미스 김은 어느 정규직보다도 당당했다. 하지만 그건 그녀가 170여 가지의 자격증을 취득했고 경력도 화려한 (비현실적인) 능력자였기에 가능했다.

가진 것이라곤 컴활(컴퓨터 활용 능력) 자격증 하나뿐인 장그래는 일하고 싶지만 일할 수 없고, 꿈(바둑)을 접고 싶지 않지만 접을 수밖에 없다. 능력으로 인정받는 회사와 사회라는 거대한 시스템 안에서 그는 쓸모없는 존재 같다. 무한 경쟁, 성과주의로 대변되는 신자유주의의 프레임 속에서 실패와 좌절은 개인의 책임이고 잘못이다. 열심히 살지 않은 적이 없지만, 결과적으로 장그래는 실패한 개인이다. 그는 잘못한 게 없지만 자신을 탓할 수밖에 없다. 아무 능력도 경력도 없이 사회에 내던져진 장그래가 우리 사회에 발붙일 자리는 없다. 그래서 그의 어깨는 처음부터 잔뜩 위축되어 있다. 현실을 자신의 탓으로 받아들이는 장그래의 내레이션은 신자유주의 체제하에서 실패한 개인의 자책 어린 독백이다.

내 길은 거기서 끝났다. 기재가 부족하다거나 운이 없어 매번 반집 차 패배를 기록했다는 의견은 사양이다. 바둑과 알바를 겸하기 때문도 아니다. 용돈을 못 주는 부모라서가 아니다. 아버지가 돌아가시고 어머니가 자리에 누우셔서가 아니다. 그럼 너무 아프니까……. 그래서 난 그냥 열심히 하지 않은 편이어야 한다. 열심히 안 한 것은 아니지만, 열심히 안 해서인 걸로 생각하겠다. 난 열심히 하지 않아서 세상으로 나온 거다. 난 열심히 하지 않아서 버려진 것뿐이다

바둑은 바둑돌 한 알 한 알만 봐서는 이길 수 없는 게임이다. 전체 판을 조망하고 상대의 수와 흐름을 읽어내야 한다. 나무가 아니라 숲을 보는 게임이다. <미생>은 장그래 개인의 실패와 탓을 떠나 구조적인 차원에서 관망해보는 프레임을 제공한다. 누구보다 간절하고 노력하는 장그래가 왜 현실의 벽을 뛰어넘을 수 없는지, 왜 조직 내의 이방인으로 자리할 수밖에 없는지 따져보게 한다. 결과의 잘잘못을 전부 개인의 노력 과 책임으로 귀결시키는 대신, 조직과 사회라는 큰 틀에서 문제를 사유해 보게 하는 것이다. 나무를 벗어나 숲을 바라보는 관점, 신자유주의와 무한 경쟁의 한계에 대한 성찰이다.

바둑에서 '쓸모없는 돌은 없다'는 말처럼 장그래는 조금씩 성장하며 성과를 보이고 인정받으며, 소속감도 얻는다. <미생>은 이 과정을 '바둑' 이라는 툴을 통해 조명한다. 인간관계 사이에 오가는 수와 개인과 조직 간의 시스템을 바둑에 빗대 압축적으로 관조한다. 누구보다 열심히 살았 던 장그래는 왜 실패한 낙오자가 되고, 비정규직에서 정규직으로 올라서 지 못할까? 어디까지가 장그래의 탓이고 뭐가 잘못된 것일까? 조직 속의 개인들은 왜 충돌할까? 워킹맘 선 차장은 왜 회사와 아이 사이에서 이러지

도 저러지도 못하고, 오 과장의 소신과 신념은 왜 외면당할까? 다들 이렇게 열심인데, 왜 이토록 힘겨운 것일까?

'미스 김'처럼 대단한 능력을 갖추진 못했지만, 수를 읽고 생각하는 바둑에 능한 장그래라는 캐릭터의 시선과 내레이션을 통해 드라마는 '개인'에게 맞춰진 초점을 조직과 구조 전체로 확장시키고, 시스템적인 차원으로 전환시킨다. 이 외에도 <미생>의 인기와 성공 배경에는 기존의 한국 드라마들과는 분명 다른 차이점들이 존재한다.

<미생>의 성공 비결, <미생>엔 없는 것들

SNS상에서 많은 사람들의 공감을 얻으며 퍼진 글이 하나 있다. 긴 글은 지양하고 핵심만 추려내는 '3줄 요약' 시대에 걸맞게 글 내용은 짧고 간결하다. 제목은 <한국 드라마의 특징>.

> 미국 드라마: 형사가 수사를 하고 의사가 사람을 살린다.
> 일본 드라마: 형사가 교훈을 주고 의사가 교훈을 준다.
> 한국 드라마: 형사가 연애를 하고 의사가 연애를 한다.

비슷한 내용으로 다음과 같은 '촌철살인'도 있다. 한국 드라마의 특징을 절묘하게 꼬집어 정리했다.

> 한국 메디컬 드라마: 병원에서 연애하는 드라마.
> 한국 사극: 한복 입고 연애하는 드라마.
> 한국 수사물: 범인 쫓으며 연애하는 드라마.

한국 오피스물: 회사에서 연애하는 드라마 …….

<겨울연가>와 <가을동화>를 시작으로 한류 붐을 일으킨 주역으로 명실공히 한국 드라마가 꼽힌다. 국내외의 많은 팬들이 기억상실증에 걸린 첫사랑 준상이에게, 남매에서 슬픈 연인이 된 은서와 준서의 애틋한 사랑 이야기에 빠져들었다. 한국 드라마의 힘은 주인공과 주변 인물들의 감정선을 극적으로 묘사하며 끌어가는 데서 나온다. 캐릭터들 간의 정서적인 관계에 집중하고, 그 속에서 빚어지는 갈등을 중심으로 이야기의 축을 전개해나가는 것이다. 시련과 역경 속에서도 주인공은 복수나 운명과도 같은 사랑에 대한 성공을 이루고 일종의 카타르시스를 제공한다.

하지만 위에서 소개한 SNS상의 '촌철살인' 글들이 지적하는 바와 같이, 한국 드라마는 연애나 사랑 이야기로 반드시 수렴하고 만다는 '운명론적 법칙'은 한국 드라마의 다양성과 참신한 발전을 저해하는 독(毒)이자 웃지 못할 코미디라 할 만하다. 인물 간의 감정선과 갈등의 각을 첨예하게 만드는 데 치중한 나머지 극적인 장치와 우연을 남발하는 것이다. 그 결과 이른바 한국 드라마의 3요소로 꼽히는 재벌, 기억상실증, 출생의 비밀이 수많은 드라마에서 반복적으로 다뤄지면서 정형화된 '패턴'마저 형성하고 말았다.

대다수 시청자들은 식상하고 비현실적이라고 욕하면서도 이런 자극적이고 반복적인 소재에 반응한다. 재벌과 기억상실증과 출생의 비밀이 안방극장을 휘젓는 악순환이 계속되는 이유다. 이런 것들을 다 걸러내고 보자니 볼 드라마가 별로 없기도 하고, 어쨌거나 '욕하면서 보는 드라마'는 재미가 있다. '막장' 논란과 선정적이고 자극적인 소재가 난무하는 드라마들의 홍수 속에서 <미생>은 달랐다.

하나, 타고난 재력이나 재능을 가진 재벌도 천재도 없다

<미생>의 주인공 장그래는 고졸 무(無)스펙의 인턴 사원, 평범을 넘어 평균 이하의 조건으로 그려진다. 외모도 능력도 평범한 주인공 자체는 그다지 색다르지 않다. 하지만 보통의 한국 드라마에서라면 주인공이 가진 평범한 조건은 역으로 그의 성공을 극적으로 부각시키기 위한 단계적 장치 중 첫 단추로 활용된다. 어려운 환경에서도 굴하지 않고 성공을 향해 달려가는 '캔디'나, 재력과 능력을 갖춘 이성과의 사랑을 이루는 '신데렐라'형 이야기로 전개해나가기 위한 초석이 되는 것이다.

장그래는 다르다. 사주(社主)의 딸을 만나 연인으로 발전하기는커녕 그런 작위적인 우연 자체가 없다. 극 중 러브라인 자체가 없는데, 정규직 전환이라는 일생일대의 목표마저 실현하지 못한다. 유년 시절을 바친 바둑을 접고 좌절로부터 시작한 장그래의 이야기가 좌절로 끝나는 듯하다. 여느 드라마였다면 '아무 것도 가진 것 없는 남자 장그래와 재벌 딸의 운명 같은 러브 스토리'나 '고졸 사원 장그래의 성공 신화'로 흘러갔을 법하지만 <미생>이 택한 건 지독한 리얼리티다. 드라마와 장그래에게 몰입해버린 시청자들에게는 잔인할 수 있지만, 장그래 한 사람의 이야기를 희망적으로 그린다 한들 현실과는 동떨어진 '예외'일 수밖에 없기 때문이다.

안영이나 장백기 같은 동료들이 장그래보다 뛰어난 능력을 보이기는 하지만, 그들 역시 타고난 재능이나 뛰어난 천재성과는 거리가 멀다. 장그래와는 다른 방향으로(대학 입학, 외국어 공부, 인턴 경험 등) 더 많은 시간 노력을 쏟아왔다는 점이 다를 뿐, 그들 역시 장그래와 마찬가지로 평범한 회사원이고 미생(未生)일 뿐이다. 안영이와 장백기, 한석율 모두

상사 때문에 고민하기도 하고, 맡은 일과 씨름하며 어려움을 헤쳐 나간다. 그들 중 누구 하나 정답을 제시하거나 특출한 해결책을 내놓는 사람이 따로 있지 않다. 동기라는 이름으로 서로 같이 돕고 배워가는 과정이 있을 뿐이다. 그 과정에서 장백기는 장그래를 인정하게 되고, 안영이는 유연하게 변화하며, 한석율은 사무직에 대한 편견을 벗는 등 각자의 성장을 조금씩 더해나간다.

　어려운 상황에 닥쳤을 때 여주인공의 손목을 잡아채 나가는 '실장님' 캐릭터나, 든든한 재력과 호감을 갖고 다가오는 재벌 조력자는 없다. 허준이나 대장금처럼 천부적인 재능에 피땀 어린 노력을 보태어 신분의 콤플렉스를 뛰어넘고 경쟁자들을 물리치는 성공 스토리도 없다. 오 과장과 장그래의 영업 3팀은 소기의 성과를 달성하기도 하지만, 찬란한 영광이나 최종적인 성공과는 거리가 멀다. 성공리에 바이어와의 계약을 성사시키지만 접대 회식으로 술에 절어 돌아가는 그들의 모습은 제 몸 하나 가누기 힘들어 괴로워하는 패잔병 같기도 하다. 내일은 또 다른 업무와 씨름하며 엎치락뒤치락한다. 나와 내 주변 사람들의 모습을 보는 듯한 평범한 캐릭터들이 책상 위와 사무실을 전쟁터 삼아 땀내 나게 뛰어다니는 현실적인 드라마, 바로 <미생>이다.

둘, 로맨스가 없다

　미국 드라마가 직업 묘사에 있어 전문성(professionalism)을, 일본 드라마가 교훈성을 강조한다면 한국 드라마는 직업마저 감정적 갈등 묘사를 위한 도구적 장치로 활용하는 경향이 있다. 미국의 <그레이 아나토미(Grey's Anatomy)>가 의학과 생명을 다루며 인간적인 고뇌와 휴머니즘에 초점을 맞춘다면, 일본의 <하얀 거탑>은 병원을 배경으로 한 권력관계에 초점을 맞춘다. 1997년 방영된 MBC <의가형제>부터 얼마 전 종영한 SBS <용팔이>에 이르기까지 한국의 의학 드라마는 병원을 무대로 한 로맨스가 스토리의 중심이 되기 일쑤다. 불법 의료 현장과 비밀스러운 VIP 폐쇄 병동을 무대로 긴박감을 선사하던 SBS <용팔이>는 방영 초기 높은 시청률을 기록하며 기대주로 떠올랐지만, 남녀 주인공의 러브 스토리가 끼어들면서 용두사미가 되었다는 평가를 받았다. 이를 다룬 한 매체의 기사 제목은 사랑 지상주의로 흘러가는 한국 드라마에 일침을 가하는 듯했다. "사랑이 전부는 아니란다, 용팔아."

병원이든 회사든, 직장은 남녀 주인공들이 자꾸 부딪치게 만드는 상황에 개연성을 부여하기 위한 배경이 된다. 프로젝트나 사내 공모전 등의 업무는 주인공이 숨은 실력을 발휘해 인정받거나, 반동 인물의 음모와 악행(기획안을 바꿔치기한다거나 프로젝트에 훼방을 놓는 식이다)을 실현시키기 위한 장치로 기능한다. 시기와 질투라는 감정을 드러내기 위한 도구로 직장과 업무를 활용하는 것이다. <미생>은 다르다. 회사에서 연애하고, 사랑과 질투 때문에 남의 일을 망쳐버리는 드라마가 아니다. 주인공들은 일에 몰두한다. 일 때문에 웃고, 울고, 성장해나간다. 잘못 흘린 보안 문서 한 장 때문에, 엑셀 파일 하나 때문에, PPT와 기획서 때문에 밤을 새우고 갈등하며 한판 승부를 벌이는 이야기가 디테일하고 사실감 있게 그려진다.

<미생>은 우연이 사랑이 되고 연애를 거쳐 결혼으로 수렴하는 한국 드라마의 정석에서 많이 벗어나 있다. 남녀 주인공의 로맨스 대신 그 자리를 채우는 것은 다양한 얼굴의 인물들, 그리고 그들 각자의 색깔을 가진 사랑이다. 이 부분에서 메인 남녀 주인공인 듯하던 장그래와 안영이

는 살며시 자리를 내주고 비켜난다. 따지고 보면 우리 모두 미생이고, 우리 모두 각자 삶의 주인공이 아니던가. 두 남녀 주인공만의 사랑이 부각되고, 다른 이들의 이야기는 주변으로 밀려나는 일반적인 드라마의 프레임은 식상하고 획일적이다.

<미생>이 다채롭게 조명하는 사랑과 감정은 치명적이라거나 운명적인 것과는 거리가 멀지만, 훨씬 잔잔하고 큰 감동을 안방극장에 전한다. 우리 삶에 보다 가까운 종류이기 때문이다. 경제적으로 넉넉하진 않지만 건실한 가장인 오 과장의 가족에 대한 사랑과 책임감, 아이에게 미안한 마음과 직장에서의 난처함 사이에서 겪는 워킹맘 선 차장의 고충, 영업 3팀의 끈끈함, 그리고 초라한 어깨를 추스르며 장그래가 되새기는 한마디는 가슴속에 깊은 여운을 남긴다. "잊지 말자. 나는 어머니의 자부심이다. 모자라고 부족한 자식이 아니다."

'더할 나위 없었다', 드라마 <미생>이 우리 시대 미생에게

드라마는 요르단의 협곡 사이로 난 길을 걸어가는 장그래를 비추며 시작했다. "길은 모두에게 열려 있지만, 모두가 그 길을 가질 수 있는 것은 아니다." 장그래는 가진 조건과 능력의 한계에 부딪혔지만 끊임없이 자신만의 바둑을 두며 완생을 향해 움직이고 노력했다. 끝내 조직 내에서 (정규직으로) 발붙이지 못하고 길 위를 헤매는 듯하지만, <미생> 후반부의 장그래는 처음과 많이 달라져 있다. 갈 길을 잃어버린 실패자가 아니라 자신의 길을 찾아 발을 떼는 인생의 주인이다. 톨킨(Tolkien)은 말했다. "Not all those who wander are lost(방황하는 자 모두가 길을 잃은 것은 아니다)."

모두가 각자의 자리에서 각자의 바둑을 두며 고군분투한다. "회사가 전쟁터라고? 밝은 지옥이야 ……" <미생> 속 대사처럼 들어오려는 자와 버티려는 자, 일자리가 있으면 있는 대로 없으면 없는 대로 아우성치며 매일매일 저마다의 승부를 건 하루를 계속하고 있다. 고달프지만 버티는 게 상책이다. 정직원인 동기들과 다른 경계인의 위치에서 노력하는 장그 래뿐만 아니라 명문대 출신에 뛰어난 스펙을 갖춘 장백기는 물론 실무 능력까지 뛰어난 안영이도 마찬가지다. 그들보다 경력이 많고 직장에서 잔뼈 굵은 오 차장이나 김 대리의 사정도 딱히 다르지는 않다. 우린 모두 미생이라는 오 차장의 말, '더할 나위 없었다'는 격려는 특별할 것 없지만 지친 오늘을 치열하게 살아낸 우리를 위한 헌사(獻詞)와도 같다.

알랭 드 보통(Alain de Botton)은 『일의 기쁨과 슬픔』이라는 그의 저서에 서 다음과 같이 말했다.

나는 시먼스의 회사를 나오면서, 모두가 일과 사랑에서 행복을 발견할 수 있다는 너그러운 부르주아적 자신감 안에 은밀하게 똬리를 틀고 있는 배려 없는 잔혹성을 새삼스럽게 깨달았다. 그 두 가지에서 절대 충족감을 얻지 못한다는 이야기가 아니다. 충족감을 얻는 경우가 극히 드물다는 뜻일 뿐이다. 예외가 규칙으로 잘못 표현될 때, 우리의 개인적 불행은 삶에 불가피 한 측면으로 받아들여지는 것이 아니라, 특별한 저주처럼 우리를 짓누르게 된다.

드라마 속 주인공처럼 모두가 꿈을 이루며 살 수도 없고, 모두가 운명적 인 사랑에 빠지는 것도 아니다. <미생>은 무한 긍정과 희망 대신 잔잔한 위로를 건네는 드라마다. 대단하고 멋지진 않지만, 평범한 일상과 씨름하 며 사는 우리 삶에 대한 오마주(hommage)다. 장그래 한 사람의 이야기가 아니라 여러 인물들의 관점을 통해 현실에 가까운 삶의 모습을 담아냈고, '바둑'이라는 툴로써 개인에게 집중된 초점과 구조를 전체로 확장했다. 이를 자극적인 소재나 무리한 전개 없이 전하며 한국 드라마의 새로운 가능성과 방향을 제시했다. 드라마 <미생>이 2015년 대한민국의 미생들에게 전하는 메시지는 뜬구름보다 현실에 가깝고 힘이 있다. "오늘도 진하게 살았다."

<비정상회담>을 부탁해!

JTBC <비정상회담>

서형덕

실로 오랜만이었다. 외국인들이 주가 되는 토크쇼. 그 옛날 <미녀들의 수다>(이하 <미수다>) 때 초등학생이던 내가 대학교 3학년을 마칠 나이가 되었으니까. 전보다 훨씬 현대 입맛에 맞았다. 시대적으로 알맞은 안건, 각 국가 이미지에 걸맞은 대표 선정, 토론의 수준, 다양한 문화적 입장 등 여러 요소가 잘 조화되었다. 거기에 예능으로서의 기본 역할인 '재미'도 빼먹지 않았으니, 초반기의 뜨거운 화제성은 그리 이상한 일이 아니었다. 2014년은 <비정상회담>(이하 <비담>)이 장안의 화제가 된 해라고 말해도 과언이 아니었고, 개인적으로도 생애 처음 <무한도전>보다 더 챙겨보는 방송이 생긴 해였다.

그러나 달도 차면 기운다고 <비담>의 기세는 예전 같지 않다. <냉장고를 부탁해>처럼 예능도 어디 부탁할 곳이 있다면 좋겠다는 심정이다. 오랜 시간 인기를 얻게 한 <비담>의 무기들은 그들을 이에 안주하게도 만들었다. 1년 4개월에 걸쳐 차오른 프로그램이 '노잼 회담' 딱지와 함께 하락세에 접어드는 것은 당연지사인지도 모르지만, 16개월이란 숫자가 만든 '진부함'을 타파할 새로운 레시피만 있다면 다시 도약할 수 있다고 생각한다. 애청하는 프로그램의 보름이 너무 빨리 지나가 버려 안타까운 마음에, 16개월에 걸친 <비담>의 이야기를 돌아보며 칭찬과 비판, 앞으로의 방향을 이야기하려 한다.

<비담> 열풍의 이유?

월요병 저격수. <비담>의 재미를 나타내는 그야말로 적절한 수식어였다. 일요일이 지나가는데도 월요일 밤에 <비담> 볼 생각에 기쁜 마음이 들었으니. 이토록 <비담>을 뜨겁게 한 인기 요인으로 나는 크게 세 가지를 꼽는다.

첫째, 작품 외적으로 드러나는 요인은 <비담>의 시기적 적절성이다. 외국인 위주의 토크쇼는 그 자체가 신선한 충격이던 <미수다>를 대표로 전부터 있어온 포맷이지만, 그것은 거의 10년 전 일이다. 오랜만에 등장한 외국인 토크는 대중이 잊고 있던 신선함을 다시금 주는 데 성공했다. 또한 대한민국의 개방화 추세와도 타이밍이 맞았다. 대한민국의 외국인 거주자 수는 180만 명을 넘어가고 있고, 교과서에서도 더 이상 단일 민족을 자랑으로 가르치지 않는다. 이에 따라 나라 밖의 것에 대한 대중의 정서도 변화하고 있다. 대중의 문화적 인식이 덜 개방적이고 '글로벌 시대'에 대한 직접 체감이 부족했던 전에 비해, 지금은 문화적으로 열려 있고(시청자들의 반응만 확인하더라도 우리 정서와 맞추려는 경향보다는 각 문화를 그대로 이해하려는 태도가 증가했음을 체감할 수 있다) 외국과 외국인을 접할 기회가 훨씬 증가했다는 점이 <비담>에 대한 관심을 모으는 데 한몫했다고 볼 수 있다.

시기적 적절성은 현대 사회와 연계한 관점에서도 뛰어났다. 청소년층의 학업과 진로, 청년층의 취업과 결혼, 중 · 장년층의 육아와 노후 문제, 나아가 부정부패나 준법 등 사회적 · 도덕적 문제까지. 지금 한국의 삶은 고민의 연속이다. 전 연령층을 포괄하는 고민들이 하루가 멀다 하고 화두에 오르고 있다. 이에 맞춰 <비담>은 매 회 공감할 수 있고, 토론 내용에 궁금증을 유발하는 사회문제를 안건으로 상정해 시청자를 끌어모았다. <비담>을 본 적이 있는 사람이라면, 안건을 보고 "그래, 이런 고민이 당연히 있지" 하는 생각과 함께 자신의 입장까지 생각해본 적이 있을 것이다. 안건과 프로그램의 '시기적 적절성'이 이러한 접근성을 만들어낸 것이다.

둘째, 다양한 깊이다. 작품 내적인 측면에서 <비담>은 프로그램의 '깊이'를 '다양'하게 이끌어냈다. 각 국가 대표들(이하 G)들의 토론 과정은 출신 국가의 개성을 녹여내면서도 회담에 걸맞은 깊이를 보여주는 데 성공했다. 세계 각국의 음식을 해당 국가 출신 요리사들이 모여 맛깔나게 요리해주는 레스토랑은 당연히 인기가 있기 마련이다.

<비담>을 가만히 관찰해보면 프로그램에 깊이를 주기 위한 제작진의 노력이 눈에 보인다. ㄷ자형 세트장은 시선 분산과 가림 때문에 TV 쇼로서는 과감한 시도였다. 그러나 이는 회담의 느낌을 한껏 살려주었고, 출연자들의 정장과 소품 역시 예능의 틀 안에서 최대한의 깊이를 부여했다. G(비정상 대표)들의 지적 수준도 고려했음이 보였다. 서로 간에 객관을 유지하려는 태도와 타 문화를 이해하려는 태도가 프로그램에 품격을 주었고 이 교양적 분위기가 시청자들을 사로잡는 데 한몫했다.

깊이의 다양화를 위한 노력은 각 나라들의 '맛'을 놓치지 않은 데서 가장 큰 효과를 나타냈다. G들은 각 국가와 그에 맞는 캐릭터를 보여준다. 예의 바른 일본, 중화사상이 남아 있는 중국, 개인적인 미국, 낭만과 혁명의 프랑스와 마성의 이탈리아 등 평균적인 국가의 이미지에 부합하는 캐릭터가 외국에 대한 대중의 호기심을 충족시켰다. 요즘 인터넷에서는 어떤 국가의 특징이 드러나는 글에서 G의 말을 캡처한 것이 첨부되어 설득력을 더하는 경우가 많다. 이것이 다양한 국가 문화를 깊이 있게 보여주고 있다는 증거가 아니겠나. <비담>을 보다 보면 G들이 어떤 국가 특유의 멋진 멘탈리티를 보여주는 경우가 있다. 위에 말한 캡처본들이 대부분 이런 경우다. 예를 들어 "나를 확립하는 데 도움을 준 것은 내가 자란 국가이지, 나의 핏줄이 아니다"라고 했던 프랑스 대표 로빈이나, 효를 여전히 중시하는 태도를 보여주는 중국 대표 장위안, 매 회 생각해볼 거리를 던져주는 미국 대표 타일러의 박식하면서도 미국 냄새가 나는 말들, 과거의 잘못을 청산하기 위해 무분별한 추종과 차별을 절대 금기시하는 독일 대표 다니엘. 이런 장면들은 자주 화제가 되고 있고 시청자들로 하여금 생각해보는 기회를 주기도 한다. 이를 통해 <비담>은 시청자들의 뇌리에 자연스레 스며들게 되었다.

마지막으로는 외국인의 한국 문화 적응기라는 흔한 포맷을 버리고 '세계 속의 한국'에 중점을 두었다는 점을 꼽겠다. 제대로 글로벌해졌다. 외국인들에게 김치를 먹이려 하는 것과 모든 국가가 자기들의 음식을 소개하고 나누는 것의 차이랄까? 여전히 '두 유 노 김치? 강남스타일?'을 버리지 못하는 인터뷰가 얼마나 많은지, 또 그것이 대중을 얼마나 부끄럽게 하는지는 조금만 찾아봐도 안다. 그동안 시청자들을 눈살 찌푸리게 했던 과한 애국심을 걷어내고 전보다 객관적인 위치에서 소통하게 한

이 변화가 요즘 시청자들의 입맛에 딱 맞아떨어진 것이다.

<비담>의 문제, 이러면 어때요?

이렇게 파일럿 프로그램 <비담>은 정상 궤도에 올랐으나 요즘의 이야기는 다르다. 평균 4~5%, 최고 5.5%까지 갔던 시청률이 최근 5주 사이에 1.5%나 하락해 2%대에 진입한 것이다. 물론 복합적인 이유가 작용했기 때문이겠지만, 그중에서도 가장 큰 이유는 '진부함'이다. 더도 덜도 말고 딱 그것이라고 본다.

G들의 고유한 색깔, 쌓여가는 방송, 당연히 진부해지기 쉽다. 멤버가 오래 고정 출연할수록 캐릭터는 고착화되었다. 토론 프로그램에서 무슨 말을 할지 뻔히 예상되는 출연자는 기대감이 떨어진다. <비담>은 주장뿐만 아니라 근거까지도 예상이 되는 수준에 이르렀기에 더욱 치명적이었다. 뻔히 반대할 것을 알면서 유교를 들먹이는 중국, 늘 가족 사랑 이야기만 하는 벨기에, 개인을 중시하고 작은 침해에도 저항하는 유럽권과 미국. 심지어는 의장단의 멘트마저도 고정화되었다. '약'이라고 생각했던 G들의 다양한 개성이 쌓이고 쌓여 '독'이 된 것이다.

제작진은 여기서 각 두 번의 대대적 멤버 교체와 코너 교체를 단행한다. 두 방책의 효과는 대조적이었다. 멤버 교체로 정든 멤버가 사라지고 새로운 멤버가 적응할 기간이 필요했다. 정든 멤버의 교체에 상심하는 시청자도 많았다. 멤버 교체는 임시방편 정도는 되었지만 근본적인 해결책은 아니었다는 게 내 생각이다. 코너 교체는 달랐다. '늦었슈'와 '다시 쓰는 세계사'는 개편하자마자 프로그램에 활기를 불어넣었다. '늦었슈'에서 원어로 뉴스를 진행하는 G들의 모습은 다양한 캐릭터를 이끌어내는 기회가 되기도 했다. <무한도전>의 경우에도 멤버 교체가 아닌 다양한 포맷이 장수의 비결이지 않은가. 같은 맥락이라고 생각한다. 토론이라는 정체성까지 버릴 수 없는 <비담>은 주기적인 코너 개편이 가장 좋은 해결책이라고 본다. 재료를 교체하기보다는 매일 먹던 레시피를 버리고 새로운 것을 찾는 <냉장고를 부탁해>처럼 말이다. 단 두 번의 큰 코너 개편에서 좋은 효과를 보고도 개편 후의 코너를 질질 끄는 바람에 진부해진 점에서는 제작진도 무언가 깨달을 필요가 있다. 고질적인 문제가 되지 않도록 해야 할 것이다.

시스템적 개편 측면에서 아이디어를 내자면 지금의 <비담>은 한 국가의 여러 가지 모습을 보여주지 못한다고 생각한다. 그러므로 같은 국가의 다른 사람이 나오는 것도 좋다고 본다. 미국의 일일 비정상 마크가 나와 타일러와는 다른 미국을 보여주었던 것이 아직도 기억에 남는다. 강남과 다쿠야가 서로 다른 일본을 보여주며 티격태격하는 점도 재미있었다. 같은 국가 멤버들이 늘 있는 것의 대책으로 매번 다른 국가의 게스트를 초대하는 것도 신선함을 불어넣을 것 같다. 일일 비정상 제도 등을 제정해두 아이디어에 맞는 게스트를 섭외하는 것은 어떨까. 위에 언급한 <무한도전>에서도 일일 게스트로 신선함을 주는 경우가 많은 것을 볼 때, <비담>에도 역시 긍정적인 영향을 줄 것이라 생각한다. 대대적 멤버 교체는 지금 정도 분기면 좋다고 본다.

진부함 외에 꼽아볼 만한 문제가 있다. 가령 의장단, 특히 전현무의 경우 눈살을 찌푸리게 한 적이 많았다. 토론이 무르익어가는 타이밍에 말장난으로 잘라먹어 김을 새게 한다. 유세윤이 루스해지는 타이밍에 분위기를 살리고 잘 넘기는 것과 대비된다. 토론이 격해지는 중요한 과정에서 잘라먹고 마무리 지어 G들이 답답해하던 장면이 몇 번 있었다.

시청자들도 마찬가지로 불만을 표했다. 토론 과정을 즐기는 프로그램이라는 것을 생각하고 맥없는 마무리는 지양했으면 한다.

한국 대표 선정에도 좀 더 공을 들였으면 한다. 진중권 교수나 얼마 전 빈지노와 예은의 출연은 토론의 질적 향상과 화제 생성에 큰 역할을 했다. 이처럼 당일 토론의 질과 화제성에는 한국 게스트의 영향도 크다. 따라서 그만큼 한국 측의 입장을 잘 대변하는 사람이 많이 출연해야 한다. 조금 모순된 말이지만, 객관적인 한국의 시각에서 한국을 이야기할 수 있는 분이 나오면 좋겠다. 게스트 대다수가 한국의 부족한 점에 대해서 뚜렷하게 드러내려 하지 않는다고 느꼈기 때문이다.

여기까지가 첫 회부터 꼭꼭 챙겨 본 애청자의 마음을 꾹꾹 눌러 담은 글이다. 글재주도 생각도 부족하지만 <비담>을 아끼는 마음에서 한 자 한 자 모아 적었다. 에네스와 기미가요 사건으로 구설수에 올랐음에도 불구하고 무너지지 않고 좋은 모습 보여주고 있는 G들과 의장단, 제작진에게 감사를 표한다. 화제성은 작년이 좋았지만 시청률에선 올해가 좋았다고 한다. 샘의 랩이나 예은의 개념 발언 등을 보면 화제성도 옛날이 과하게 뛰어났을 뿐, 지금도 그리 나쁘지만은 않다. 그러니 멈추지 않고 더 발전하는 모습으로, 더 멋진 프로그램을 만들어주길 응원한다.

개편 후기

글을 다 마치고 못 챙겨 본 이번 주 방송을 보았는데, 이게 웬 걸. 마침 개편을 했더라. 위에서 적은 일일 비정상 제도 등이 정말로 나와 신기했다. 새로 바뀐 자리에서 멤버들 간의 케미가 빛을 발했다. 기욤과 카를로스, 샘과 새미를 보며 오랜만에 <비담>을 통해 시원하게 웃었다.

자리 배치를 바꾸는 것이 이렇게 큰 효과를 가져올 줄은 몰랐다. 새로운 코너 '뭔 나라 이웃 나라'도 스튜디오를 신선하게 했다. 제작진의 고민이 결실을 맺는 순간이었다(실제로 시청률도 올랐다더라). 정말 기분이 좋았다. 오랜만에 다음 주 방송이 기다려지기 시작한다.

청춘(靑春), 봄을 되찾다

김예원

    KBS 2TV <청춘 FC>는 너무나 흔한 프로그램처럼 보인다. 제작진은 좌절의 경험이 있는 축구 선수들을 모아 <청춘 FC>라는 축구팀을 만들고, 체계적인 훈련 후 프로팀과 경기를 치를 기회를 준다. 이 기회를 잡기 위해 지원한 2300여 명의 사람들 중 20여 명의 엔트리를 가려내기 위해 여러 차례 테스트를 거쳤다. 전형적인 오디션 프로그램의 형식을 따른 것이다. 노래부터 시작해 요리사, 디자이너, 모델, 아나운서까지 서바이벌 오디션으로 뽑는 시대에 축구 선수 오디션 프로그램이라니, 진부하게만 느껴진다. 게다가 제목에는 야심 차게 청춘이라는 말을 붙여 놓았다. 요즘 대중문화계에서 청춘만큼 남용되는 단어는 또 없을 것이다. TV에서는 청춘을 다시 찾겠다며 여행을 떠나고 아픈 청춘을 위로하겠다며 유명인들이 나와서 강연을 한다. 서점도, 영화관도, 공연장도 청춘을 외치는 목소리로 가득하다.

    그런데 이 흔한 프로그램에 많은 사람들이 열광했다. <청춘 FC>의 시청률은 상승 곡선을 그렸고 뜨거운 반응에 연장이 결정되었다. 공개 경기를 하는 날에는 관중이 몰려들었다. 첫 경기 때는 경기장 수용 인원을 훨씬 넘어서는 인파가 모여 문제가 될 정도였다. 유명 연예인들도 서포터스를 자처하며 홍보에 나섰다. 이쯤 되면 <청춘 FC>가 흔한 프로그램이 아니라 특유의 매력을 갖고 있는 것이라고 말할 수밖에 없다. 과연 <청춘 FC>는 어떻게 오디션 프로그램의 공식을 비껴가고, 청춘이라는 레토릭 (rhetoric)을 새롭게 사용할 수 있었을까. 지겨운 포맷과 익숙한 제목을 가지고도 사람들의 가슴을 뛰게 만든 <청춘 FC>의 힘은 무엇일까.

오디션이 되기를 거부한 오디션

<청춘 FC>는 오디션의 틀을 따르고 있지만 오디션이 되기를 거부했다는 것이 프로그램의 내용과 형식 곳곳에서 드러난다. 우선 내용 면에서 경쟁이 초점이 되지 않는다. 흔히 오디션 프로그램의 인기 원인은 우리 사회의 극심한 경쟁을 반영했기 때문이라고 분석된다. 현실 세계에서 끝없는 경쟁에 시달린 시청자들은 TV에서나마 안도감을 얻고자 한다. 서로 견제하고 앞서 나가려고 발버둥치는 참가자들과 거리를 두고 가학적이기까지 한 상황을 방관함으로써 경쟁에서 빠져 나왔다는 기분을 즐기는 것이다. 하지만 <청춘 FC>는 개인 간의 경쟁이 아니라 협동에 초점을 맞춘다. 단순히 축구가 팀 스포츠이기 때문이 아니다. 경기에서 세트플레이를 강조하는 데서 그치는 것이 아니라, 훈련을 할 때도 선수들의 유대감을 강조한다. 카메라는 다른 선수의 킥 연습을 위해 같이 볼을 차주는 선수들, 뒤처지는 동료와 발맞춰 함께 달리는 선수들을 비춘다. 이를 통해 <청춘 FC> 멤버들이 경쟁자이기 전에 같은 길을 가는 동료임을

보여준다. 특히 최희영 선수와 염호덕 선수는 체력 테스트에서 1위를 다투며 서로 자극을 받는 동시에 절친한 친구로서 서로를 격려한다. 이처럼 이상적이고 낭만적인 라이벌 관계는 오디션 프로그램보다 드라마에서 나 볼 법하다.

경쟁의 과정에서 실패가 필수가 아니라는 점도 독특하다. <청춘 FC>는 몇 차례의 테스트를 통해 최종 엔트리를 꾸렸지만, 엔트리에 들지 못한 선수들을 패배자로 만들지 않았다. 4회에서 벨기에 전지훈련을 떠날 명단에 들지 못한 선수들의 퇴장 장면이 대표적인 사례다. 제작진은 경기 중인 선수의 정지 화면에 <청춘 FC>라는 소속 팀과 그들의 포지션을 자막으로 깔았다. 그 선수들이 처음 등장할 때 소개했던 방식과 같다. 일반적인 오디션 프로그램에서 탈락한 참가자가 합숙소를 떠나는 뒷모습이나 안타까워하는 가족들의 모습을 비추는 것과 상반된 모습이다. 축구 선수로서 그들의 정체성을 재확인하는 편집 덕에 선수들이 불쌍하기보다는 멋있게 느껴진다. 그들은 도전에 '실패'하기 이전에 '도전'했기 때문이다. 이러한 배려에 제작진뿐 아니라 감독들도 합세한다. 감독들은 탈락 대신 예비 엔트리라는 말을 쓰는 조심성을 보인다. 그리고 열심히 한다면 다시 불러들이겠다는 약속을 지킨다. 절실함이 보이지 않아 탈락했던 이강 선수의 눈이 빛나는 것처럼 다시 돌아온 그들은 더 강해졌다. 각성하여 새로운 기회를 잡는 드라마 속 주인공이 또 등장한 것이다. 이러한 <청춘 FC>의 이야기에서 시청자들의 눈물샘을 쥐어짜는 패배자는 없다. 도전의 아름다움만 있을 뿐이다.

내용 면에서 마지막 특성은 출연자의 현실을 고려한다는 점이다. 앞의 두 가지 특성은 드라마적이었지만, 이 지점에서 <청춘 FC>는 낭만이 아닌 현실을 바라본다. 많은 오디션 프로그램은 '악마의 편집'이라는 악명을 떨칠 정도로 출연자 간의 갈등을 극대화해 시청자들의 눈길을 끌고자 한다. 방송에서 욕설을 하거나, 이기적인 모습을 보인 출연자는 실제로 관심의 대상이 된다. 하지만 부정적인 이미지가 덧입혀지거나 억울한 오해를 받아 일상으로 돌아가지 못하는 경우도 있다. <청춘 FC>는 출연자들이 매체에 익숙한 연예인이 아닌 일반인이며, 방송이 끝나면 대부분 축구가 아닌 생업으로 돌아가야 한다는 점을 잊지 않는다. 그래서 이들을 방송상의 캐릭터로 소비하지 않으려 주의를 기울인다. 누구에게도 악역을 맡기지 않고 억지스러운 캐릭터를 만들지 않는다. 묵묵히 운동하는 선수들을 있는 그대로 화면에 담을 뿐이다. 이처럼 출연자의 인생에 대한 책임감을 가지고 있지만, 그렇다고 해서 이들의 미래를 완전히 보장해주지는 않는다. 프로 축구 구단 스카우터의 눈에 띌 수 있는 기회를 주는 것까지가 방송의 역할임을 정확히 인지하고 있는 것이다. 이러한 현실 감각은 다큐멘터리를 닮았다.

형식 면에서도 예능적인 편집보다는 다큐멘터리적인 기법을 사용한다. 오디션 프로그램은 탈락자 발표와 같은 결정적인 순간에 슬로를 걸거나 같은 장면을 몇 번씩 반복한다. 하지만 <청춘 FC>는 경기의 흐름을 바꾸는 골이 터지는 순간마저도 슬로를 최소화한다. 골이라는 결과물보다 그 골을 넣기까지의 과정이 중요하기 때문이다. 또 한 가지 모든 예능에 있지만 <청춘 FC>에는 없는 것이 있다. 바로 웃음소리 더빙이다. 최재형 PD는 ≪PD저널≫과의 인터뷰에서 "누군가에겐 인생이 걸린 마지막 기회일 수도 있는데 이를 단순히 깔깔거리는 식의 예능 틀로 담아내기엔 어울리지 않는다는 판단"에서 다큐멘터리 예능을 표방했다고 밝혔다. 기존의 예능에 익숙해진 시청자들에게는 밋밋하게 느껴질 수도 있지만, 기획 의도를 실현하기에는 적합한 편집 방식임이 틀림없다.

지금까지 살펴보았듯이 <청춘 FC>는 드라마와 다큐멘터리의 경계를 넘나들었다. 경쟁이 아닌 협동, 패배가 아닌 도전을 강조해서 드라마를 보는 듯한 감동을 주는 한편, 현실을 잊지 않고 다큐멘터리처럼 대상에 진지하게 접근했다. 이러한 복합적 정체성을 획득함으로써 <청춘 FC>는 흔한 오디션 프로그램이 아님을 증명했다.

강하지만 강하지 않은 청춘

<청춘 FC>가 청춘을 바라보는 색다른 시선에도 주목할 만하다. 흔히 청춘은 아픈 시절이라고 묘사된다. '젊어서 고생은 사서도 한다'라며 그 아픔에 가치를 부여하는 경우도 있다. 하지만 <청춘 FC>는 이러한 인식에 문제를 제기한다. 선수 한 명 한 명의 사연을 전하며 한 번의 좌절이 이들의 삶을 얼마나 바꿔놓았는지를 보여준다. 지도자와의 불화, 이권을 목적으로 한 구단의 개입, 방심한 순간 찾아온 부상은 축구가 인생의 전부였던 이들이 축구를 포기하게 만들었다. 선수들은 남들보다 늦게 공부를 시작하고 직업을 찾아보았지만 축구만 했던 이들에게 현실은 녹록지 않았다. 그러던 중 마지막 기회라는 생각으로 <청춘 FC>를 찾았다는 이들의 나이는 대개 20대 초반이다. 많은 사람들은 이 시기를 찬란하게 빛나는 청춘이라고 부르지만, 정작 청춘의 입에서는 마지막이라는 단어가 나온다. 전혀 어울리지 않는 두 단어의 만남은 어색하고 서글프게 느껴진다. <청춘 FC>는 이를 통해 청춘이라고 해서 아파도 되는 것은 아님을 보여준다. 오히려 쉽게 다치는 것이 청춘이기에, 또 이들에게 두 번의 기회를 주지 않는 사회이기에 더 위험하다는 점을 강조한다.

청춘의 아픔이 얼마나 깊었는지는 최원태 선수를 통해 가장 극적으로

드러난다. 8회에서 최원태 선수는 다른 선수들로부터 가장 걱정스러운 선수로 꼽힌다. 감기에 걸렸다는 이유로 개인 운동을 거의 하지 않고, 자유 시간에도 잠을 자는 경우가 많았기 때문이다. 이 선수가 다시 축구에 무모하게 덤빌 수가 없었던 이유는 무엇일까. 아마 모든 걸 걸었는데도 실패했을 때의 아픔을 경험해보았기에 지레 겁을 냈기 때문일 것이다. 비단 한 선수에게만 국한되는 이야기가 아니다. 요즘 젊은 세대는 '삼포 세대'라고 불린다. 연애, 결혼, 출산에 드는 어마어마한 비용을 감당할 자신이 없어 애초에 포기해버리는 것이다. 끝없는 도전이 청춘의 미덕이라고 생각하는 사람들에게는 현실의 벽을 넘어서기보다 회피하는 청춘의 모습이 언짢을 수도 있다. 하지만 한 번 넘어지면 아무도 손을 내밀지 않는다는 것을 경험한 청춘이 다시 달릴 용기를 내기는 쉽지 않다. 축구를 할 수 있도록 두 번째 기회를 주는 것은 <청춘 FC>가 TV 방송이기 때문에 가능한 상황이며, 현실은 더 냉혹하다. 따라서 <청춘 FC>가 보여준 겁내는 청춘이야말로 이 시대 청춘의 진정한 초상이다.

<청춘 FC>. '힐링'이 대세로 떠오르며 등장한 많은 멘토들은 '넌 잘 했어, 운이 없었을 뿐이야'라고 위로한다. 하지만 이것만큼 힘이 안 나는 위로도 있을까. 하늘의 탓으로 돌리고 원망만 하거나 '나는 어차피 불운해'라며 자포자기하기 쉽다. 그 대신 안정환 감독은 경기에서 패배한 선수들에게 "너희들이 실력이 없어서 진 것"이라고 말한다. 그리고 이기는 방법은 더 열심히 뛰고, 더 힘들게 훈련하는 길뿐이라며 채찍질한다. 냉정하게 들리지만 실력의 문제임을 짚어주고 해결 방안까지 제시하는 최고의 조언이다. 선수들은 이 조언을 듣고 다시 달린다. 조언으로 방향을 잡았다면 지친 자신을 위로하는 것은 각자의 몫이다. 숨이 차오르며 다시 내가 경기장에 올라 있음을 느끼는 그 순간이, 축구 선수에게는 가장 큰 위로일

것이다. 이들을 짠하게 바라볼 필요도, 괜한 희망을 줄 필요도 없다. 청춘은 스스로 '힐링'할 수 있는 힘을 가지고 있기 때문이다.

<청춘 FC>는 청춘의 자기 치유력과 그 힘의 원천인 꿈을 향한 열정에 찬사를 보낸다. 제작진이 존경 어린 마음가짐으로 선수들을 대하고 있음은 편집에서 엿볼 수 있다. 선수들이 어떻게 노력하고 성장했는지를 매회 정성스럽게 짚어주기 때문이다. 새벽에 자발적으로 운동하는 모습, 이를 악물고 훈련에 임하는 모습, 그리고 그 결과로 나아진 기량을 차례로 보여준다. 20명이 넘는 선수들 중 누구도 빼놓지 않고 한 번씩 주인공이 된다. 오히려 처음부터 주목받았던 선수나 시청자들에게 인기가 많은 선수가 덜 비치는 편이다. 선수들에 대한 애정 없이 시청률만 생각했다면 절대 이런 결정을 내릴 수 없었을 것이다.

요컨대 <청춘 FC>가 바라보는 청춘은 강하지 않다. 이들은 젊기 때문에 더 쉽게 무너진다. 냉혹한 현실을 알기 때문에 무모하게 도전하기에는 겁이 난다. 이들에게 '그것도 다 경험'이라고 말하는 건 잔인한 일인지도 모른다. 그러나 동시에 청춘은 강하다. 이미 그들의 마음속에는 열정이라는 불씨가 있다. 그 불을 당겨주는 동료, 선배, 지도자가 있다면 한없이 불타오를 수 있다. 실패에 대한 두려움을 태울 만큼, 스스로 밝게 빛을 낼 만큼 말이다.

당신의 봄은 어디에

오디션 프로그램의 공식과 청춘을 다루는 흔한 방식 대신 <청춘 FC>가 선택한 것은 공감이다. 자극적인 장면으로 눈물을 유도하지 않는데도 <청춘 FC>를 보는 시청자들의 가슴이 뭉클해지는 이유는 선수들에게 공감하기 때문이다. 선수들은 처음 축구를 시작하던 시절 꿈꾸었던 국가 대표가 되지 못했다. 마찬가지로 대다수 시청자들도 꿈꾸는 대로의 삶을 살고 있지는 않을 것이다. 하지만 선수들은 자신의 가슴을 뛰게 만드는 일이 무엇인지 잊지 않았다. 초등학교 때 축구화 끈을 묶던 설렘을 되찾고 자 방송 출연까지 결심한 것이다. 우리 모두에게도 그렇게 가슴 뛰는 일이 분명 있었다. 이는 지금 화려한 삶을 사는지, 초라한 삶을 사는지와 상관이 없다. 원하는 걸 다 얻었어도 마음이 비어 있는 사람이 있고, 반대로 너무나 현실이 각박해 차마 꿈을 펴볼 수도 없는 사람도 있다. 모두 자신만의 청춘이 있었고, 꿈이 있었다. 그러므로 누구에게나 봄은 있다.

　<청춘 FC>는 잊었던 자신의 봄을 떠올리게 만들었다. 하루하루를 살아내기 바빴던 선수들이 함께 운동할 수 있다는 사실만으로도 행복해 하는 모습을 비추며 방송은 시청자들에게 묻는다. 당신의 봄은 어디에 있냐고. 묻어두었던 봄을 되찾은 모습이 정말 행복해 보이지 않느냐고. 하지만 만약 선수들처럼 용기를 내서 다시 도전해도 성공하리라는 보장은 없다. <청춘 FC>의 선수들 중에도 방송 후 축구를 계속할 수 있는 사람은 소수에 불과하다. 중요한 것은 실패해도 괜찮다는 것이다. 봄은 지나갈 수밖에 없다. 마음속에 봄을 품고 있는 것만으로도 의미가 있다. 봄의 따뜻한 기억을 잊지 않고, 다시 봄이 올 것이라는 믿음을 가진다면 겨울쯤 은 날 수 있을 것이다. <청춘 FC>는 오디션 프로그램을 탈피한 새로운 형식과 청춘에 대한 새로운 시각으로 시청자들의 마음속에 봄을 피워냈다.

힐링캠프? 강요된 내러티브
SBS <힐링캠프 500인>

강태경

머리말

우리는 흔히 '피로 사회' 속에서 살고 있다고 푸념한다. 한때 이러한 피로나 스트레스에 취약한 우리들에게 '웰빙'은 큰 화두였다. 웰빙의 인기가 시들해질 즈음 지친 우리에게 살갑게 다가온 것이 힐링 센터, 힐링 뮤직, 힐링 시네마 등 '힐링'이었다. 'healing'이라는 영어 단어를 발음대로 적은 힐링은 기본적으로 치유, 즉 치료해 병을 낫게 한다는 의미를 가지고 있다.[1] 일본에서는 이미 1990년대부터 도시 생활에서 불안과 고독을 느끼는 사람들에게 마음의 평안을 제공하는 힐링 산업이 유행하기 시작했다. 우리나라에서는 이보다 늦은 2000년대에 접어들면서 힐링 산업에

---

1) 국립국어원은 힐링을 치유로 순화하도록 권장하고 있다. http://www.korean.go.kr/front/refine/refineList.do?mn_id=34&pageIndex=1

대한 관심이 증대되었다. 힐링이라는 용어는 웰빙이 대세였던 2000년대 중반까지만 해도 주로 피부 개선을 목적으로 하는 화장품 세트의 이름이나 심리 치료의 일종인 음악 치료 프로그램의 이름 또는 건강 증진에 도움이 된다는 보행법의 이름 등에 장식적으로 사용되었다. 그러다가 2010년에 접어들면서 『아프니까 청춘이다: 인생 앞에 홀로 선 젊은 그대에게』의 대성공으로 힐링은 멘토링과 짝을 지어 일상용어로 편입되었다. 무엇보다도 2011년 7월 18일 방송을 시작한 SBS 토크쇼 프로그램 <힐링캠프>는 힐링이라는 용어의 일상화에 기폭제 역할을 했다.[2] 이 글에서는 힐링이라는 트렌드를 만들어냈던 SBS <힐링캠프 500인>(2015년 7월 27일부터 현재의 새로운 형식으로 개편, 이하 <힐링캠프>)에 대한 분석을 통해 대중을 대상으로 한 토크쇼가 힐링의 장이 될 수 있는지에 관해 비판적으로 검토하려 한다.

힐링의 주체와 객체는 누구인가?

힐링, 즉 치료해 병을 낫게 하기 위해서는 우선 그 주체와 객체를 명확하게 할 필요가 있다. <힐링캠프>에서는 힐링의 주체와 객체가 누구인지 명확하다고 보기 어렵다. 이번 개편으로 구축된 500인 집단 MC 체제(499명의 방청객과 김제동으로 구성)에서 과연 누가 누구를 치유하는 것인가? 이 모호성은 개편 전의 <힐링캠프>에서도 발견되던 문제였다. 우선 게스트가 힐링의 객체가 아닌 것은 분명하다. 게스트들의 면면을 살펴보면 이들에게는 나름대로의 시련을 딛고 사회적 성공을 이루었다는 공통점이 있다.

---

2) 언론 보도에서 힐링이라는 단어가 사용된 건수를 보면 2009년까지는 매년 500건 미만이었던 것이 2010년을 계기로 급격히 증가해 현재는 12만 건을 훨씬 넘게 되었다.

그리고 게스트들은 자신들의 성공의 빛에 가려서 대중에게 잘 드러나지 않았던 상처나 좌절 등에 대한 극복담을 들려준다. 따라서 <힐링캠프>의 게스트는 일단 힐링의 경험을 전달해준다는 점에서 힐링을 받아야 할 대상은 아니라고 할 수 있다.

도리어 게스트는 힐링의 주체에 가깝다. 500인 집단 MC들은 자신의 고민이 투영된 질문을 던지고 게스트가 그 자리에서 즉답하면서 집단 MC들이 깨달음을 얻는 구조다. 이때 게스트는 문제 해결사처럼 비친다. 예를 들어 '배우 황정민'이 출연했던 개편 후 첫 방송에서는 배우 지망생인 방청객이 배우가 되기 어려운 현실로부터 오는 갈증을 토로하자 게스트인 황정민은 "근데 어쩔 수 없어요. 기다려야 해요. …… 자기가 하는 일에 대해서 자랑스러워야 해요. 그래야 배우가 되고 그게 없으면 배우가 될 수 없어요. …… 준비하고 기다리면 세상이 찾는다. 분명히 됩니다"라고 응수했다. 이런 황정민의 말에 집단 MC들은 큰 가르침을 얻은 것처럼 감탄과 박수를 아끼지 않았고, 그 배우 지망생은 뜻 모를 미소를 지으며 고개를 끄덕였다. 이 예에서 볼 수 있듯이 방송의 사전 준비 과정이 어찌 되었든 간에 <힐링캠프>의 게스트는 현장에서 받은 질문에 즉답함으로써 방청객들을 감동시키는 현자로서의 힐러(healer)로 비친다.

그렇다면 500인 집단 MC들이 힐링의 객체인가? 개편과 함께 <힐링캠프>는 500인 집단 MC 체제를 대대적으로 광고했다. 방청객들이 단순히 수동적인 청자가 아니라 게스트에게 날선 질문을 던지는 적극적인 화자로 새롭게 자리매김하게 되었다는 것이 광고의 요지다. 그러나 앞서 든 예에서도 알 수 있듯이 방청객 MC들은 게스트에게 비판적인 질문보다 자신의 고민이 투영된 질문을 하고 게스트로부터 어떤 해답을 얻고자 한다. 이 점에서 500인 집단 MC들은 적극적 화자라기보다 철학관에 찾아온 손님들이 되어버린 것은 아닌지 모르겠다. 최대한 선해(善解)한다면 <힐링캠프>에서 게스트와 방청객의 관계는 500인 집단 MC들이 게스트와의 즉문즉답을 통해 자신의 문제를 해결하는 구도라고 할 수 있다. 이는 방송국에서 광고했던 적극적 화자로서 방청객 MC의 활약을 기대하기 어려운 구조다.

<힐링캠프>에서 힐링은 가능한가?

게스트가 힐링의 주체이고 500인 MC가 힐링의 객체가 되어버린 구도 안에서 힐링은 가능한가? 나는 안타깝게도 그렇지 않다고 생각한다. 힐링의 기본적인 의미를 되새겨보자. 치유를 위해서는 병에 대한 정확한 진단이 필요하다. 그러나 <힐링캠프>에서는 산발적인 질문들에 대한 즉답이 요구되기 때문에 질문에 담긴 고민의 원인을 제대로 간파하기가 어려워 보인다. 예를 들어 2015년 8월 17일 방송된 '홍석천' 편에서는 집안 형편과 외모 때문에 좋아하는 여자에게 마음을 고백하지 못하고 있던 남자 대학생에게 게스트들과 집단 MC들은 방송을 통해 사랑을 고백하라고 강하게 종용했다. 그리고 김제동은 거절의 쓴맛을 제대로 봐야 된다는 취지의 말을 덧붙여 웃음을 자아냈다. 이는 대학생 친구들이 모인 술자리에서도 쉽게 발견될 수 있는 상황이다. 여기에는 어떠한 힐링도 없어 보인다. 왜냐하면 대학생이 사랑 고백을 망설이는 이유에 대한 진지한 접근이 없었기 때문이다. 게스트는 대학생이 말한 "집안 형편과 외모 때문에"라는 단서를 쓸데없는 걱정 정도로 치부하고 말았다. 진단 없는 곳에 치유는 있을 수 없다.

그렇다면 용기를 내서 자신이 좋아하는 여인에게 고백한 대학생의 행동은 집단 MC들이나 시청자들에게는 힐링이 될 수 있는가? 이 질문에 대해서도 '그렇지 않다'가 나의 답이다. 집단 MC들이나 시청자들이 대학생에게 한 조언은 풋풋한 사랑 고백에 대한 낭만적인 기대 그 이상도 그 이하도 아니다. 사랑 고백을 한 대학생의 예에서 진정한 힐링을 주고자 한다면 자기 비하 또는 낮은 자존감의 원인을 꼼꼼히 따져서 그것이 그릇된 생각임을 일깨워주어야 한다. 여기에서 게스트나 다른 집단 MC들이 해야 할 일은 자존감을 고양시켰던 경험을 나누는 것이지 방송의 힘을 빌려 사랑 고백을 하라는 종용하는 것이 아니다.

<힐링캠프>는 푸싱과 풀링의 해병대 캠프이어서는 안 된다!

우리나라에서 초 · 중 · 고등학교를 다녔던 사람이라면 수련회, 해병대 캠프 등 다양한 이름의 극기 훈련 프로그램에 참여했던 경험이 있을 것이다. 이런 캠프들의 공통점은 극기(克己), 즉 자신을 이겨내는 훈련과 부모님의 소중함을 느끼는 의식(儀式)으로 구성된다는 것이다. 이러한 훈련과 의식에는 힐링이 아닌 푸싱(pushing)이 있다. 강요된 극기 정신과 강요된 효심의 주입이 바로 그것이다. 나는 앞서 살펴본 대학생의 사랑 고백도 이런 푸싱의 산물인 것만 같아 씁쓸하다. 종교적 의미를 떠나서 힐링은 내적으로, 영적으로 성장하는 과정이기 때문에 결코 푸싱을 통해서 이루어질 수 없는 것이다.

그리고 힐링은 풀링(pulling)이어서도 안 된다. 극기 훈련 프로그램에 참여하게 된 어린아이들은 혹독한 훈련을 견딜 수 있을 만큼의 성숙한 몸과 마음을 가지지 않은 경우가 허다하다. 그럼에도 불구하고 훈련에 내던져진 아이들은 훈련 상황을 이겨내지 못하는 것이 자신의 탓이라고 생각하며 '낙오'를 경험하게 된다. 갓 나온 싹을 잡아당긴다고 그 싹이 곧 줄기가 되는 것은 결코 아니다. 이와 같은 풀링이 <힐링캠프>에서도 발견된다. 앞서 살펴본 배우 지망생의 예에서, 그 배우 지망생은 준비하고 기다리면 언젠가는 성공할 것이라는 황정민의 말을 온전히 수용하기 어려웠을 것이다. 그러나 500인이라는 많은 사람들의 환호와 박수 때문에 그 배우 지망생은 황정민의 말을 수용하겠다는 표정으로 상황을 종결한다. 이러한 이른 상황 종결은 싹을 잡아당기는 것처럼 힐링에 도움을 주지 못한다.

힐링이라는 제목을 걸고 하는 토크쇼가 푸싱과 풀링이 되어버린 데는 <힐링캠프>의 진행 방식도 한몫을 한다. <힐링캠프>에서 좌중을 이끄는 것은 김제동의 몫이다. 김제동은 마이크를 들고 무대 아래로 내려가 방청객석 이곳저곳을 돌아다니며 방청객과 일대일 대화를 시도한다. 그는 방청객이 한 말, 한마디를 단초로 큰 이야기를 이끌어내고 게스트가 길게 풀어놓은 말을 매우 간결한 말로 잘 바꿔내는 재주가 비상하다. 그러다 보니 방송에 비치는 김제동의 모습은 흡사 솜씨 좋은 부흥강사 같아 보인다. 일정한 시간 안에 기승전결을 갖춰야 하는 방송이라는 특성 때문에 김제동이 게스트와 방청객의 말을 요약할 필요가 있다. 그러나 <힐링캠프>에서 그가 보여주는 말솜씨는 게스트와 방청객의 말을 고정적인 의미로 묶어둔다. 그리고 그렇게 응축된 의미는 자막이라는 효과적인 수단을 통해 시청자들에게 푸싱되고 시청자들을 풀링하는 면이 크다.

<힐링캠프>를 통해 강요되는 내러티브

알래스데어 매킨타이어(Alasdair MacIntyre)나 모리스 메를로퐁티(Maurice

Merleau-Ponty)가 말했듯이 우리는 내러티브를 통해 세상과 자신을 이해하고 규정짓는다. 우리는 생애 초기부터 이야기를 듣고 이야기를 만들고 이야기를 한다. 어제 있었던 어떤 사건이 의미 있는 것은 그 사건에 대해 우리가 의미 있는 이야기를 만들었기 때문이다. 세상의 모든 이야기가 단순한 몇 가지 구조의 결합으로 이루어진다는 구조주의자들의 통찰은 우리 삶을 통해서 그 타당성이 증명된다고 해도 과언이 아니다. 그러나 이야기의 구조가 같더라도 이야기 속 주인공과 주인공이 겪는 상황은 매우 다양하기 때문에 이야기의 구조가 같다고 해서 모든 이야기를 하나의 큰 이야기의 아류쯤으로 치부하는 것은 무리다.

서두에서 밝혔듯이 <힐링캠프>에 등장하는 게스트는 나름의 좌절과 시련을 극복하고 자신이 원하는 것을 이루어낸 일종의 영웅 서사를 들려준다. 경남 마산 촌놈이 10년의 무명 시절을 딛고 1000만 배우가 될지 누가 알았겠냐며 말문을 연 배우 황정민이나 성 소수자에 대한 사회적인 편견에 맞서서 꿋꿋하게 사업가로서 연예인으로서 일가를 이루었다고 평가받는 홍석천 모두 주어진 상태를 벗어나 장애물들을 넘어 새로운 긍정적 상태에 도달한 일종의 영웅 서사 속 주인공인 여행자들이다. 이런 유의 서사는 널리 퍼져 우리 사고방식의 일부로 자리 잡고 있다.

그러나 문제는 일어나지 않은 일들에 대한 혹은 복잡다기한 구조적 배경 안에서 벌어진 사건들을 영웅적인 여행자의 서사로 처리할 때 발생한다. 배우 지망생 예와 사랑 고백을 한 대학생의 예로 다시 돌아가 보자. 배우 지망생에게 연기 기회가 찾아오지 않는 데는 개인적인 노력 부족뿐만 아니라 영화계의 구조도 원인이 될 수 있다. 그러나 황정민의 조언은 구조의 문제는 전혀 고려하지 않고 오로지 개인의 노력 여하에 따라 배우로서의 성공이 좌우된다는 취지다. 그리고 황정민 자신을 그 조언의 근거로 들고 있다. 또한 사랑 고백을 하지 못하고 망설이는 대학생에 대해 용기를 내서 고백하면 좋은 결과가 있을 것이라는 홍석천과 정창욱의 조언에서는 그 대학생이 넘어야 할 장애물이 용기 없음이라는 개인적 속성으로 환원된다. 그러나 그 대학생이 진정 넘어야 할 장애물은 사랑의 전제를 물질과 외모로 보는 물질주의와 외모지상주의 같은 사회적으로 학습된 그릇된 신념일 것이다.

내러티브의 강요는 게스트의 조언에서만 문제되는 것이 아니라 <힐링캠프>라는 프로그램 자체에서도 드러난다. 사회적으로 성공한 게스트 1인이 자신의 성공담을 일방적으로 설파하는 구조는 시청자들에게 '공정한 세계(just world)' 내러티브를 전파하고 재생산하도록 만드는 창구가 된다. 공정한 세계 내러티브는 부와 명성을 가진 사람들이 자신의 노력에 대한 대가를 받는 것이라는 신념의 구조다. 미국에서는 이러한 신념 탓에 사회적·경제적 약자층에서 공화당을 지지하는 비율이 높다는 연구 결과도 있었다. 반복적으로 듣게 되는 지극히 개인화된 게스트의 성공담은 시청자들에게 희망의 메시지가 아니라 자존감을 낮게 만드는 독이 될 수도 있을 것이다.

맺음말

지금까지 <힐링캠프>가 진정한 힐링의 장이 될 수 없음을 비판적으로 검토했다. 문화체육관광부가 2012년 말에 발표한 「2013 문화예술트렌드 분석 및 전망」3) 연구에서는 앞으로 손쉽고 가벼운 힐링 수단이 되는

---

3) http://kcti.re.kr/031.dmw?method=view&reportId=0&reportSeq=901

서적이나 방송 프로그램이 인기를 끌 것이라고 전망했다. 아마도 <힐링캠프>는 이러한 예상에 적중한 프로그램이라고 할 수 있다. 그러나 지금까지의 분석을 바탕으로 한다면 <힐링캠프>의 방점이 힐링보다는 '손쉽고 가벼운'에 찍힌 것은 아닌가라는 의심을 지울 수 없게 된다. 힐링이 한때 유행하고 사라지는 트렌드가 아니라 우리의 내적 성장을 도모하는 일생의 핵심 과제라고 한다면 <힐링캠프>를 만들 때 치유라는 힐링의 기본적인 의미부터 다시금 되짚어야 할 것이다.

슈퍼맨의 정치학

KBS 2 <슈퍼맨이 돌아왔다>를 중심으로

권지혜

　한국에서 육아나 요리는 오랜 시간 여성의 전유물이었다. 미디어는 그러한 성 역할 분담을 공고히 하는 데 큰 영향을 미쳤다. 우리는 그간 수많은 드라마나 광고, 예능 프로그램을 통해 "여자라서 행복해요" 식의 현모양처 이데올로기와 만났다. 그러나 그런 미디어가 달라지고 있다. 몇 년 전부터 육아나 가사가 여성의 전유물이 아니라고 말하기 시작한 것이다. MBC <아빠 어디가>(2013.1.6~2015.1.18)가 일으킨 육아 예능 버라이어티 열풍은 이제 KBS 2 <슈퍼맨이 돌아왔다>(2013.11~)를 통해 입지를 굳힌 상태다. 이러한 육아 예능 버라이어티는 우리에게 익숙한 가부장적이고 가정에 무신경한 아버지의 역할 모델 대신, 자상하고 민주적이며 아이들과 놀아줄 줄 아는 아버지의 모습을 보여준다. <슈퍼맨이 돌아왔다>의 강봉규 PD 역시 여러 인터뷰에서 경제적인 측면만을 책임지던 과거의 아버지와 달리, 집으로 '돌아온' 아버지들의 모습을 그리고 싶었다고 말했다. 결국 육아 예능 버라이어티의 기획 의도는 '변화하는 시대를 겨냥한 새로운 아버지상의 제시'라고 할 수 있다. 이러한 육아 예능은 젠더 담론과도 연결이 가능하다. 아내 대신 남편이 나서서 요리나 청소, 육아를 전담하는 모습은 분명 페미니즘의 기치와 맞닿는 부분이 있다. 그런데 이는 현실을 어느 정도로 반영한 것일까? 이러한 예능 속 '슈퍼맨'들의 육아와 가사는 수용자들의 삶에서도 실제로 드러나는 부분일까? 또 '슈퍼맨'과 그의 아이들을 중심으로 펼쳐지는 미디어 속 가족 모델은, 평범한 대중의 삶에서 어느 정도로 구현이 가능한 것인가.

현실에서 그들과 같은 '슈퍼맨'이 존재하기 어려운 이유

<슈퍼맨이 돌아왔다>에 나오는 아버지들은 대개 자상하다. 격투기 선수인 추성훈은 딸 추사랑 앞에서는 한없이 부드러워지고, 배우 송일국은 아들 송대한, 송민국, 송만세 앞에서 누구보다도 헌신적이며 축구 선수인 이동국도 5남매인 이제시, 이제아, 이수아, 이설아, 이대박을 챙기느라 여념 없는 모습을 보인다. 이처럼 기존의 가부장적 이미지에서 탈피한 '친구 같고 자상한' 아버지상은 하나의 신드롬으로 부상했다. 이러한 자상함의 바탕은 친밀도다. 자식과 친밀감을 형성한 상태이기 때문에, 자연스럽게 자상한 면모를 보일 수 있는 것이다. 이러한 친밀감 형성의 우선적인 토대는 '시간'이다. 자식과 유대감을 형성하기 위해서는 같이 보낼 수 있는 시간이 확보되어야만 한다.

하지만 2014년 3월 10일 JTBC 뉴스에서 보도한 경제협력개발기구(이하 OECD)의 통계에 따르면, 한국 남성이 가사나 육아에 투자하는 시간은 하루 중 겨우 45분 정도다. 이는 OECD 가입국 중 최하위 수준이다.

이는 남성의 가사 시간이 98분이나 되는 프랑스는 물론이고 OECD 평균인 74분에도 훨씬 못 미치는 수치다. 또한 OECD 연구는 한국 남성이 육아같이 가족을 돌보는 데 쓰는 시간도 하루 중 겨우 10분 정도임을 보여주는데, 이 역시 7분 정도인 일본을 제외하면 최하위권인 수준이다. 이러한 상황 속에서 자식과 아버지 간의 유대감이 형성되기란 어렵다. 여전히 수많은 아버지들은 과거 산업화 시절의 가부장적인 모습처럼, 과묵하고 가정에 무신경한 경향을 보이는 셈이다. 그렇다면 육아 예능 버라이어티 프로그램에 소개된 아버지들 역시 변화하는 현실을 반영한 '현실적' 인물이라기보다, 변화하는 현실이 요구하는 '유토피아적' 인물에 가깝다고 볼 수 있다. 또한 그 '현실' 역시 실제로 변화했는지 의문인데, 아무리 예전에 비해 여성 인권이 많이 나아지고 여성의 사회 진출이 늘어났다지만, 육아나 가사는 여전히 여성에게 편중된 몫인 점을 볼 때 아직도 많은 부분이 과도기 단계임을 알 수 있다. 이런 상황에서 엄마 없이 48시간 동안 아이를 돌보는 '슈퍼맨'들의 모습은 자연스레 선망의 대상이 된다. 실제로 '삼둥이(송대한·송민국·송만세 형제)' 팬카페를 보면 송일국의 자상함을 칭찬하며 자신의 남편과 비교하는 듯한 글을 쓴 기혼 여성들이 많은데, 이는 송일국과 같이 자녀에게 헌신하는 아버지의 모습이 여전히 현실에 그리 많지 않다는 사실을 반증한다.

　게다가 <아빠 어디가>부터 <슈퍼맨이 돌아왔다>까지, 육아 예능 버라이어티에 나오는 가족들은 거의 형편이 넉넉하다. 기본적으로 엄마, 아빠가 유명 연예인이거나 운동선수이기 때문에, 평균 이상의 재산을 축적한 상태인 것이다. 그렇기 때문에 부모들이 생계에 매달리지 않고 48시간 동안 아이와 '놀아주는' 것이 가능하다. 게다가 그들은 이 프로그램을 통해 아이와 놀아주는 것 자체로 생계를 해결할 수도 있고, 대중에게 각인된 이미지를 제고하며 자신들의 '몸값'을 변화시킬 기회를 갖기도 한다. 그뿐인가. 아이들의 인기가 높아지면 광고도 찍을 수 있다. 하지만 대다수 가정에서는 아빠가 아이와 48시간 동안 놀아주는 것이 거의 불가능하다. <슈퍼맨이 돌아왔다>의 '슈퍼맨'들에게는 아이와 놀아주는 것이 또 하나의 '일거리'이지만, 평범한 서민 가정의 가장에게는 '시간을 내야' 하는 문제이기 때문이다. 이는 앞서 언급했듯 대다수 남성들이 여전히 가부장적인 경향에서 탈피하지 못한 탓이기도 하나, 더 큰 문제는 우리 사회가 일반적인 남성으로 하여금 아이에게 48시간을 쏟는 것을 쉽게 허용하지 않는다는 데 있다. 고용노동부가 지난 1월 발간한 『아빠와 함께 하는 우리 집』이라는 남성 육아휴직 가이드북에 따르면, 육아휴직은 자녀를 둔 사람이라면 누구나 가능하고, 사업주가 육아휴직을 이유로 해고 등 불리한 처우를 한 경우 3년 이하의 징역 또는 2000만 원 이하의 벌금을 부과할 수 있다. 하지만 ≪헤럴드경제≫가 지난 9월 보도한 고용노동부의 발표에 따르면 2015년 8월 기준 전체 육아휴직자 5만 8090명 중 여성이 5만 5021명으로 대다수를 차지하고, 남성 육아휴직자 비율은 5.3%에 불과했다. 이는 남성이 육아휴직을 한다고 하면 '별난 사람'으로 취급하는 사회적 시선 때문인데, 그야말로 나날이 발전해가는 제도를 현실이 따라잡지 못한 경우다.

물론 현실이 이렇다고 하더라도 <슈퍼맨이 돌아왔다>와 같은 예능이 몰가치한 프로그램인 것은 아니다. 이러한 예능을 통해 대중의 고정된 성 역할 인식이 변화하고 기업 문화가 조금씩 바뀐다면, <슈퍼맨이 돌아왔다>는 그야말로 한국 사회의 가정 내 젠더 정치의 진보에 혁혁한 공을 세운 프로그램으로 남을 것이다. 또 비록 다수는 아니더라도 <슈퍼맨이 돌아왔다>나 <아빠 어디가>와 같은 프로그램 덕분에 직접 요리를 배우고 육아에 동참하게 된 젊은 아빠들도 분명 존재하기 때문에, 이러한 육아 예능의 가치는 일정 부분 존중받아야 한다. 다만 사회 현실이 의외로 예능과 괴리가 있다는 점을 제작진들이 분명히 알고, 형편이 넉넉한 유명인이 아닌 평범한 서민 가정의 입장을 더욱 고려해 프로그램을 제작할 때 비로소 가치가 빛날 것이다.

이제는 정상 가족 이데올로기에서 벗어나야

또한 이러한 육아 예능 버라이어티가 고려해야 하는 수용자는 비단 '평범한 사람들'만이 아니다. 육아 예능 프로그램에 출연한 대다수 가정은 '상류층'이기만 한 것이 아니라 '정상 가족 이데올로기'에 부합하는 가정이다. 육아 예능에서 장애인 부모 가정, 장애 아동을 둔 가정, 성 소수자 부모 가정, 한부모 가정, 저소득층 가정, 외국인 노동자 가정의 육아가 나오는 경우는 거의 없다. 물론 그런 사람들을 쉽게 차별해버리는 우리나라 정서상, 그런 가정의 이야기는 TV에 나오더라도 육아 예능처럼 마냥 행복한 형태가 아닌 '르포'의 형태로 대상화되어버릴 가능성이 높다.

추사랑은 <슈퍼맨이 돌아왔다>를 통해 인기가 정상급에 오른 아동이다. 추사랑이 일본인 엄마 야노시호와 한국인 아빠 추성훈 사이에서 양육되는 과정은 많은 시청자들에게 신선함을 주었다. 하지만 추사랑의 엄마 야노시호가 일본인이 아니라 필리핀, 베트남, 미얀마 사람이었다면, 추사랑의 인기는 아마 지금과는 달랐을 것이다. 이는 추사랑이 특유의 귀여운 매력을 가진 캐릭터인 것과는 별개의 문제다. 우리나라 사람들은 아직까지 다문화 가정에 대한 이해가 부족하고, 우리나라보다 GDP가 낮은 국가나 제3세계 쪽 사람들에 대한 차별 의식이 강하다. 우리 사회에는 누군가가 매력이 있고 없고를 떠나, 단순히 필리핀이나 베트남에서 온 사람이라는 이유만으로 차별적 언사를 서슴지 않는 사람들이 아직까지 많다. 외국인 노동자를 비하하는 개그가 일부 프로그램에서 버젓이 방영되는 것만 보아도 그렇다. 그만큼 우리는 '정상성'에 대한 집착이 심한 국가에서 살고 있다. 아직도 많은 사람들이 조금이라도 '정상성'에서 멀어지는 사람이 보이면 쉽게 멸시하곤 한다.

이동국이나 송일국, 추성훈 같은 '늠름한' 아빠 캐릭터 역시, 의외로 '모든' 가정에서 충족될 수 있는 모델이 아니다. 기본적으로 이러한 육아 예능에 나오는 아빠들은 평균 이상의 체력과 재력, 그리고 호감형 외모를 가지고 있다. 이들은 여러 아이들을 데리고 캠핑장, 썰매장, 유원지 등을 갈 수 있을 정도로 건강하며 매사 여유와 자신감이 넘친다. 하지만 이러한 신체적 장점과 여유가 모든 아빠들에게 주어진 것은 아니다. 이 세상에는 장애를 가지고 있어 이동이 불편한 아빠들도 있고, 몸이 허약해 집 밖으로 나가는 것이 어려운 아빠들도 있다. 이런 사람들에게는 이런 사람들에게 맞는 육아의 방식이 따로 있는 법이나, 육아 예능은 그러한 사람들을 애초에 잘 다루지 않는다. 그런 사람들은 '버라이어티'한 장면을 연출하기 어렵고, (사회 관념상) '슈퍼맨'과 같은 매력적인 캐릭터가 되기 힘들다는 판단 때문이다. 시청률로 먹고사는 프로그램인 만큼 그런 점을 아예 간과할 수는 없겠지만, 이런 식의 '완벽한 정상 가족'에 기댄 멤버 구성은 분명 적지 않은 사람들에게 박탈감을 줄 수 있다.

육아 예능이 의무적으로 다양한 가족의 형태를 모두 채워 넣을 필요는 없다. 그러나 진짜로 '변화하는 시대'에 맞춘 새로운 예능이 하고 싶다면, 단지 아버지가 아이들을 데리고 캠핑을 가는 낭만적인 모습만을 연출할 것이 아니라, 현실의 가족 모델이 어떻게 변화하고 있는지 보다 적극적으로 관심을 가져야 맞다. 이를테면 지난 6월 미국 대법원을 통해 동성 결혼이 법적으로 인정돼 세계적인 이슈가 되었는데 <슈퍼맨이 돌아왔다>가 진정 시대의 흐름을 생각하는 프로그램이라면, 성 소수자 부모로 이루어진 가정을 섭외할 수도 있을 것이다. 한부모 가정이나 장애인 부모, 장애 아동이 있는 가정 역시 마찬가지다. 물론 너무나도 쉽게 사회적 약자에게 멸시를 표하는 우리나라 커뮤니티 정서상, 그러한 가정의 아동이 텔레비전에 출연할 경우에 생길 불상사에 대해서도 섬세한 대비가 필요할 것이다. 하지만 원래 세상은 그러한 시도 하나하나가 모여 바뀌는 게 아닌가. 앞으로 육아 예능이 보다 다양한 가족 모델을 제시한다면 미디어의 영향을 많이 받는 우리나라 수용자들의 특성상, 혐오와 차별의 대상이 되던 사람들을 새로운 시각으로 보게 될 수도 있지 않을까.

더 많은 사람들을 고려한다면

이처럼 동시대의 육아 예능은 우리가 이제껏 당연하게 생각해온 성 역할에 대한 인식 재고를 도와주었다는 점에서는 가치를 높이 살 만하나, 평범한 수용자들의 삶과 일정 부분 괴리를 보이는 데다, 여전히 정상 가족 이데올로기에 갇혀 있다는 점에서 아쉬운 부분이 있다. 하지만 한 번 어떤 붐이 일면 적어도 5년은 여파가 가는 우리 사회구조 특성상, 육아 예능은 적어도 향후 몇 년간은 인기를 유지할 것이고, 그 시간 동안 충분히 바뀔 가능성이 존재한다. 아무리 미디어가 시청자들의 욕망을 겨냥해 스펙터클을 만든다지만, 나는 육아 예능만은 단순히 수용자들의 욕망을 채워주는 기호로만 작동해서는 안 된다고 생각한다. 작금의 육아 예능을 보면서 박탈감을 느끼는 가정이 적지 않을 것이고, 그 여파는 어린 아이들에게까지 미칠 것이기 때문이다. <슈퍼맨이 돌아왔다>를 비롯해 앞으로 제작될 육아 예능이 조금 더 다양한 가정의 사람들을 고려하는 형태가 되길 바란다.

범죄 사건의 재현과 만들어지는 괴물

MBN <기막힌 이야기 실제상황>, KBS W <빨간 핸드백>을 중심으로

신민희

드라마보다 더 드라마 같은 범죄 사건의 서사

아침은 밤사이 일어난 각종 범죄 사건과 사고들을 확인하는 일로 시작된다. 각종 매체들에서는 미처 감지하지 못했던 혹은 아직 나에게 일어나지 않아 다행인 것만 같은 사건들을 보도한다. 이러한 범죄 사건들은 공포를 일으키고, 범죄의 위험성을 완벽히 통제할 수 없다는 사실과 적이내 가까이 즉, 우리 내부에 존재한다는 사실 때문에 그 공포는 증폭된다.

그러한 이유에서 범죄 사건은 오히려 더욱더 많이 이야기될 수밖에 없다. 특히나 가속화되는 자본의 속도는 우리의 분노와 불안을 더욱더 부추기고 있으며, 언제 자신에게 칼날이 드리워질지 모르는 불안감은 범죄 서사를 더욱 욕망하도록 만든다. 범죄를 재현하고 사건을 재구성하는 과정에서 범죄는 서사를 갖는다. 이 서사는 일정한 패턴과 코드를 갖게 되고 우리는 그 코드를 독해하면서 사건을 예측 가능한 것으로 만들고자 한다. 제도에 안착된 이야기를 소비하면서 불안을 일시적으로나마 해소하려는 것이다.

최근 범죄 사건을 다루는 프로그램들이 탐사 보도의 형식보다는 재연과 '서사' 자체에 치중되고 있는 현실도 이 때문이다. 이러한 장르를 '스토리 교양'[1]이라 부르면서 사회문제는 교양으로 불리게 되며, 스토리(서사) 속으로 깊숙이 침투한다. 그래서 점차 소재는 자극적인 방향으로 경도되고 실화를 바탕으로 재연되는 사건들은 드라마보다 더 드라마 같은 느낌을 준다. 범죄 사건의 재연이 실화·실제라는 사실을 강조할수록 더 드라마틱해지는 것이다. 그렇다면 시청자들이 보고 싶은 것은 실화인가, 아니면 실화처럼 보이는 것들인가.

공중파를 비롯한 종편의 각 채널에서 범죄 사건 재현 프로그램들이 인기를 끌고 있는 현시점에 우리는 미디어가 재현하는 범죄 서사 문법의 문제점을 되짚어보아야 할 필요가 있다. 진짜처럼 보이도록 하면서 은폐되는 것들이 있기 때문이다. 그중에서 <기막힌 이야기 실제상황>(MBN)과 <빨간 핸드백>(KBS W)의 서사 방식을 비교하며 그 한계와 새로운 가능성의 지점들을 모색해보고자 한다.

선악의 구도와 남녀의 갈등 구도

사건을 서사로 재구성한다는 것은 재현하는 이의 관점이 이미 반영될 수밖에 없음을 말한다. 그런 점에서 <기막힌 이야기 실제상황>(이하

---

1) 박찬은, "기막힌 이야기 실제상황 스토리의 힘 …… 시청자 사로잡는 스토리 교양", ≪매일경제≫, 2015년 9월 9일 자.

<실제상황>)과 <빨간 핸드백>은 사건 속에 내포된 갈등 구조를 서사화하는 방식에서 차이를 보인다. 먼저 <실제상황>은 기획 의도에서 밝히고 있듯이 현대사회의 자화상을 통해 경각심을 일깨우려 하며 이를 일정한 패턴으로 드러낸다. 이 패턴이란 전체적으로 두 가지로 양분된다. 하나는 가해자와 피해자의 선악의 구도를 통해 가해자를 처벌하고, 한편으로는 미처 알지 못했던 감동적인 미담을 소개하는 것이다.

<실제상황>에서의 두 가지 주제는 교직하면서 서로의 동력이 되어 '권선징악'의 결말을 이끌어낸다. 선악의 대립 구조를 뚜렷하게 보이는 인물들을 통해 부모와 자식 간의 갈등, 고부 갈등, 부부 갈등 등 사람들 사이의 대립을 예각화한다. 가해자와 피해자의 구도가 명확하고, 피의자의 악행이 두드러질 때만 경각심을 일깨울 수 있기 때문이다. 이미 권선징악은 결말을 가지고 있기에, 서사에서 중요한 것은 가해자, 즉 악한 자가 '누구'인가의 문제다. 미스터리한 사건은 반전에 반전을 거듭하고, 시청자들의 예상을 뒤엎는 인물이 결국 범인으로 밝혀진다. 시청자들은 뚜렷한 선악의 구조 속에서, 반전 끝에 범인을 찾는 재미에 몰입하는 것이다.

이 때문에 <실제상황>에 등장하는 내레이션의 목소리 또한 극적인 재미를 고조시키기 위해 격앙되어 있다. 내레이션은 단순히 사건의 진행 상황을 객관적으로 설명하는 것이 아니라, 갈등을 증폭시키고 선악을 판단내릴 수 있는 '신(神)'의 입장에서 설명하는데, 그것은 곧 '법'의 대변자이기도 한 것이다. 재연 배우들 역시 드라마 문법에 부합하는 연기를 보인다. 이전에 재연 배우들이 보이는 연기의 미숙함이 현실감을 부여하기 위해 필요한 요소였다면, 이제 배우들의 연기는 점점 감정의 과잉됨을 그대로 드러내며 막장 드라마의 문법을 따르는 것처럼 보인다. 막장 드라마에 등장하는 명징한 선악의 대립 구조, 교훈적인 결말, 극적인 반전과

공통적 요소를 취하고 있는 것이다. 결국 모든 이야기들의 결말은 대부분 가해자가 경찰서로 잡혀가고, 그 장면 위로 내레이션과 함께 자막으로 '격언'을 소개하는 것으로 마무리된다. 경계를 강화하면서 교훈을 주려는 격언의 의도를 염두에 둘 때 이와 같은 방식은 결코 우연이 아닌 것이다.

이처럼 막장 드라마의 문법 안에 녹아든 범죄 사건은 시청자들에게 절시증(竊視症)적인 시선을 제공한다. 절시증, 즉 훔쳐본다는 것은 욕망이 대상과의 직접적인 접촉과 관계를 통해 생성되는 것이 아니라, 대상과의 거리를 통해 생성됨을 말한다. 시청자들은 <실제상황>에서 벌어지는 범죄 사건을 훔쳐보고 있다. 그렇기 때문에 시청자들은 서사 속에서 '왜'라는 의문부호를 가질 필요가 없으며, 그것을 통해 우리 사회가 처한 모순을 발견하지 않아도 된다. 모순은 이미 가해자가 밝혀짐으로써 해결되었고 가해자는 경찰서의 철창에 갇혀 있기 때문이다. 서사는 매끄럽게 봉합되고 시청자는 대상과 직접적인 관계를 갖지 않은 채, 안전하게 훔쳐보면서 이야기를 소비하면 되는 것이다.

한편 <빨간 핸드백>은 기존의 범죄 사건을 다루는 프로그램들과 차별되는 지점을 갖고 있다. 이 프로그램 역시 실화의 범죄 사건을 재현하는 방식을 취하지만, 여성 가해자만을 대상으로 한다는 점, 재연 영상과 단서를 통해 사건의 이야기를 추리한다는 차이점이 있다. 이러한 특징은 범죄 사건의 서사를 재구성함에서 가해자가 누구인가가 아니라, '왜' 이러한 사건이 발생했는지에 대한 질문에 가닿게 한다. 우리가 사건이라 부르는 것들은 개인의 성향 문제이거나, 자연적이며 우연한 요소에 의해 발생하는 것으로 오해하기 쉽다. 특히나 범죄 사건은 가해자 개인의 악한 본질적 성향의 문제로 환원되는 경우가 있지만, 사건이란 사람들 사이의 관계와 사회구조의 맥락 안에서 발생하는 것이다. 그렇다면 범죄 사건의 서사는 가해자가 '누구'인가라는 질문으로부터 생성되어야 하는 것이 아니라, 다양한 인물들과의 관계와 사회구조의 모순을 드러내는 방식으로 이야기되어야 하는 것이다.

이 때문에 추리의 방식은 사건의 이야기를 하나의 관점이 아니라 여러 갈래로 나뉘게 하고, 함께 등장하는 마스터(패널)들의 다양한 관점이 제시될 수 있도록 한다. 하나의 관점에 함몰될 가능성을 경계하고 왜 그러한 사건이 발생했는지에 주목할 수 있게 되면서 시청자들로부터 대상을 관망할 수 없게 하는 것이다. <빨간 핸드백>에서 여성 범죄자를 대상으로 삼는 것도 이와 같은 맥락이다. 왜 남성이 아닌 여성인지, 그리고 왜 피해자의 시선이 아니라 가해자의 시선으로 사건을 재구성하고 있는가다.

이 프로그램은 가해자의 관계를 파악할 때 '심리'를 중점적으로 다루고자 한다. 프로그램의 기획 의도에서 "단순하고 직접적인 동기를 가진 남성 범죄와 달리 여성 범죄는 주로 정신적·생리적·심리적 요인이 작용하므로 일반 범죄와는 다른 시각에서 접근"해야 하기 때문이라고 밝히고 있는 것이다. 즉, 사건의 복잡한 맥락과 여성이 남성보다 복잡한 심리를 갖고 있다는 공통점으로부터 여성 가해자가 선택된 것이다. 또한 등장하는 마스터들의 구성이 정신과 의사, 프로파일러, 칼럼리스트 등으로 구성된 것도 가해자의 심리에 주목해 범죄 서사를 이어나가기 위한 설정이라 할 수 있다.

마스터들은 핸드백 안에서 사건의 단서를 통해 재연 영상 속 인물들의 감춰진 사연을 추측한다. 범죄 현장의 증거품이 아니라, 그 단서는 가해자의 범죄 전의 내재된 심리와 그녀의 생애를 반추하는 역할을 한다. 마스터들은 가해자의 범죄 심리를 추측하면서 내러티브를 이어가고, 재연 영상을 보고 난 후 카메라는 마스터들의 표정을 클로즈업한다. 사건의 가해자를 선악의 관점에서가 아니라 그들이 살아온 삶의 고통에 '공감'하고 있음을 강조하며 자신들이 겪었던 실제 경험들을 공유한다. 어렸을 때부터 아버지의 폭력에 시달리다 결국 아버지를 살해하기에 이른 딸의 사연이나 어릴 적 친구의 아버지로부터 성폭력을 당해 결국 그 친구의 딸을 유괴한 사건 등이 그 예다. 이 숨겨진 사연을 통해 이들을 정말 가해자 피해자의 이분법으로 재단할 수 있는지 질문을 던진다.

하지만 이들은 가해자·피해자의 선악 구도를 비판하면서 새로운 대립의 구도를 설정하는데, 그것은 남녀 간의 갈등 구도다. 여성 범죄자의 심리를 분석하면서 사건을 추리해갈 때 구심점이 되는 것은 여성들이 갖는 고유한 정체성인 바로 '여성성'에 있다. 이 프로그램 초반에 여성 마스터들을 심리, 모성, 공감 마스터로 이름 붙인 것에서부터도 드러나듯이 이 프로그램은 여성의 고유한 정체성을 염두에 두고 있다. 여성이 태어난 것이 아니라 만들어진 것임을, 다시 말해 사회학적으로 구성된 것임을 설명하고 있는 데도 불구하고 여성과 남성이라는 이분법적 구분을 포기하지 않는다. 남성들과 달리 여성만의 순수한 무엇이 존재하고 있음을 끊임없이 상기시킨다. 여성들과 남성들의 우정을 비교하고, 소비의 패턴을 비교하며 차이점을 부각시킴으로써 여성성은 모성, 소비, 관계 지향적이라는 단어와 함께 설명된다.

여성 범죄자의 심리에 공감하는 기저에는 남녀의 각기 다른 심리와 고유한 여성만의 정체성이 있었던 것이다. 그렇기에 여성 범죄자가 여성 정체성의 경계를 흔드는 경우 그 균열을 선악의 구조로 회귀하려는 위험을 내보인다. 그 일화로 꼽을 수 있는 것이 '남장 여자 사기 사건' 편이다. 이 사건을 간략하게 추려보면, 남장을 한 여자가 여성과 연인 관계를 유지하면서 그녀가 살인자인 것처럼 현장을 꾸며서, 그것을 빌미로 돈을 갈취한 사기 사건이다. 이 사건의 성별을 남자와 여자 사이의 관계로 바꾼다면 이 사기 사건은 범죄자의 잔인한 '행동'에 중심을 두고 이야기되었을 것이다. 하지만 이야기의 결말에서 그 범죄자가 남장을 한 여자라는 점에서 이야기는 달라진다. 마스터들은 남장 여자의 정체성을 여성에 놓고 그녀가 같은 여성으로서 여성의 심리를 이용했다는 점을 비판한다. 또 한편에서는 남성스러운 자신의 성적 정체성을 범죄의 수단으로 이용했다는 이유로 더 악한 범죄로 이야기된다.

마스터들이 남장 여자를 두고 설전을 벌이는 것은 그녀의 정체성을 여성에 두어야 할지 남성으로부터 찾아야 할지 혼란스럽기 때문이다. <빨간 핸드백>을 유지해왔던 남녀 간의 차이인 '남자답다', '여자답다'의 경계를 흐트러뜨리고 있기 때문에 발생한 혼란이다. 이것은 우리 사회가 남녀를 바라보는 시선의 한계로부터 발생한 것이기도 하다. 여성의 남성성, 남성의 여성성은 쉽게 용인되지 않는다. 그것은 몸에서 지워내야 하는 흔적들이며 톰보이는 어린 시절에나 잠시 이해받을 수 있을 뿐이다. 이런 이유에서 마스터 중 한 명인 황석정의 위치는 이 균열의 자리를 엿보게 한다. 그녀는 자신의 남성성을 드러내며 여자는 그러하다는 다른 마스터들의 말을 뒤엎고 자신은 그렇지 않다고 말한다. 하지만 여전히 그녀의 이러한 남성성은 여성스럽지 않다거나 '석정이형'(남자)이라는 말로 곧바로 치환되며 놀림감이 될 뿐이다.

대립의 구도를 넘어 공동체의 회복으로

'괴물'이라 불리는 연쇄살인범, 사이코패스는 사라지지 않고 끊임없이 출몰하고 있는데, 그들이 우리 내부에 존재한다는 공포를 사그라지게 할 수 있는 효과적인 방법이 바로 이분법적 대립 구도였다. 나와 너를 명징하게 구분할 수 있을 때에만 너(괴물)를 사라지게 할 수 있기 때문이다. 하지만 그것은 이분법적으로 구분될 수 없을뿐더러, 완벽하게 추방될 수 있는 것도 아니다. 끊임없이 다른 형태로 출몰하며 분노의 에너지가 눈덩이처럼 불어나고 있기만 한 것이다.

여자가 남자에게 이별을 고하면 죽임을 당할지도 모르기에 이별에도 안전이 필요하다는 '안전 이별'은 점점 더 남성과 여성 사이의 갈등이 첨예화됨을 나타낸다. 얼마 전 트렁크 살인 사건의 김일곤 역시 자신의 무죄를 주장하며 타인에 대한 분노를 노골적으로 드러내는 일을 서슴지 않았다. 갈등의 구도는 점차 깊어지고 서로를 적대시하는 혐오는 점점 노골적이고 폭력적으로 변하고 있다.

미디어는 공포를 통제하기 위해 다양한 방식으로 범죄 사건을 재현한다. 하지만 범죄자를 괴물로 재현하고 그들의 폭력성을 추적할 때, 혐오와 증오의 힘은 또 다른 폭력을 수반하며 괴물을 재생산해낼 뿐이다. 이때문에 범죄자의 폭력성을 정당화하는 것이 아니라, 그 폭력성을 낳은 우리 사회구조의 모순들을 통해 스스로를 반추하는 재현 방식이 필요하다. 즉, 그들의 잔인한 범죄 행동과 우리 사회의 구조적 모순을 분리해내 구조적 모순을 함께 반성하고 개선하려는 노력들 말이다. 이제 미디어는 범죄자를 처벌하며 대립 구도를 양상해내는 방식이 아니라, 대립 구도를 넘어 공동체를 어떻게 회복해야 하는지를 질문해야만 한다. 이 공동체란 타인의 고통을 함께 돌보며, '나'의 확고한 위치를 버리고 나는 타인과 결코 분리될 수 없음을 인식하면서 서로 소통하는 일일 것이다.

TV는 '편견을 깨라' 말할 자격이 있을까?

MBC <복면가왕>을 중심으로 그 경계와 모순에 관하여

김수천

편견을 생각하다

편견(偏見)이란 무엇일까? 왠지 검은 테 두른 느낌이 강하게 나는 낱말인 '편견'의 사전적 의미는 '공정하지 못하고 한쪽으로 치우친 생각'이다. 라틴어 'praeiudicium'에서 유래한 말로 독일의 철학자 이마누엘 칸트 (Immanuel Kant)의 정의에 따르면, '아직 그 타당성을 명시적으로 검토하거나 정당화시키지 않은 모든 선(先) 판단 혹은 판단의 원천'을 가리킨다. 천착해 '편견'의 의미를 좀 더 인수분해하면 자칫 논외로 전개될 가능성이 있어 이 정도에서 멈춘다.

그렇다면 TV를 볼 때의 편견이란 무엇일까? 근원적으로 익숙함을 기반으로 하는 TV는 매체의 특성상 그 사회의 문화와 전통에 뿌리를 두고 있다. 익숙함은 편안함을 주는 반면 편견을 가져온다. 공중파의 경우

더욱 그러하며, 대중적 오락성을 지향하는 예능 프로그램이라도 그 예외가 될 수 없다. 우리가 TV를 볼 때 느끼게 되는 편견은 크게 두 가지다. 하나는 프로그램의 내용이 문화와 전통에 반(反)하거나 준(準)할 때, 다시 말해 동화와 이질화로 느끼는 반감(反感) 또는 호감(好感)이며, 다른 하나는 출연자에 대한 호불호(好不好)로 인한 거부감(拒否感) 또는 친근감(親近感)이다. 사실 전자의 경우에는 그것이 비록 편견일지라도 쉽게 편견이라 인식되지 않는 경향이 강하며, 후자의 경우는 편견이라는 사실을 인지하면서도 애써 부인하거나 외면해버리는 회피적·도피적 성향을 보인다. 그리 멀리 시간을 되돌리지 않은 과거만 해도 이런 편견의 문제는 크게 부각되지도 주목을 받지도 않았다. 하지만 SNS의 발달로 연예인과 팬의 간극은 한층 좁혀졌다. 폭발적 관심이 커지면 커질수록 노출의 수위도 더불어 커진다. 연예인의 일거수일투족에 팬들의 관심이 쏟아지고, 심지어 과거 행적, 신상 정보까지 낱낱이 공개된다. 자칫 꼬투리라도 잡히면 '따스한 시선'은 순간 '차가운 시선'이 되어 돌아온다. 대응 여부에 따라 구설수까지 더해진다. 이러한 편견은 자칫 해당 연예인을 죽음으로 몰고 가기도 한다. 물론 그 반대의 경우도 있다. 극 중 배역과 캐릭터 등으로 인한 이미지 상승효과를 톡톡히 누리기도 한다. 이렇듯 TV 방송에서의 편견은 긍정적·부정적 측면이 동시에 존재한다. 그러나 분명한 것은 그것이 어떤 측면으로 작용하든 간에, 편견은 사실(진실)과의 거리를 멀게 한다는 것이다.

'편견'을 노래하다

편견에 대해 생각하는 시간이 만들어지고 있다. 나아가 노골적으로

'편견을 깨자'라고 직설적으로 외치는 TV 프로그램이 있다. 바로 화제 속에 방영되고 있는 MBC <복면가왕>(민철기 · 노시용 연출, 2015.4.15~방송 중, 평균 시청률 12~13%로 동 시간대 1위)이다. 그 내면을 잠시 살펴보면, 음악을 소재로 추리하는 포맷이다. 이는 JTBC의 <히든싱어>를 비롯해 그 이후에 생겨난 유사 음악 예능 프로그램들과 흡사하다. 다만 대표적인 차별점 하나를 언급하자면, 출연자가 가수에 한정되지 않아 그 폭이 넓다는 것과 '복면(가면)'을 사용한다는 점이다.

내용을 좀 더 살펴보면, 출연자에게는 총 세 번의 대결 기회가 주어지고, 연예인 판정단과 일반인 판정단 99명의 투표로 그 승부가 결정된다. 1라운드 듀엣곡 대결에서는 두 명의 출연자가 노래 한 곡을 같이 부른다. 여기서의 승자는 2라운드에 진출하게 되고, 각자 한 곡씩의 소화한다. 살아남은 자는 다시 3라운드에서 대결을 펼치고 이긴 자는 '가왕'의 자리에 도전할 수 있는 기회를 얻는다. <복면가왕>은 여러 측면에서 '편견 타파'를 외친다. 그 편견들이 무엇인지를 면면이 잠시 살펴보면 다음과 같다.

첫째, '남성과 여성에 대한 편견'이다. '목소리'로만 판단해야 하기에(여성 출연자가 치마를 입고 출연하지 않는 이상) 여성적 목소리를 지닌 남성 출연자나, 남성적 목소리를 지닌 여성 출연자가 나올 경우(또는 그렇게 목소리를 낼 경우), 분간이 쉽지 않다. 예로 백청강(미스터리 도장신부, 10회)은 「화장을 고치고」를 불렀다. 연예인 판정단은 그가 여성일 거라 추측했고, 여성이라 생각한 많은 판정단과 시청자들 또한 그가 복면을 벗고 백청강으로 밝혀지자 놀라움을 감추지 못했다. 그가 얼굴을 공개한 상태에서 여성적 목소리를 들려줬던 것과 얼굴을 감춘 채 여성의 목소리를 들려줬을 때의 느낌은 극과 극으로 달랐다. 이는 분명 편견에 의해 가려졌던 부분이 얼마나 컸는지를 느낄 수 있는 시간이었다.

둘째, '스펙에 대한 편견'이다. 실력이 이미 검증된 가수들은 그들의 등장만으로도 사람들의 마음과 귀를 사로잡는다. 그들이 그동안 보여준 노력과 실력이 쌓여서 가능한 일이다. 그들이 자칫 실수하거나 목소리 상태가 좋지 못할지라도 시청자의 입장에서는 이미 과거의 쌓인 이미지가 덧씌워지면서 일종의 환각 작용을 일으킨다. 그러기에 '대결'이라는 구도에서 상대적으로 스펙이 덜 쌓인 신인급 가수들이나 가수 이외의 사람들이 노래로써 그들과 대결해서 승리하기란 쉽지 않다. 그들의 정체가 밝혀진 상태에서 말이다. 하지만 '복면'을 쓴 상태에서 정체를 가리고 스펙을 가림으로써 상이한 결과가 도출되었다. 예로 트로트계의 전설로 33년 차 가수인 최진희(고추잠자리, 25회), 데뷔 40년 차인 정수라(하루 세 번 치카치카, 16회), 아이돌의 노래 선생님인 장혜진(우아한 석고부인, 3회), 한국의 디바 신효범(밤에 피는 장미, 22회), 락의 황제 김종서(자나 깨나 불조심, 3회), 대표적 싱어송 라이터 권인하(날아라 태권소년, 2회), 그 외 여러 명의 레전드급 가수들이 출연해서 대결을 펼쳤지만 끝내 '가왕'의 자리에 오르지 못하고 탈락의 고배를 마셨다. 이후 연예인 판정단의 "○○○ 씨인지 몰랐다. (투표 또는 대결을) 다시 하면 안 되나?"라는 말이 나올 정도였다. 만약 얼굴을 공개한 채 대결을 펼쳤다면 그 결과가 반대가 되었을 수도 있다는 짐작을 가능케 하는 상황이었다.

또 그와는 반대로 '아이돌'들에 대한 기존의 이미지에 대한 편견도 한 올 벗겨지는 계기가 마련됐다. 감성을 적신 무대를 보여준 f(x)의 루나(황금락카 두통 썼네, 2회)와 멜로디데이의 여은(매운맛을 보여주마 고추아가씨, 18회)은 '가왕'의 자리에 올랐을 뿐 아니라, B1A4의 산들(꽃피는 오골계, 2회), 엑소의 첸(전설의 기타맨, 21회), 에이핑크의 정은지(어머니는 자외선이 싫다고 하셨어, 12회)는 레전드급 가수로 의심받을 정도로 출중한 노래

실력을 보여주었다. 오디오보다는 비디오 중심적일 수밖에 없는 '아이돌'
의 현실 속에서, 이른바 '실력파'라 불리는 이들의 무대가 대한민국 가요계
의 미래를 밝게 해주었다 해도 과언이 아닐 정도로 보는 이들로 하여금
저절로 물개 박수를 치게 만들었다.

셋째, '이미지에 대한 편견'이다. 이른바 노래는 가수가 불러야 제 맛이
고 가수가 더 잘 부른다고 생각하는 사람이 많다. 전체적인 맥락에서
편견이 아닌 바른 판단이다. 다만 이러한 이미지가 고착되어 일종의 편견
이 되어버렸다는 것이다. 그에 따라 가수가 아닌 직업군의 사람이 출연해
서 노래를 불렀을 때, 그러한 편견으로 인해 저평가받는다는 것이 문제다.
하지만 '복면'을 쓰고 출연하는 방식을 취하자 이와 같은 편견은 사라져버
렸다. 예로 개그맨 김태균(냉혈인간 사이보그, 15회), 중견 탤런트 김영호(김수
한무 거북이와 두루미, 17회), 모델 겸 배우인 이성경(꽃을 든 꽃게, 20회),
격투기 선수인 서두원(우리의 소리를 찾아서, 23회), 탤런트 김동욱(광대승천
어릿광대, 23회)은 가수 못지않은 어쩜 그보다 더 뛰어난 노래 실력을 뽐냈
다. 심지어 뮤지컬 배우 홍지민(네가 가라 하와이, 21회)은 출연 가수들을
꺾고 '가왕'의 자리에 오르는 영예를 누리기도 했다. 그들의 얼굴이 공개되
었을 때, 깜짝 놀랄 정도의 반전으로 판정단과 시청자들이 경악했다.
편견의 막이 얼마나 두터웠는지 알게 되었고 그 가림막이 없어지니 이전에
인지 못했던 새로운 것들이 보이고 들렸던 것이다. 물론 김영철(피타고라스
의 정리, 23회)처럼 목소리와 몸동작이 노출되어 그런 편견에서 쉽게 벗어나
지 못한 경우도 있었다(판정이 불공정했다는 뜻은 아니다). 더불어 장르의
파괴도 보여주었다. 가수일지라도 노래를 부르는 장르에 따른 편견이
존재한다. 발라드, 록, 힙합, 댄스 등 그들이 주로 부르는 노래의 장르와
보컬 또는 랩 등 그들이 담당하는 파트에 따라 항상 쉽게 벗을 수 없는

모종의 굴레가 덧씌워져 있다. 예로 대표적 래퍼인 개코(저 양반 인삼이구먼, 13회), 쌈디(패션피플 허수아비, 25회), 치타(나랏말싸미, 27회)는 귀를 의심하게 하는 수준급의 노래와 매력적인 음색으로 역대급 반전을 만들어내 판정단과 시청자들을 경악하게 만들었다.

"편향되지 않는다면 좀 더 사실에 가까운 판단을 할 수 있다"는 영국의 철학자 프랜시스 베이컨(Francis Bacon)의 말처럼 '복면'으로 '편견'을 가리니 기존과는 다른 생각과 느낌, 그리고 판단과 결과가 초래된 것을 알 수 있다. 우리는 출연자가 나와서 노래를 부르는 것을 보면서 '댄스와 외모를 중시하는 아이돌인데 노래를 잘해봐야 얼마나 잘하겠어?', '지나간 가수들인데, 여전히 그때처럼 노래 잘 부른다는 건 다 옛말이지', '가수도 아닌데 설마 가수들보다 노래를 잘하겠어?' 등의 편견을 갖게 된다. 물론 이런 생각이 사실로 귀결되었다면 이것은 편견이 아닌 판단(제대로 된 성찰적 판단)이 된다. 하지만 그런 생각과 상이한 결과로 이어졌다면 분명 앞선 생각들은 편견이 된다. 판단과 편견 사이의 모호함을 인정하더라도 말이다. '복면'을 쓴 채 정체를 가린 출연자들에게 편견 없는 투표로 나타난 결과는 그동안의 편견이 얼마나 사실을 가리고 있었는지 보여준다.

실력의 모자람과 노력의 부족 때문이 아니라 자신을 향한 여러 편견으로 인해 자신의 꿈인 가수의 길을 포기할까를 고민했던 시간들에 대해 말하며, 대중 앞에서 다시 노래를 부르고 박수를 받을 수 있었던 것에 행복했다며 감사의 인사를 전한, 혼혈 가수인 소냐(사랑은 연필로 쓰세요, 24회)와 그동안 주목받지 못했던, 그래서 무대에 서서 노래를 들려줄 기회조차 없었던 출연자들의 인터뷰는 쉽게 가시지 않는 생각들로 잠시 멈춰서게 만들었다.

이렇듯 미스터리 음악 쇼 <복면가왕>은 복면을 쓰고 노래하고 출연자

내면의 사연을 인터뷰를 통해 보여줌으로써 시청자들에게 편견을 깨고, 마음을 움직이고 눈물을 흘리는 시간을 만들어주고 있다.

편견을 편견하다

그렇다면 과연 <복면가왕>은 정말 편견을 깨는 데 일조하고 있는 걸까? 아니면 역설적이게도 또 다른 편견을 구축하고 있는 걸까? 승부를 결정짓는 판정단은 정말 편견으로부터 벗어난 결정을 한 것일까?

'복면'으로 얼굴을 가리고, 그에 맞는 적절한 의상과 출연자의 의도적인 목소리 숨김, 그리고 사전 정보 유출의 철저한 차단은 분명 '편견'을 걷어내는 데 상당히 일조했다. 하지만 그것이 100퍼센트 완벽히 편견을 차단한 것은 아니다. 특히 연예인 판정단이 그렇다. 판정단 99명 중 11명으로 구성된 연예인 판정단은 일반인 판정단에 비해 여러 통로의 정보를 얻을 수 있는 자리에 있다. 그들이 의도하든 하지 않든 이러한 정보는 그들에게 주어진다. 그들은 망원경까지 동원해 출연자의 행동 패턴까지 관찰하며 자신들이 가진 경험적 정보를 공유해 일종의 추리에 들어간다. 비록 그것이 예능적 재미를 위한 장치일지라도 그들이 판정에 관한 영향력을 미치는 한, 이들의 이런 경험적 정보와 그것을 파헤치려는 일련의 행동은 자칫 '복면'으로 인해 가려지고 잠시 사라진 편견을 다시 일깨우는 역할을 한다. 그리고 이렇게 깨어난 편견은 그들의 판정에 분명 영향을 미친다. 때론 적은 표차의 박빙의 승부로 승패가 갈리는 상황에서 분명 문제가 될 수 있는 상황이다. 이들이 지향하는 판단이 편견이 없는 판단이기에 더욱 그렇다.

노래와 판정이 끝나면 출연자는 '복면'을 벗고 자신의 얼굴을 공개한다.

'객체'에서 다시 '주체'로 돌아오는 순간이다. 어쩌면 잠시 꿈을 꾼 시간이었을 수도 있고, 또 어쩌면 새롭게 태어나는 순간일 수도 있다. 분명한 것은 출연자들 공히 '복면'을 쓰고 노래를 부른 그 시간만큼은 편견의 벽을 깨고 자유로웠다는 것이다. 누군가 복면에 가려져 있을 때, 그리고 그에 명명된 또 다른 이름으로 불릴 때, 그것은 정체를 감추는 동시에 또 하나의 가리키는 이름이 되어 또 다른 형태의 '편견'을 만들어낸다. 그러기에 가면의 대척점은 생얼(민낯)이 아닌 또 다른 꾸며진 얼굴이다.

　살펴본 것처럼, 편견은 판단과 편견 사이에서 경계의 모호성을 지닌다. TV라는 매체는 여러 특성상 이러한 편견을 활용하고 있고, 또 그로 인한 피해를 입고 있다. <복면가왕>에서 우리가 주목할 것은, TV 스스로 이런 편견을 탈피하려는 하나의 장을 마련했다는 점이고, 우리는 우리의 삶과 정신을 한층 성숙하고 풍요롭게 하기 위해, TV가 제공하는 편견과 TV를 향한 편견에 대해 좀 더 깊은 고민을 해야 될 시점에 와 있다는 것이다. 우리 민족이 특히 좋아하는 노래를 통해서 말이다.

막장 드라마의 사회학
MBC <내딸, 금사월>, SBS <용팔이>를 중심으로

이정희

2015년 8월 30일부터 2015년 9월 9일까지 방영된 EBS <다큐 프라임>
은 '한국인의 집단 심리 WE'를 통해 우리의 집단 문화를 진단해보았다.
그리고 이 방송은 PD 오정호 씨가 쓴 『대중 유혹의 기술』이란 책으로도
동시에 발간되었다. 홍보, PR, 프로파간다의 메커니즘을 다룬 『대중 유혹
의 기술』은 미디어의 발전과 궤를 같이해, "미디어를 통해 개인의 영역으
로 침투하고 개인을 집단으로 조직화해 특정한 방향으로 은밀하게 이끄는
설득자들(hidden persuaders)의 영향력이 커지고 있다"고 주장한다. 그리고
우리가 이를 주목해야 하는 이유는 이들이 전하는 메시지가 미디어에
실려 우리의 의식구조를 변화시키고 세계관에 영향을 주고, 미디어가
내뿜는 이미지로 사회적 현실(social reality)을 직조하기 때문이라고 다큐멘
터리와 책은 결론 내린다.

그들의 귀에 드라마를 집어넣어라

태국에는 성폭행 드라마, 우리나라에는 막장 드라마?

『대중 유혹의 기술』은 인간의 심리와 본성을 응용한 미디어가 설파한 유혹의 기술을 여섯 가지로 정리한다. 그중 세 번째 명제는 "그들의 귀에 드라마를 집어넣어라"이다. 여기서 태국의 드라마와 현실의 맞물림을 분석한다.

2013년 태국에서 일어난 범죄 중 성폭행, 강간과 관련된 범죄가 3만 건을 육박했다. 하지만 신고된 범죄 중 10% 정도가 조사를 받고, 그 중 2000명만 검거되는 게 태국의 현실이다. 왜 이렇게 성과 관련된 범죄가 만연한 반면, 그와 관련된 단속이나 단죄는 허술한 것일까? 이에 대해 『대중 유혹의 기술』은 태국 드라마의 경향성을 예로 든다. 태국 드라마에는 연인 간 말다툼이나 데이트 폭력이 빈번하게 등장한다. 심지어 드라마는 이를 낭만적 연애의 한 과정처럼 묘사한다. 그리고 이는 9시도 안 된 시간 태국의 어린이들까지 보는 시간대에 높은 시청률로 인기를 끈다. 이른바 사랑받는 국민 드라마로서 전 국민을 상대로 무방비하게 성폭력에 가까운 내용이 노출되는 것이다. 태국의 여성 단체들은 이런 드라마 속 성적 내용에 문제를 제기하지만, 시청률에 덜미를 잡힌 제작진들은 아이들과 함께 보는 이 시간대에도 성폭행에 가까운 내용을 포기하지 못한다. 심지어 2008년 대학생들을 상대로 한 설문 조사에서 데이트 강간이 드라마 중 가장 선호하는 장면이라는 결과가 나왔다. 이런 태국 드라마의 내용과 시청자의 선호도, 그리고 시청률을 미끼로 이를 양산하는 제작진, 또 높은 성폭행 범죄율을 통해 다큐멘터리는 드라마 속 내용과 현실의 상관관계를 설파한다.

태국의 성폭행 드라마와 우리네 드라마가 무슨 상관이냐고? 태국에 데이트 폭력을 다룬 드라마가 만연한다면, 우리네 드라마에는 외국어로도 번역되지 않고 고유명사로 쓰이는 이른바 '막장' 드라마가 있다. 아침 드라마에서 시작해 주말 드라마로 번지고, 이제 시청률이 변변치 않자 주중 미니 시리즈까지, '막장'의 막강한 영향력은 지칠 줄 모르는 에너지를 뿜어내고 있다. 과연 우리의 '막장' 드라마는 그저 보는 '재미'만을 남길까?

<왔다 장보리>를 통해 악역 연민정을 연기한 배우 이유리에게 연기 대상을 안긴 김순옥 작가는 "역시 김순옥"이라는 평가를 받으며 신작 <내딸, 금사월>(MBC, 2015.9.15~)을 주말의 스테디셀러로 등극시키고 있다. 그런가 하면 <상류 사회>(16부작, 2015.7.28 종영), <가면>(20부작, 2015.7.30 종영)에 이어 <용팔이>(18부작, 2015.10.1 종영)는 재벌 집안을 배경으로 한 묻지도 따지지도 않는 막장 스토리의 계보를 이어 SBS 드라마에 시청률 1위의 보상을 안겨주었다.

갱도의 마지막 부분을 뜻하는 막장이 드라마로 오면 시청률을 위해 수단과 방법을 가리지 않고, 개연성과 설득력을 제친 채 자극적인 설정의 반복으로 시청자들의 시선을 사로잡은 드라마의 한 장르가 된다. 거기에 최근 인기를 끌고 있는 막장 드라마에는 몇 가지 특징이 더해진다.

우선 드라마의 전반적 코드를 지배하고 있는 것은 '복수'이다. 최근 종영한 <여자를 울려>(40부작, 2015.8.30 종영)의 경우에서도 보이듯 정덕인(김정은 분)이라는 인물을 중심으로 사랑과 화해를 추구했던 드라마는 시청률이 좀 안 나온다 싶으니, 나은수(하희라 분)의 희대의 복수극으로 둔갑한다. '복수'의 코드를 강화시키고 애초에 하고자 했던 이야기의 궤도도 바꾼 채, 극 중 주연의 비중조차 변경하는 것이 이제는 한국 드라마에서 새삼스러운 일이 아니게 되었다. 시청자들? 역시나 욕을 하면서도 나은수의 막장 스토리에 열광했다. 드라마의 스토리가 산을 탈수록 시청률은 상승 곡선을 그렸다.

이렇게 이제 한국 드라마에서 '복수'는 시청률을 견인하는 결정적 코드로 자리매김한다. <내딸, 금사월>에서 신득예 역을 맡은 전인화는 자신이 출연했던 전작 <전설의 마녀>(40부작, 2015.3.8 종영)에서와 마찬가지로 오랜 기간 복수를 위해 칼을 갈며 남편과 자식까지도 이용하는 집요한 집념의 캐릭터로 다시 한 번 등장해, <내딸, 금사월>의 극적 갈등을 추동한다. 남편으로 인해 망한 친정, 그리고 잃어버린 첫사랑을 되갚기 위해 자신이 낳은 딸도 보육원에 버려둔 채 본래의 얼굴을 숨기며 복수의 대상인 남자와 결혼까지 감수하며 칼을 간다. 그런가 하면 <용팔이>에는 재벌가의 경영권을 독차지하기 위해 의붓동생을 의도적으로 뇌사 상태에 빠뜨린 철면피 오빠가 등장한다. 그리고 의로운 의사의 도움으로 기사회생한 여동생은 사랑하는 이의 만류에도 아랑곳하지 않고 자신이 당했던 방법을 그대로 사용해 경영권을 되찾고 자신을 의식불명 상태로 빠뜨린 인물들에게 '복수'한다. 그녀를 코마 상태에 빠뜨린 오빠는 그녀에 의해서는 아니지만, 그녀의 방조에 의한 범죄로 결국 목숨을 잃고 만다.

사이코패스를 향한 복수를 종용하는 드라마

이렇게 최근 인기를 끌고 있는 '막장' 드라마의 주된 동력인 '복수'가 가능한 전제 조건은 바로 그 대상이 되는 인물이 '사이코패스'적 캐릭터이기 때문이다. 극 중 복수의 대상은 '인간'이라 치부할 수 없는 파렴치한 인간 말종들이다. 도덕적 기준 따위는 저버린 지 오래고 수치심, 죄책감 따위가 들어설 여지가 없는 '반사회적 인격 장애'의 인물들이 드라마 속에 넘쳐난다. <용팔이>의 한도준(조현재 분)은 마치 이른바 중2병(사춘기 청소년들이 흔히 겪게 되는 심리적 상태를 빗댄 언어로 '난 남들과 달라', '난 남보다 훨씬 우월해' 등의 말투로 '허세'를 부리는 사람을 얕잡아서 부르는 신조어)처럼 여동생을 두고 아버지로부터 받은 차별을 내재화해 도덕심 따위는 말아먹은 파렴치범으로 등장한다. 그렇게 '사이코패스'적 인물이니 의붓동생을 눈 하나 깜짝하지 않고 의식불명 상태에 빠뜨리고 죽이려 드는 것이 이상하지 않다. <내딸, 금사월>도 만만치 않다. 강만후(손창민 분)는 신득예의 집안을 망하게 한 것은 물론, 자신의 이해관계를 위해서 누군가의 목숨을 빼앗는 것도 불사한다. 이 드라마는 한술 더 떠 극 중 아역으로 출연하고 있는 배우에 대한 '심리적 아동 학대'가 우려될 정도로 자극적인 부분이 등장한다. 바로 극 중 어린 오혜상이 부잣집 딸이 되고 싶다는 이유만으로 아버지의 죽음을 방조하는 것을 비롯해 자신의 거짓을 덮기 위한 악행을 밥 먹듯 하는 것이다. 도덕적 가치 따위는 버린 지 오래, 전도된 감정과 가치관들이 드라마를 통해 '악'의 이름으로 마구 분출된다.

그러기에 그렇게 '사이코패스'적인 악인들에게 가하는 '복수'는 정당하고 타당한 것으로 그려진다. 자신을 가해한 인물들을 대상으로 한 수단과 방법을 가리지 않는 게 무리가 아니다. <용팔이> 속 파렴치범에 대한 동생의 복수는 모든 경제적 특권을 빼앗은 채 자신과 똑같이 의식불명 상태로 만들어 13층의 병실에 눕히는 것이다. 한여진이 냉정한 표정을 지은 채 자신을 그렇게 만든 인물들에게 복수를 하고, 신득예가 자신의 가문을 파멸로 빠뜨린 사람들을 향해 케이크 독살 사건과 같은 술수를 부릴 때 시청자들은 통쾌해한다.

<미세스 캅>(18부작, 2015.9.29 종영) 마지막 회에서 강태유(손병호 분)를 죽이겠다고 다짐한 강력팀 반장 최영진(김희애 분)은 결국 그 다짐을 실천한

다. 물론 드라마는 칼을 뽑아 든 강태유를 향한 최영진의 정당방위로 처리했지만, 이제 드라마도 그리고 그걸 지켜보는 시청자도 더 이상 강태유 같은 사람이 법의 심판을 받는 것으로 만족하지 않는다. 그녀가 '경찰'의 신분이라는 것은 전혀 문제가 되지 않는다. 그래서 어떻게 좀 더 끔찍하게, 잔인하게, 가혹하게 복수를 할 것인지, 새롭게 등장하는 '막장' 드라마들은 저마다 기묘한 방법을 강구한다. 차에 치이게 하고, 칼로 찌르고, 똑같이 의식불명 상태를 만들고, 복수를 위해 남의 자식, 내 자식 가릴 것 없이 수단으로 삼으니 거짓이나 눈속임 정도는 애교에 속한다.

시청자들은 이런 '정상'을 벗어난 사이코패스적인 악행의 당사자들, 즉 대다수가 극 중 부도덕하게 부를 축적해 선한 이들을 수단과 방법을 가리지 않고 괴롭히는 인물들에 대해 '현실적'이라고 입을 모은다. 그도 그럴 것이 우리가 미디어를 통해 만나는 가진 자들의 맨 얼굴이 이와 다르지 않기 때문이다. 뉴스에서 휠체어를 타고 등장해 조롱거리가 되었던 재벌은 곧 드라마의 주된 설정이 되고, 자식의 아들을 위해 야구방망이를 휘두르고 돈을 던져준 재벌 에피소드나, 땅콩 나부랭이에 갑질을 했던 해프닝은 드라마를 자극적이란 수식어에서 구해준다. '막장'의 현실이 '막장'의 드라마를 방조한다.

'막장'인 현실을 조롱할 뿐 방조하는 '막장 드라마'

시청자들은 이렇게 현실을 베낀 듯 나쁜 사이코패스적 악인들을 향한 착한 사람들의 마지못한(?) 보복 범죄에 카타르시스를 느끼며 응원한다. 나쁜 놈들은 '반인격적 장애'를 가진 파렴치범을 상대하는 방법이기에 '타도'의 대상이 아니라 조롱하고, 복수하는 대상이 될 뿐이다. 맞서 싸우는 방식은 그들처럼 힘을 가진 존재가 되어 그들이 가진 것을 빼앗는 '복수'다. '싸움'이 아니라, 그들이 가진 것을 빼앗고 보복하는 것이다. 드라마에서 통쾌하고 시원해질수록 현실에서 싸울 방법은 요원해진다. 왜냐하면 시청자들은 신의 손을 가진 재벌가의 딸이 대번에 반할 의사도 아니요, 그렇다고 눈만 뜨면 대번에 경제력을 회복할 재벌가의 딸도 아니기 때문이다. 현실에서 싸울 대상은 여전히 전지전능하지만 현실의 우리는 '막장' 드라마의 주인공이 아니기 때문이다. 시청자들이 매료된 '막장'이 보는 동안은 시원하고 통쾌하지만, 보고 나면 한결 더 허무해지는 이유가 그 때문이다. 그저 기억나는 것이라곤 보복, 복수, 현실의 범죄라는 게 이걸 증명한다. 올 한 해만 '묻지마 범죄'가 30여 건을 넘었다. 해마다 증가 추세다. 과연 이런 '보복성' 드라마의 설정은 우리 사회에 최근 급증하고 있는 '묻지마 증오 범죄'와 무관할까? '막장' 드라마가 직조한 '복수'의 카타르시스가 우리 사회의식 저변에 깊이 관여하고 있는 것은 아닐까? 재밌어서 보는 드라마, 시청자들이 즐겨 찾아서 만드는 드라마가 사회 속 '증오'에 둔감하게 만들고 있는 건 아닐까.

『대중 유혹의 기술』이 또한 지적하고 있는 것은 그저 드라마와 현실의 맞물림만이 아니다. 미디어는 교묘하게 그 현실의 상을 왜곡하고 있다고 덧붙인다. 나치의 공식 사진사였던 하인리히 호프만(Heinrich Hoffmann)은 치밀한 연출을 통해 지도자의 얼굴로 그저 연설만 잘할 뿐인 아돌프 히틀러(Adolf Hitler)를 '왜곡'시켰다. 그 결과 시기별로 히틀러는 당시 독일 대중이 원하는 '믿음직한 동지', '냉철한 지도자'로서 자신의 이미지를 부각시켜 신뢰를 얻었다. 즉, 조작된 미디어는 대중의 무의식조차 교묘하게 조작할 수 있다는 것이다. 이런 '미디어의 조작'은 제2차 세계대전 때만 있었던 일이 아니다. 2014년 우리 사회를 뒤흔든 '땅콩 회항', 언론은 앞다투어 비행기조차 회항시킨 '갑질'의 주인공을 조롱했다. 그 결과? 포털을 휩쓴 여타 연예인의 스캔들처럼 한바탕 휩쓸려 지나가고 말았다. 그 이면의 '자본주의적 갑을 관계'의 본질에 그 누구도 다가서지 않았다. 심지어 그 이후 그 일로 인해 불이익을 당하게 된 사무장의 동정에 대해 피로감조차 보이며 질려하기에 이른다. '땅콩 회항'만이 아니다. 세월호라는 단장(斷腸) 사건에 대해서조차 보이는 반응 역시 이와 다르지 않다. '냄비'처럼 들끓고 분노하는 듯하지만, '막장' 드라마를 보고 욕하고 지나치듯 흘려버린다. 현실의 '막장'이, 드라마의 '막장'처럼 소비된다. 무엇보다 현실의 '시뮬라크르(simulacre)'로서 '막장' 드라마를 보고, 욕하고 소비하지만, 정작 드라마는 제대로 현실을 '시뮬라시옹(simulation)'하지 않는다. 드라마 속 재벌들은 사이코패스적인 악인이 되어 '욕받이'가 되고, 휠체어를 타고 등장해 '조롱'당하지만, 그들이 지닌 '부'의 본질과 '부'의 세계에 대한 직시는 거부한다. 그저 그들의 부는 '우연'의 산물이며, 일확천금이며, 조롱하고 비웃고 욕하면서 배설해버리면 그만인 대상이다. 집요하게 포기하지 않고 싸워야 하는 거대한 체계나 제도가 아니다. 그저 징죄될 부도덕한 한 개인일 뿐이다. '막장'식의 복수에 길들여지다 보니, <어셈블리>의 '당신이 외면하는 정치'를 향한 진득한 외침은 그저 시시해 보일 뿐이다. 그저 통쾌한 맛에 보고 즐기면 그뿐이라고 하지만, 그 '막장'에 중독되어 조롱하고 대리만족하는 동안, 우리는 어쩌면 '막장'의 세상에 무감각해지고 무기력해져가는 중일지도 모른다. 심지어 싸우는 방법조차 잃는다. '막장' 드라마는 가장 현실적인 듯하지만, 사실은 비현실적인 판타지로 시청자들의 현실을 왜곡한다. 막장 드라마의 결정적 폐해는 바로 이 '현실의 무장해제'에 있다.

너를 흔들어 나를 깨운다

MBN <나는 자연인이다>

김영미

저는 안 하는 편을 택하겠습니다

1850년대, 금융 자본주의의 중심지 뉴욕 월 가에서 터져 나온 바틀비의 외침이다. 허먼 멜빌(Herman Melville)의 『필경사 바틀비(Bartleby, the scrivener)』는 자본주의에 타협적인 변호사와 이를 거부하는 바틀비의 소외된 삶을 통해 비인간적인 사회구조를 예리하게 묘사한 작품이다. 배달 불능 우편물 소각자였던 바틀비는 갑작스러운 정권 교체로 해고되면서 맨해튼 월 가에서 가난한 필경사로 일하게 된다. 그는 변호사의 작업 명령에 언제나 안 하는 편을 택한다. 필사 업무는 물론 사소한 심부름조차 거부하다 해고 명령까지 받아들이지 않게 된다. 거절을 넘어선 그의 저항은 무기력하고 부정적인 것이 아니다. 병약한 것은 더더욱 아니다. 바틀비의 "안 하는 편을 택하겠다"는 말은 자본주의의 착취적인 시스템에 더 이상

휩쓸려가지 않겠다는 자기 멈춤 내지 자기 지킴이다. 그것은 하고 싶은 것을 분명하게 밝히는 강력한 자기 의지의 표현인 것이다.

안 하는 편을 택한 바틀비는 내 삶의 방식을 돌아보게 한다. 나는 선택의 여지없이 강요나 강제 속에서 살아간다. 돈을 위해 돈을 번다. 누가 시켜서도 아니다. 내가 나를 잡아먹는 줄도 모르고 자발적으로 나를 착취한다. 돈이 곧 권력인 세상 앞에 저항은커녕 오히려 그 획일적인 트랙 안으로 들어가지 못해 안달한다. 효율과 기능만이 살아남는 성과 위주의 사회 속에서 잉여의 처지로 떨어질까 봐 전전긍긍한다. 사회적·고정적 욕망에서도 자유롭지 못하다. 자본주의 시스템 안에서 최대한 쓸모 있는 인간 기계가 되기 위해, 최소한 걸림돌로 취급되지 않기 위해 어제도 그리고 오늘도 나는 버틴다. 그런 연유에서일까? 바틀비의 외침은 오늘을 사는 나에게 생생하다. 결코 달갑지 않은 사이버 신조어 '헬조선[지옥(hell)＋조선'은 현실이 됐다. 최근 한국인의 자살률은 OECD 회원국의 두 배로 비교할 수 없는 단계로 진입했다. 그만큼 삶을 유지해나가는 것이 고통스럽다는 반증이다. "개천에서 용났다"는 말도 한물간 옛말이다. 이른바 '금수저'라 불리는 자들만이 그 부를 대물림할 뿐, 노력해도 빈곤의 악순환에서 벗어나기 어려운 구조다. 게다가 비정상적인 경쟁 구조는 남과의 비교를 부추긴다. 거기서 우위를 차지하지 못하면 철저하게 배척당한다. 끝내 자본주의 사회에 갇혀 죽을 것 같은 두려움까지 든다. 하지만 처한 위기 상황에 아무도 대답하지 않는다. 이건 개인 의지의 문제가 아니다. 지배적이고 경쟁적인 자본주의 사회구조의 문제다. 자본이 가진 황폐함과 포악성으로부터 벗어날 수는 없는 것일까? 물음의 끝에서 그 가능성의 길을 연 프로그램을 발견했다. 자신만의 저항을 현실로 바꿔내고 있는 사람들, MBN의 ＜나는 자연인이다＞다.

안으로부터 탈주한 사람들의 바깥

MBN <나는 자연인이다>는 시청자들을 들었다 놨다 하면서 인기몰이를 하는 프로그램은 아니다. 하지만 잔잔하면서 탄탄한 스토리로 인지도를 굳혀나가고 있다. 160회를 바라보는 장수 프로그램으로 때론 시청률 5%대를 넘나들며 대세 예능 프로그램이나 같은 시간대 지상파 드라마들을 제치기도 했다. 중·장년층 남성들의 독보적인 지지도 꾸준하고 전하는 내용도 한결같다. 개그맨 윤택과 이승윤이 번갈아가며 오지에서 살아가는 자연인을 찾아내 사흘 동안 동고동락하며 생활하다 돌아온다는 게 전부다. 처음 방송을 접했을 때는 돈 한 푼, 가진 것 하나 없는 이들의 삶의 방식을 들여다본다는 기획 의도 자체가 충격적이었다. 더구나 인생의 패배자처럼 비치는 그들을 통해 참된 행복의 의미마저 전달한다니 정말이지 고정관념을 해체하는 발상이라는 생각이 들었다. 하지만 거기까지였다. 수십 년간 세상과 단절된 채 가족조차 등지고 살아가는 그들을 향한 패배적 정서는 쉽게 바뀌지 않았다. 한두 차례 더 접하면서 그들이 '쓸모없이 남겨진 자들'이었다는 인상은 더 굳혀졌다.

> 사업 실패로 우울증이 심각해졌어. 자포자기하고 목을 맨 적도 있지.
> (지태호 편, 118회)
> 일 끝나면 과천 경마장으로 갔지. 순식간에 망했어. 가족도 떠나고.
> (김연택 편, 141회)

자본주의 사회구조 내에서 착취당할 권리조차 없는 이들임이 분명해졌다. 가치가 없어 보였다. 바깥으로 떨어져 나가버린 그들에게서 도대체 무엇을 얻으라는 건지 의문이었다. 가차 없이 채널을 돌렸다. 그러던 중 비정규직이라는 절벽에 맞서 겨우 한고비씩 넘기던 날, 고달픈 마음에 다시 TV를 켰다. <나는 자연인이다>였다. "당신은 후회 없는 삶을 위해 어떤 오늘을 살고 있나요?" 방송의 끝자락에서 내레이션 성우가 묻는다. 돌아보니 죽자 살자 돈벌이에 매달린 인생뿐이다. 문득 돈만을 좇으면서 더 큰 것을 잃고 살지는 않았는지 자문해본다. 이내 자본이 설정해준 타자화된 욕망에 갇혀 노예로 살았음을 깨닫는다. 진짜 원하는 삶을 찾지 못한 채 왜곡된 욕망만 추구했던 내게 남은 건 결국 소외와 결핍뿐이었다. 자연인의 이면을 좀 더 들여다보고 싶어졌다.

쉽게 들어갈 수도, 쉽게 나올 수도 없는 곳. 먼저 든 생각은 '그들은 왜 산으로 갔을까'였다. 자본주의의 혹독한 현실은 저마다의 굴곡진 사연들로 하나 둘씩 되살아났다. <상남자의 산중 인생 2막>(155회) 김달영(64세) 씨는 지독하게 가난했다. 집안의 장남으로 딸린 식구들만큼 돈이 더 필요했다. 그래서 남한테 못된 짓도 했다. 건축 철거 작업까지 손을 댔다. "철거 현장에 가보면 말이야. 아귀다툼이야. 어르신, 아이 할 것 없이 바짓가랑이 붙들고 살려달라고 사정하는데, 그런 그들을 들어내고 내가 그랬잖아." 그래도 돈이 들어오니 좋았다고 했다. 하지만 남의 등에 칼 꽂고 번 돈이라 밥 먹을 때도 벽에 등을 대고 먹을 정도로 편치 못했다. 불안감과 죄책감이 극에 달해 다른 사업에도 손을 댔지만 나쁘게 번 돈이라 그런지 다 남의 돈이 됐다고 씁쓸하게 말했다. 남의 얘기 같지 않았다. 돈 없는 자는 자본주의 사회 안에서 언제나 열등한 위치에 놓이게 된다. 게다가 우월한 지위는 꿈도 못 꾼다. 그래서 돈이 주는 자신감에 취해 자신조차 잃어버리는 것쯤은 감수한다. 비단 그뿐이겠는가. <산사나이의 무위자연 인생>(157회) 최황호(65세) 씨는 승승장구하던 백화점

임원이었다. 수십 년간 불특정 다수를 향했던 감정 노동은 그에게 극심한 스트레스를 안겨줬다. "억지 손님이 많았어. 앞에서 웃고 뒤에서 울었던 감정 노동자였지. 배려 없는 사회가 정말 불행한 사회야. 20년간 남을 위해 살았어. 나를 위해 못 살고." 그때를 돌아보며 꿈을 저버릴 만큼 혹독하고 치열한 삶이었다고 회상한다. 그 또한 자신을 아프게 하면서까지 돈의 유혹을 쉽게 뿌리치지 못했다. 그들은 아물지 않은 상처들을 담담하게 전하며 내 가난한 마음을 돌아보게 했다.

자본 위에서 호의호식하던 삶은 어땠을까? <산에서 깨달은 무소유의 행복>(154편) 허상원(59세) 씨는 잘나가던 대기업 건설업자였다. 그의 말에 따르면 돈이 휴지조각처럼 느껴질 정도로 많이 벌었다고 한다. 하지만 업무 특정상 잦은 술 접대로 그는 건강을 잃었다. 가진 부귀영화가 무용지물임을 깨달았다. "돈만 벌어다 주면 사내구실, 가장 구실 하는 줄 알았지. 먹여 살려야겠다는 의무보다는 돈을 많이 벌어서 어깨에 힘 좀 주자 생각하니까 앞만 보고 전진했지." 부자였던 그는 돈 액수만큼 꿈꿀 수 있는 세계에서 행복하지 못했다. 그래서 호화롭고 부유했지만 치열하고 아팠던 도시에서의 삶을 내려놨다. 지금은 산이 가르쳐준 무소유의 행복을 찾아가고 있다.

살아남기 위해 누구보다 발버둥 쳤고 모든 걸 잃었던 순간, 비로소 새로운 세상에 눈을 뜰 수 있었던 사람들. 그들의 처지가 나의 처지임을 깨닫는다. 자본에 연연했던 그들의 시간은 지금 내가 보내는 시간과 다르지 않기 때문이다. 자본주의는 실패한 시스템이다. 대다수는 총이나 칼이 아닌 자본에 의해 억압된 삶을 보낸다. 학습된 자본주의 시스템에 침식되어 진짜 원하는 것을 잃는다. 끊임없는 경쟁 속에 내몰려 내적 의미도 없는 삶만 쫓다 열등한 존재에 이른다. 그 안에서는 누구나 아프다. 고맙게

도 자연인들은 해결 불가능한 폭력적인 상황 속에서도 새로운 방식으로
그 한계를 벗어났다. 고난과 좌절의 순간에 예전과 같지 않은 삶의 방식을
자연에 배치하고 외면 대신 자신의 내면을 받아들이며 긍정했다. 그것은
완전히 다른 자신들을 생성해낸다. 자신의 욕망을 제대로 작동한 것이다.
그래서 그들이 안으로부터 탈주해 바깥에서 이룬 작업들은 의미가 있다.
"남이 모르는 향을 맡으면서 먹고사는 삶이 산속 사람의 인생"이 아니겠냐
며 자연인이 웃는다. 치열한 경쟁의 바깥에서 자연인이 발견한 현실이다.
잃어버린 진짜 삶을 찾기 위해, 그 진실한 가치를 회복하고자 찾은 곳,
배부른 돼지보다는 자신이 주인으로 살고자 택했던 곳, 바로 자연이었다.
그것은 비겁한 도피가 아니다. 자본이 주는 혜택들을 과감히 절단하고
자연으로 이동한 것은 용기다. 자신만의 생성을 위한 탈주다. 그들은
그 자체로 변이의 경지를 보여줬다. 그래서 자연인들의 지난날은 후회로
가득했지만 그들의 오늘은 안녕하다.

친숙하고도 낯선 세계로의 동화

기상천외한 그들의 삶의 방식은 단박에 눈길을 끈다. 눈뜨면 산으로
올라가 우슬, 망개 등 귀한 약초를 캐고 내려와서는 도랑에서 미꾸라지를
잡는다. 누룩과 쌀, 때론 별스러운 과일을 따다 술을 담그며 진정한 자급자
족의 진수를 보여준다. 유희로까지 이어지는 그들의 일상은 부럽기까지
하다. 자연을 놀이터 삼아 폭포수에 홀랑 벗고 뛰어든다. 나무 사이에
그물을 걸어 그네를 타고 솔방울을 나뭇가지로 쳐 내며 골프를 즐긴다.
재활용은 창조적이기까지 하다. 해어진 청바지를 찢어 가방끈을 만들고
뭉쳐진 솔잎은 때수건으로 변신한다. 화면 너머로 자연과 공생하려는

마음도 보인다. 세제 대신 잿물로 설거지를 하고 무심코 풀 한 포기를 밟은 제작진을 향해 호통도 친다. "쓸데없는 욕심 때문에 평생 헤매지 말어." 고요한 산중에 울려 퍼지는 그들의 흥겨운 자연 예찬을 보고 있자니 피로 사회에서 쌓여갔던 마음의 노여움이 한방에 날아갔다. 자연인의 삶이 내 삶이었으면 했다.

빠질 수 없는 감초는 역시 개그맨 윤택과 이승윤이다. 이들은 좌충우돌 야생 적응기를 통해 느낀 희로애락을 진솔하게 풀어낸다. 자연인과의 어색함도 잠시, 특유의 넉살 좋은 입담으로 낯선 이를 경계하는 자연인들의 마음을 쥐락펴락한다. 게다가 천연덕스러운 몸 개그는 깨알 같은 재미를 더했다. 함께 울고 함께 웃으며 때로는 자연인보다 더 자연인답다. 장작 쪼개기는 기본이고 등목은 옵션이다. 살갑게 달라붙는 것도 모자라 머슴을 자처하며 자연인의 일상을 좇다보면 자연스레 형님, 아우 사이가 된다. 그런 그들에게도 어려움은 있다. 고추 말리다 인터뷰할라치면 말벌 쫓고, 대화할라치면 산으로 올라가느라 바쁜 자연인 때문이다. 카메라 따윈 안중에도 없는 상황이 자주 발생하다 보니 웃음을 유발한다. 자칫 무겁고 진지한 방향으로 흐를 뻔한 프로그램에 예능감을 입힌 것은 신의 한 수였다. 자칫 무거워질 수 있는 자연인의 아픔을 웃음으로 승화시킬 수 있어서다. 윤택과 이승윤의 질문이었기에 자연인들의 아물지 않은 상처가 덜어진다. 그래서 결코 가볍지 않은 아픈 주제임에도 다시 웃을 수 있다. 자연인표 음식도 묘미다. 레시피는 다르지만 원초적인 맛을 살린다는 원칙에는 변함없다. 대충 씻어낸 대파를 구워 고추장에 찍어 먹거나 약초로 버무려진 밥 한 그릇에 손으로 쭉쭉 찢어 넣은 김치도 별미다. 한 끼 대충 먹을 법도 하지만 때마다 정성을 들인다. 장작불에 가마솥을 얹혀 재료의 뜸을 들인 후 제대로 먹는다. 서두를 일도 욕심낼 이유도 없다 보니 시간에 쫓겨 밥을 먹던 도시 생활과는 차원이 다르다. 둥굴레가 들어간 약초 잡채, 죽순들깨탕 등 밑반찬이 필요 없는 특별식도 군침 돌게 한다. "요리는 자기가 만드는 거야"라며 어울릴 것 같지 않은 음식들을 마구 섞어 넣는다. 대강 만들어진 음식들을 한 상 차려 참 달게도 먹는다. 보는 재미가 쏠쏠했다.

그래서일까? 방송 4년 차인 <나는 자연인이다>는 그 자체가 이미 브랜드다. 케이블 TV <나만 자연인이다>로 패러디되고 자연인들의 삶의 방식이 tvN <삼시 세끼>를 탄생시키면서 2015 방송 트렌드를 선도했다. 그중 <삼시 세끼: 어촌편>은 '만재도'라는 외딴 섬에서 펼쳐지는 세 남자의 철저한 자급자족 라이프를 보여주면서 인기 예능의 선두로 올라섰다. <나는 자연인이다>의 콘셉트를 제대로 차용했다. 하지만 아류작의 한계는 곧 드러났다. 리얼리티라고 표방하지만 재단되어지고 계산된 일상은 모조 현실이다. 스타 배우를 내세운 작위적인 설정에다 자연을 배경으로 했지만 카메라 속에 갇힌 삶 자체를 따라가다 보니 삼시 세끼를 해결하는 과정에서 벌써 지친다. 게다가 '차줌마 신드롬'은 피로만 가중시킨다. 홍합짬뽕, 제육볶음 등 만들어내지 못하는 요리가 없다. 그 자체로 완전무결이다. 그는 돈도 잘 번다. 순탄치 않은 가정사도 끌어안은 매력남이다. 보태면 '차 셰프'로 등극할 만큼 요리도 잘한다. 이쯤 되면 사기 캐릭터다. 그 탓에 돌리는 채널마다 요리 프로그램이 방송되고 경쟁 사회에 내몰린 남자들 또한 해야 할 것 하나만 더 늘었다. 감동도 없고 힐링도 없다. 방송에 나온 차승원 레시피, 차승원 패딩, 차승원 음료수는 종용 후에도 여전하다. <삼시 세끼: 어촌편>은 '평범함의 위대함에 대한 이야기' 대신 '위대함의 위대한 이야기'만 남긴 셈이다.

자신만의 저항을 현실의 배치로 바꾸다

<나는 자연인이다>는 살기 위해 답을 한 그들의 일상을 버리지 않고 담아냈다. 남들과 다른 방식으로 자연을 본 제작진의 시선은 익숙한 자연을 새롭게 다가오게 했다. 그리고 현실에서의 주인공이 아닌 엑스트라에 가까운 존재를 통해 유한한 존재로 던져진 우리가 어떻게 살아야 할지를 깨닫게 한다. 자본에 종속되어 돈을 좇고 목숨을 유지하는 삶이 다가 아니라는 것을, 화려한 삶이 아니더라도 괜찮다는 것을 알게 해준다. 그런 면에서 대단히 철학적이다. 보이는 TV가 TV 밖으로 나와 일상에서 사유할 수 없었던 것들을 사유하게 하기 때문이다. 인간에 대한 존중이 없는 세상에서 방송은 내게 가장 풍요로운 순간으로 다가온다. 볼 때마다 위로가 되는 여정임을 느낀다. 게다가 최근 방송은 가족을 등지지 않고 화합하면서 살아가는 자연인들의 모습을 보여주고 있다. 도시(가족)와 시골(자연인)이라는 두 개의 가치가 함께 공존하고 있다는 설정은 매력적이다. 가족하고도 화합하면서 행복할 수 있다는 결론을 이끌어내며 한걸음 더 나아갔기 때문이다. 또한 자연인은 우리가 알던 삶의 절차들, 예컨대 30대는 돈, 40대는 권력, 50대는 명예라는 공식을 깨뜨렸다. 살아남기 힘든 세상 속에서 자연으로 회귀하고픈 현대인의 대리 만족을 충족시키며 "저렇게 사는 것도 참 괜찮구나"를 드러낸 것이다. 삶의 패턴 자체를 완전히 다르게 생각하게끔 하면서 다른 방향의 삶이 배치되는 지점을 현실적으로 보여줬다. 그들이 사는 곳에는 극심한 빈부 격차가 없다. 불공정한 사회구조 아래에 놓여 있지도 않다. 정직하고 공평한 자연이 주는 삶뿐이다. 자연인의 일상 또한 '현재를 즐겨라'라는 21세기 트렌드와도 맞아떨어진다. 내 행복과 내 자유를 추구하면서 반사회적·반인륜적·

반문명적이지도 않다. 순방향의 삶을 제시한 것이다. 자칫 이기적으로 보일 수도 있는 자연인의 선택은 사회적 의미로 보면 대단한 가치를 부여받지 못할지도 모른다. 하지만 그들은 우리가 쉽게 갈 수 없는 길 안에서 새로운 삶의 방식을 보여줬다. 세상 사람들이 다 추구하는 돈과 명예를 버려도 어떤 면에서는 행복하더라는, 무엇보다 가슴 뛰는 일이다. 그래서 자본의 힘 바깥에서 작동하는 그들의 움직임은 소모적인 것이 아니다. 현실을 재구성하려는 의지다.

그리고 내게 남겨진 것들

위에서 살펴본 것처럼 <나는 자연인이다>는 허구를 거치지 않은 실제를 통해 이 시대 사람들이 고민하고 있는 것들, 생각하고 싶은 것들을 던져줬다. 그리고 그 안에서 의미를 생성시켰다. 자본의 흐름을 절단한 채 결핍의 상태가 아닌 오히려 생산하는 힘을 보여줬다. 그것은 자본이 주는 허상이 아닌 자신의 내면을 돌아보는 성찰의 영역에까지 인도한다. 자연인들의 삶 속에 펼쳐지는 놀라운 광경들을 목도하며 물질에 대한 욕망을 버리고 내가 무엇을 할 때 가장 행복한지를 묻지 않을 수 없다. 자연인들은 특정한 가치와 삶의 방식에 얽매였던 것을 버리고 새로운 자신을 발견했다. 돈만 좇던 삶에 의해 철저하게 훼손된 인간성의 복원을 자연에서 찾았다. 결국 자본에 대한 욕망도 다른 것에 대한 욕망도 내가 어떻게 생산하고 소비하느냐에 따라 달라질 것이다. 노예적인 삶을 취할 것인가? 주인이 된 삶을 취할 것인가? 정답은 없다. 이것은 선택의 문제다. 주어진 대로가 아니라 자기식대로 사는 것도 자기 선택이다. 살면서 삶의 즐거움을 찾는다는 것, 정작 나에겐 생소한 일이기도 하다. 하지만 새로운

방식으로 사유하고 스스로의 의지로 더 나아가려는 생산적인 노력이 계속
될 때 나는 정말로 숨을 쉬게 되리라. 오늘도 난 <나는 자연인이다>를
흔들어 나를 깨운다.

가속의 시대, 농사로 서행해보다

tvN <삼시 세끼: 정선편>

김지은

강원도 정선의 어느 집, 도시 남자 세 명을 데려다 놓았다. 널따란 마당에 잘 차려둔 텃밭이 인상적이다. 남자들 외에 고정 출연자는 없다. 그 대신 부엌 아궁이 주변에 어미 염소와 새끼 염소들이 건초를 씹고, 집 앞마당에서는 닭들이 야단스레 울어댄다. 마당 구석 한쪽에는 개 한 마리와 그 새끼들이 꼬물거린다. 집 주변 수풀 구석에는 양봉하는 벌들까지 윙윙댄다.

이곳을 찾는 손님은 기본적으로 한 회에 한 명. 그나마 손님이 찾아와도 하는 일은 특별히 없다. 두런두런 이야기를 나누며 작물을 심거나 잡초를 뽑는다. 텃밭에서 뜯어온 채소와 닭장에서 가져온 달걀로 밥을 한다. 마당 평상에 둘러앉아 밥을 나눠 먹으며 쉬다가, 밥상을 물리면 또 텃밭이며 동물들을 돌본다. 그러다가 다시 밥 먹을 시간이 되면 아궁이에 불을 붙이고 솥을 건다. 이런 일이 하루에 세 번. 그래서 제목도 <삼시 세끼>다.

일반적인 예능 프로그램에서 볼 수 있는 스릴도, 로맨스도, 스펙터클한 장면도 없다. 그저 물처럼 흘러가는 시골 일상을 카메라에 담는다. 고즈녁하기만 한 그 분위기가 자기가 봐도 어이없는지, 프로그램의 첫 회에서부터 고정 출연자가 투덜거린다. "이거 왜 하는 거니, 우리?" 그들을 찾아와 그 풍경을 경험하던 손님 한 명도 툭 내뱉는다. "뭐야 이거. 보는 사람도 지루하겠다."

돌밭 같은 현실: 예능 춘추전국시대

쇼·오락 프로그램이 쏟아지고 있는 시대다. 어느 시간에 TV를 켜도 예능 프로그램이 나오는 데다, 심지어 온라인과 모바일에서도 예능 프로그램에 대한 이야기가 주요 이슈로 등장한다. 아마도 갈수록 바쁘고 각박해지는 세상에서, 점점 웃음을 찾기가 힘들어지고 있기 때문일 것이다. 여가를 즐길 여유조차 없는 이들에게 TV는 훌륭한 휴식의 도구다. 이를 증명하듯 TV에는 예전보다 훨씬 더 많은 수의 예능 프로그램들이 방영되는 것은 물론 팬층 또한 두터워졌다.

프로그램 수의 증가나 관심뿐만 아니라 주제 면에서도 예능이 범람하고 있다. 10여 년 전만 해도 예능 프로그램은 연예인들의 토크나 개그에 맞추어져 있었다. 지금은 그런 협소함에서 탈피해 미용, 요리 및 음식, 여행, 사회, 정치 등 시청자의 다양한 취향과 유행을 반영하는 쪽으로 흐름이 바뀌었다. 여기에 오디션 프로그램이나 이른바 힐링을 지향하는 프로그램, 갈수록 더 세분화되어가는 음악 프로그램들까지 더하면 예능의 규모는 어마어마하다. 이 시대의 예능 프로그램은 한국에 TV가 보급된 이후로 가장 팽창되어 있노라 해도 과언이 아니다.

그러나 이 예능의 홍수는 과연 시청자들에게 긍정적인 영향을 끼치고 있는가? 방영 프로그램 수가 늘어났다거나 주제가 다양해졌다는 것은 좋은 일이다. 선택할 수 있는 경우의 수가 늘었다. 문제는 이 긍정적인 면의 그림자에서 온다. 바로 프로그램 수가 지나치게 많이 늘어나 그들 간의 경합이 치열해졌다는 것이다. 적당한 경합은 서로를 견제해 더 양질의 콘텐츠를 생산하는 순기능을 수행하겠지만, 지금처럼 유례없는 범람 속에서는 오히려 경쟁의 역기능만 두드러진다.

시선을 끌기 위한 자극적인 요소와 민감한 소재를 사용한다는 것은 이미 만연한 지 오래라 언급하기 민망하다. 이 외에 최근 심해진 역기능은 빠른 속도감과 극도로 치닫고 있는 경쟁 시스템에서 온다. 속도와 경쟁은 방송 진행을 좀 더 촘촘하고 긴박하게 만들어 흥미를 유발하지만, 지금은 도를 넘어섰다. 지금의 방송은 지나치게 빠르며 과도하게 경쟁적이다. 스포츠나 오디션뿐 아니라 요리 프로그램에서조차 경쟁 시스템이 도입된다. 경쟁들은 분 단위, 초 단위로 나뉘는 짧은 시간 안에 이루어진다. 속도감 있게 편집되는 짤막한 컷과 컷들은 그것만으로도 따라가기 버거운데, 스릴을 종용하며 과장된 제스처와 호응을 함께 묶어두기에 더 긴장되고 피로하다. 흥미 유발을 위한 효율적 선택이겠지만, 오히려 너무 효율적이라 시청하고 나면 완전히 지쳐버린다. 우습게도 가장 효율적인 휴식을 추구하다가 역으로 극에 달한 피곤함을 내놓게 된 것이다.

이 효율이 하나의 트렌드가 되어 모두가 더 빠른, 더 경쟁적인, 더 신경을 자극하는 방송을 만들고 있는 것이 지금 이 시대 예능의 초상이다. 그런데 이런 숨 막히는 홍수 속에서 홀로 트렌드에 역행하는 프로그램 하나가 나타났다. 경쟁도 없고, 빠른 속도감을 지향하기는커녕 반대로 아주 느리다. 주제 또한 유행과는 거리가 멀다. 대체 무슨 생각으로, 아니

무슨 용기로 이 시대에 이런 프로그램을 내놓았나 싶을 정도다.

휴식의 씨앗 뿌리기

<삼시 세끼: 정선편>(이하 <삼시 세끼>)>를 관통하는 정서는 바로 느긋함이다. 읍내조차 차를 타고 나가야 하는 산골이 배경이고 TV 속 인물의 주된 행동은 농사와 밥 짓기뿐이다. 작품 면면에 느긋함이 느껴지지 않는 부분이 없다. 물론 농사는 고된 육체노동 행위이고 밥 짓기 또한 타이밍이 중요한 작업인지라 출연자들이 진땀을 흘리며 고생하는 장면들이 다수 등장하기는 한다. 그러나 다른 예능 프로그램에서는 서바이벌 추격전이나 시간제한을 둔 추리 게임, 살벌한 미션 수행에 비하면 이들의 고난은 오히려 여유롭고 권태롭지 않은가. 그런데도 시청률은 권태롭지 않다. 시즌 1－1화에 시청률 4.5%를 기록하더니 시즌 2－8화에서는 무려 11.8%의 시청률을 달성했다. 지상파 이외의 TV 채널에서 이 정도 인기를 얻는다는 것은 불가능에 가깝다는 평이다.

불가능을 가능으로 바꾼 것은 이 프로그램이 시대의 유행을 좇느라 잃어버린 것, 즉 한가로움을 전면에 내세웠기 때문으로 풀이할 수 있다. 앞서 언급한 대로 오늘날 TV에는 너무 많은 내용들이 너무나도 급박하게 돌아가고 있다. 한마디로 피곤하다. 학교와 직장에서 빠른 속도로 돌아가는 경쟁을 버텨내고 집으로 들어왔더니 집에서도 똑같이 피로한 화면을 마주해야 한다. '편안하게 휴식하며 즐긴다'는 TV의 가장 중요한 기능과 완전히 동떨어져 있지 않은가. 집 밖에서도 집 안에서도 한가로움을 잃어버린 시청자들에게 <삼시 세끼>의 권태로운 느긋함은 마치 밤샘 작업 후에 만나는 늦잠처럼 느껴졌다. 시간 낭비인 것 같기도 하고 지혜로운

행동도 아닌 것 같지만, 확실하게 평온과 위안을 주는 존재다.

　더불어 <삼시 세끼>는 다른 프로그램들과 달리 시청자들에게 감정을 강요하지 않는다. 요즘의 방송은 제작자가 시청자에게 그들이 원하는 반응을 일부러 강요해 얻어내는 경우가 많다. 작은 일에도 큰 호응을 유도하며 호들갑을 떨거나, 특별한 상황이 아닌데도 편집으로 그 상황을 굉장히 특별하고 놀라운 장면인 것처럼 보여주는 식으로 말이다. 그리하여 허무한 유사 로맨스는 세기의 사랑이 되고 가벼운 시사 문제는 음모론으로 둔갑한다. 시청자들은 스스로 자신의 감정을 인지하기도 전에 강요받은 감정에 휩쓸리게 되고, 자신의 의지와 상관없이 수동적인 감상자가 된다.

　<삼시 세끼>는 그런 요소들이 드물다. 이 프로그램에서 특별히 강조하며 박수를 치는 장면은 심어놓았던 감자가 잘 여물거나, 드물게 요리가 맛있게 되었을 때다. 출연자들은 일상의 소소함으로 찾은 작은, 그러나 놀라운 사건에 환호성을 지른다. 과도하게 스토리텔링을 해놓은 장면이 없으니 감정 강요도 존재하기 힘들다. 시청자들은 줄어든 시청 피로 덕에 안락한 소파에 기대 편안한 마음으로 TV를 시청할 수 있게 된다.

　당연히 느긋함과 감정의 자유만 인기의 요인이라고 할 수는 없다. 현재 예능 트렌드가 지나치게 속도를 좇다 피로감을 낳았듯, <삼시 세끼> 또한 권태만을 좇았다면 그저 답답하기만 한 방송이 되었을 것이다. 하지만 프로그램은 여유로움을 적극적으로 활용하면서도 중간중간에 급박한 흐름을 넣어주는 식으로 폐단을 미리 상쇄시킨다. 느린 장면을 길게 이어가다가 한 번씩 빠른 장면을 넣어주는 것으로 균형을 잡는다. 이 급박한 흐름이라는 것은 피로도를 높이는 경쟁 장면 따위가 아니라, 그저 출연자들이 다 함께 요리하고 농사일하는 것을 빠른 호흡으로 편집한 것이다.

출연자들은 정선에 도착해 여유롭게 집 주변을 둘러보거나 평상에 앉아 한숨을 돌리며 한가로움을 만끽한다. 그러다가도 연출자가 닦달하기 시작하면 허둥대며 재빨리 식사를 준비하느라 아궁이로, 텃밭으로 바쁘게 움직여댄다. 그렇게 소동을 끝내고 나면 또다시 느긋한 식사 시간. 느린 속도와 빠른 속도는 번갈아가며 등장해 서로를 보조하며 균형을 맞춘다. 이 균형으로 말미암아 <삼시 세끼>는 폐단을 막으면서도 프로그램 성격을 훼손하지 않고 온전히 보존한다.

현실은 물론 TV까지 피곤해져 버린 이 시대에 <삼시 세끼>처럼 느긋한 자유를 온몸으로 보여주는 작품은 소중하다. 이 작품은 단순히 시대 유행을 역행하는 작품이거나 그럼에도 의외로 높은 시청률을 기록했기에 주목해야 하는 작품이 아니다. 오히려 머리가 아플 정도로 시끄럽고 바쁜 세상에 쉼표를 찍는 사회적 기능을 수행하고 있다는 것에 주목하고, 그것을 높이 평가해야 할 것이다. <삼시 세끼>는 TV의 본질이었던 편안함과 휴식에 충실할 뿐 아니라, 언제부터인지 우리가 일상에서 잃어버린 쉼표의 의미와 소중함을 복원한다.

자기모순의 병충해를 앓다

그러나 이런 의의 속에서도 한번 짚어봐야 할 문제점들은 존재한다. 우선 가장 안타까운 부분은 작품이 시류와 반대되는 노선을 선택했음에도 한 가지 부분에서 여전히 유행 속에 있다는 것이다. 그것도 나쁜 유행 속에 말이다. 다른 프로그램이 그러하듯 <삼시 세끼> 역시 프로그램의 많은 부분이 광고를 위해 사용되었다. 이미 PPL이 낯설지 않게 된 시대라지만 이 작품에서 광고가 특히 신경 쓰이는 것은, 광고가 작품의 성격을 일부 훼손하고 있기 때문이다.

<삼시 세끼>가 내세우는 캐치프레이즈 중 하나는 "자급자족 유기농 리얼 라이프"다. 실제로 출연자들은 농사나 요리에 있어 유기농을 지향하는 모습을 보인다. 그런데 여기에 PPL 제품으로 다른 것도 아닌 캔커피가 등장한다. 자급자족 유기농 라이프를 지향한다면서 하필 자본주의 공산품의 상징이라 할 수 있는 캔 제품이라니. 아이러니 속에서 <삼시 세끼>는 충실하게 간접광고를 수행한다. 출연자들은 프로그램 진행 중간중간 협찬받은 캔커피를 내비치고, 카메라는 그것을 클로즈업한다. 분명 작품의 주제와는 거리가 먼 소재이건만 프로그램의 도입부마다 커피 마시는 장면을 집어넣기도 한다.

캔커피는 <삼시 세끼> 시즌 1에서 '맷돌 드립 커피'로 자급자족적인 측면을 충실히 보여준 것에 완벽하게 반한다. 방송이 광고의 도구가 되어가는 것 또한 문제지만, 그럼으로써 프로그램의 성격 자체가 훼손당하는 것은 상당히 심각한 문제가 아닌가.

PPL은 <삼시 세끼>만의 강점인 여유로움마저 해친다. <삼시 세끼>는 케이블 채널의 프로그램 특성상 방영 전후는 물론, 방영 중간에도 많은 광고들이 등장한다. 보고 싶은 것을 보기 위해서 보기 싫은 것까지 강제로 시청해야 하는 것은 고통이다. 시청자는 수많은 광고 중 자신이 관심 있는 분야를 선택해 시청할 권리조차 없다. 그저 원하는 프로그램을 인질로 잡힌 채, 소비를 강요하는 이미지들에 고문당해야 한다. 명백한 폭력이다. 그런데 고통스러운 광고들을 견디고 겨우 프로그램을 시청하려는 찰나, 의지와 상관없이 또 광고를 목도해야 하다니? 프로그램이 주는 달콤한 휴식은 연기처럼 흩어지고 다시금 피로감이 차오른다.

<삼시 세끼>는 자기모순에 당착한다. 분명 이들은 강요 없는 편안함을

개성이자 강점으로 삼았다. 그러나 은근슬쩍 시청자들에게 광고를 강요함 으로써 강점에 스스로 상처를 입혔다. <삼시 세끼>는 경쟁과 피로로 과열된 현 방송 트렌드의 완벽한 안티테제(antithesis)가 될 수도 있었건만, 왜 그녀들의 고질적인 악행을 답습하는 실책을 저지르고 말았을까. 프로 그램이 좋은 점을 많이 가지고 있었기에 이들의 자기모순이 더 안타깝게 느껴질 따름이다.

또 다른 추수를 기다리며

<삼시 세끼>의 한 출연자는 방송 초반부, 밭에 심어야 하는 종자를 앞에 두고 이렇게 툴툴댔다. "언제 다 심어?"

농사를 언제 다 끝내느냐는 출연자의 불평에도 불구하고 <삼시 세끼> 는 어느새 훌륭하게 추수를 마무리 지었다. 빠르게 흘러가는 시대의 흐름 속에서도 자신만의 느린 속도를 고수했고 알찬 수확물들을 남겼다. 휴식 을 선사했으며 시대와 함께 덩달아 피곤해졌던 TV에 여유를 되찾아주었 다. 병충해를 맞은 듯 상처 입은 결과도 더러 있기는 했다. 그럼에도 <삼시 세끼>가 가속되는 사회에 쉼표를 남겼다는 것은 분명한 사실이다. 모두가 효율성을 따지며 빠른 속도를 고집할 때 이들은 서행을 택했고, 그리하여 단순한 예능을 넘어 사회적 의미를 남기는 프로그램이 될 수 있었다.

"좀 누워 있자." 또 다른 출연자가 피곤함을 호소하며 방송에서 했던 말이다. 짧은 시간이나마 본 프로그램으로 시청자들이 평화로운 휴식을 만끽했듯이, 현시대에도 여유롭게 '좀 누워' 쉴 수 있는 때가 찾아오길 바란다. 2015년에 <삼시 세끼>가 그 가능성의 시작을 열었으니, 앞으로 가속보다는 서행하는 여유를 주는 프로그램들이 더 나타나기를 기원해본다. 그리하여 방송이 세상을 조금씩 한가롭게 바꿀 수 있도록.

쓸모 있는 잉여 청춘들의 미완성 판타지

tvN <초인시대>

안효섭

잉여 인간

국어사전에 '잉여'라는 말은 "쓰고 난 나머지"라는 의미로 나온다. 여기에 '인간'이라는 말이 덧붙게 된 '잉여 인간'은 고로 '사회에 아무런 도움도 주지 못하고 하루하루 불필요하게 살아가는 낭비되는 인간'이라는 뜻일 것이다. 작가 손창섭이 쓴 단편소설의 제목으로 처음 등장한 '잉여 인간'은 무기력과 불안을 안고 살아가는 전후 시대의 우울한 인간형을 상징하는 대명사라는 점에서 의미를 갖는다고 할 수 있다. 한동안 잊힌 단어라 여겼던 '잉여 인간'은 그러나 불행하게도 현대 한국 사회에서 다시금 회자되고 있다.

저성장 시대에서 수요는 정체가 되고 공급은 수요를 넘는 과잉에 수렴하고 있다. 해마다 많은 대학 졸업생들이 쏟아져 나오는 현실에서 이들은 수요를 넘지 못하고 '남는 인력'으로 집계된다. 이러한 '남는 인력'들은 현실에 대한 좌절과 미래에 대한 불안 속에서 스스로를 '잉여 인간'이라 지칭하며 자조할 뿐이다. '잉여 인간'이라는 말은 인터넷을 통해서 부활하고 확대되었다. 청춘들은 현실이 아닌 가상의 공간 속에서 표출할 수밖에 없었다. 청년 실업의 그늘 속에서 청춘들은 결국 온라인을 통해 스스로를 '잉여 인간'이라고 부르며 현실 속에서 침전하고 있었던 것이다.

2015년 4월에 방영되었던 tvN의 <초인시대>는 '잉여 인간'으로 전락할 수밖에 없었던 청춘들의 이야기를 주요 내용으로 삼고 있다. '열정 폭발 코미디'라고 제목이 명명된 것처럼 <초인시대>는 시트콤의 영역에서 코미디로 포장되어 있지만 다른 한편으로는 풍자와 비판으로 점철된 판타지 드라마이기도 하다. 이제 대학교를 졸업했지만 여전히 아르바이트로 연명하며 살아갈 수밖에 없는 세 남자가 어느 날, 초능력을 얻게 되면서 비로소 세상을 구하게 된다는 내용이 <초인시대>의 기본 플롯이다. 얼핏 보면 황당무계한 설정을 바탕으로 한 가벼운 판타지처럼 보인다. 그러나 <초인시대>는 가벼운 판타지를 넘어서 현실의 무거움을 그대로 관통하고 있다고 할 수 있다. 그 현실의 무거움은 세 잉여 청춘들을 통해서 투영되고 고스란히 시청자들에게 전해진다.

<초인시대>는 공대 복학생인 병재(유병재 분), 졸업 유예생인 창환(김창환 분), 청년 창업자인 이경(이이경 분)을 주요 인물로 내세운다. 겉보기에는 여느 20대와 다를 바 없지만 이들은 '잉여'다. 병재는 이 사회 어디서도 결코 환영받지 못하는 존재다. 생일날 화장실에 숨어서 미역국을 챙겨 먹고 조별 모임에서도 혼자 모든 일을 다 할 뿐이다. 그뿐만이 아니다. 직장은커녕 아르바이트를 전전하고 월세조차 내지 못해 쫓겨나고 만다. 창환 역시 사정은 마찬가지다. 의사들이 즐비한 집안에서 홀로 '잉여'가

되고 낯선 사람 앞에서 말까지 더듬는 증세를 갖고 있다. 그나마 사정이 나아 보이는 이경 또한 여전히 현실의 굴레에서 수모를 당하며 살아간다. 어느 날 병재가 다니는 인력 사무소 소장인 주봉(기주봉 분)이 이들에게 특별한 초능력이 있음을 전달하고 세상의 악과 맞서 싸우라고 말한다. 이들은 반신반의하지만 점차 자신의 초능력을 깨닫고 보이지 않는 곳에서 세상을 구하고자 고군분투한다.

극 중에서 설정된 병재, 창환, 이경의 나이는 25세다. 20대의 정점에서 이 나이는 보통 '청춘'이라는 수식어가 붙는다. 대체적으로 한 인간의 삶에서 무슨 일이든지 할 수 있는 가장 찬란하고 영광스러운 순간이라고 부른다. 그러나 이들의 삶에서 '빛'을 발견하기란 매우 어렵다. 청춘의 '빛' 대신 '빚'만 가득한 삶이기 때문이다. 이것은 한국 사회의 현실과 매우 맞닿아 있다. 현실의 영역으로 오면 25세는 대학교 고학번 내지 이제 막 사회로 발을 디디는 졸업의 순간이기 때문이다. 이 세 인물은 한국 사회에서 20대가 처한 현실을 보다 압축적으로 보여주고 있다고 할 수 있다.

이들 세 명은 25세가 지날 때까지 동정을 유지하고 있었다는 공통점이 있다. 이러한 공통된 특성이 비롯되어 이들은 초능력을 얻을 수 있었다. 다소 일본 만화다운 설정이라고 할 수 있는 부분이다. 그러나 이것을 한국 사회의 현실로 치환해보면 결코 가볍게 넘길 수 있는 부분은 아닐 것이다. 이들은 경제적인 어려움과 더불어 인간관계로부터 매우 소외된 인물들이라고 할 수 있다. 일반적인 인간관계는 물론이거니와 연애는 해본 적도 꿈꿔본 적도 없는 인물들이다. 이성과 대화하는 법조차 매우 서투르고 늘 순진하게 '어장관리'만 당할 뿐이다. 연애에서 순진하게 당하는 이들의 모습은 코미디를 연출하고 있지만, 한편으로는 '뼈가 있는'

코미디를 보여준다고 할 수 있다. 이것은 이른바 'N포 세대'로 명명된 20대의 현실을 연상케 하기 때문이다. 극 중에서 이 세 명은 결코 풍요롭지 못하다. 금전적으로, 시간적으로, 정신적으로 어느 하나 여유롭지 못하다. 아르바이트로 자신의 삶을 유지하는 데도 매우 빠듯한 삶을 살아가고 있다. 거기에 학자금 대출 등의 빚에서 허덕이는 상황에서 연애를 비롯한 모든 인간관계는 사치일 뿐이다. 스스로 욕구는 있지만 현실이 뒷받침되지 못하는 이런 상황은 모든 것을 포기하게 만든다. 본래는 연애, 결혼, 출산을 포기할 수밖에 없는 20대들의 자화상을 단적으로 나타낸 '3포 세대'에서 시작된 'N포 세대'는 결국 N의 값만 다를 뿐 20대들의 포기와 체념을 전제로 한 암울한 세대를 나타내는 표현이라고 정의할 수 있다.

　<초인시대>는 기본적으로 코미디를 빌려 드라마를 진행하고 있다고 할 수 있다. 시트콤과 단편 드라마의 경계에서 코미디를 보여주는데, 이것은 이른바 현실에 대한 교묘한 풍자와 촌철살인을 담고 있다. <초인시대>는 B급 병맛과 서브컬처를 통한 냉철한 현실 인식을 바탕에 두고 있다. 가령 인력 사무소에서 자바나 웹 스크립트를 짤 줄 아는 사람을 물어보거나 공사 현장에서 인문학을 전공한 박사들이 나누는 대화는 표면적으로 상황의 부조화를 통해 웃음을 유발하는 것이다. 그러나 그 이면에는 마치 일회용품처럼 소모되고 마는 프로그래머와 고학력임에도 갈 곳을 잃고 공사 현장을 뛰어들어야 하는 인문학 전공자들의 현실을 그대로 투영하고 있다. 이 밖에도 비정규직, 열정 페이 등과 같이 현 한국 사회의 구조적인 문제들을 B급 문화의 틀에서 여과 없이 확대 · 재생산하고 있다. 웃음으로 시작했지만 한 번쯤 곰곰이 되짚어봐야 하는 '쓴웃음'인 셈이다. JTBC의 <썰전>에서 허지웅은 이러한 <초인시대>의 색채에 대해 "병맛 코드라 일컬어지는 콘텐츠를 보면 서늘한 맥락이 있다"고 주장한 바

있다.

<초인시대>는 평범한 인간이 초능력을 갖게 된다는 설정에서 영웅담의 성격을 띤다. 병재는 부끄러운 상황이 되면 시간 이동을 할 수 있다. 창환은 성적 흥분을 느끼면 다른 사람으로 변신이 가능하며, 이경은 동물들의 말을 들을 수 있는 능력이 있다. 일반적인 영웅담에서 주인공은 자신의 능력과 함께 조력자들의 도움을 받아 닥쳐오는 위험을 제거하고 대의를 이룬다. 그러나 <초인시대>의 등장인물들은 대의를 이루기보다 현실에서 그 능력들을 사소하게나마 이용해 뒤틀린 분노를 분출하고자 한다. 극 초반부에 병재는 시간을 되돌려 "아프니까 청춘이다"를 요구하는 취업상담원에게 "너도 젊은 사람이잖아" 하면서 거칠게 욕설을 퍼붓는다. 그러나 그 능력을 통해 정작 자신의 삶을 안정화하는 데는 번번이 실패하고 만다. 대기업 채용의 압박 면접에서 병재의 능력이 통하지 않는다. 또한 세상을 구하라는 지령을 비장하게 받았지만 창환은 집주인으로부터, 병재는 편의점 사장으로부터 호출을 받고부터는 그 문제를 해결하기에 바쁘다. 이 인물들이 초인이 되었음에도 여전히 현실은 가혹하다. 전형적인 영웅담을 표방하는 듯 보이지만 <초인시대>는 일반적인 영웅담에 나타나는 관념들을 비트는 데서 극이 시작한다.

<초인시대>에 등장하는 선악의 대결 구도는 분명하다. 그러나 <초인시대>에서의 대결 구도는 극의 중심이라고 보기 매우 어렵다. 이른바 '붕붕' 드링크제를 마시고 어른들을 공격하는 초등학생들이나 중국산 물건만으로 사람들을 죽이는 50세의 동정남이 세상을 멸망시키려는 존재들로 등장한다. 하지만 그들은 어디까지나 극에서 '악인'이라고 설정되어 버린 인물들에 불과하다. 항상 결핍되어 있는 초인들의 입장에서는 아무 문제없는 것처럼 돌아가는 사회구조 전체가 '악'으로 느껴질 것이다. 개인

과 개인의 대결이 아니라 개인과 구조의 보이지 않는 대결이라고 간주한다면 결말을 연관 지어볼 때, <초인시대>는 결국 미완성의 판타지라고 정의할 수 있을 것이다.

<초인시대>는 병재와 50세 동정남이 서로 사랑에 빠지고 모든 등장인물들이 행복하게 끝나는 것으로 마무리된다. 초인들이 동정을 잃고 나서부터 능력은 사라지고 세상에는 평화가 찾아왔다. 그러나 결국 그러함에도 불구하고 이들의 삶에 큰 변화가 없었다는 점에 주목해보려 한다. 물론 서로 가정을 만들고 자기 일을 갖게 되었다는 점에서 본다면 이들의 변화가 놀라운 것은 분명하다. 하지만 이들이 세상을 구했다는 사실을 세상 그 누구도 인지하지 못하고 있다. 영웅다운 일을 했지만 누구도 그들을 영웅으로 기억하지 않는 것이다. 그리고 이들은 '잉여'보다 조금 더 나아졌을 뿐, 결국 이 현실을 벗어날 수가 없다. 각각의 인물들이 애정을 쟁취했다는 사실만 더해졌을 뿐, 초능력을 잃고서 여전히 취업에 목을 매고 불안함을 안고 현실에 순응해야만 한다는 사실에는 변함이 없는 것이다. 그 누구의 환호도 없이 다시 평범해진 이들을 통해 시청자들은 카타르시스 대신 현실을 직시하게 된다. '잉여'들의 '반란'을 내세운 판타지를 표방하며 시작했지만 <초인시대>는 끝내 현실의 거대한 벽에 부딪히는 것을 택하며 마무리되었다. 현실에 대한 통렬한 변주가 판타지라고 생각해볼 때, <초인시대>는 현실의 씁쓸함만을 남기고 만 미완성 판타지라고 부를 수 있는 것이다.

<초인시대>는 매우 실험적인 코미디 드라마다. 보편적인 정서 대신 독특한 B급 문화를 바탕에 두고 '잉여'들의 이야기를 다뤘다. 이 사회에서 전혀 쓸모없을 것 같은 '잉여 청춘'들이 도리어 세상을 구하게 된다는 신선한 발상을 통해 쓸모없는 사람은 없다는 기본적인 진리를 일깨워준다.

점점 '잉여'스러운 삶을 살아갈 수밖에 없는 청춘들에게 웃음을 동반한 공감과 현실의 무거움을 동시에 다뤘다는 점에서 큰 의의를 담고 있다고 할 수 있을 것이다. 다만 그러한 실험적인 시도와 깊은 주제 의식에도 불구하고 극의 기본적인 진행이 다소 서투르고 매끄럽지 못한 것에는 아쉬움이 남는다.

장기 불황과 청년 실업의 그늘에서 한편으로는 '생존'을, 다른 한편으로는 '힐링'을 요구하는 사회에 우리는 살고 있다. 누군가는 살아남아야 하고 살아남은 누군가는 치유받아야 하는 것이다. 이렇게 씁쓸한 사회의 단면은 방송 프로그램을 통해서 확대되고 논의된다. 2014년 tvN 드라마 <미생>은 비정규직 문제를 고스란히 꺼냈고 2015년 tvN 드라마 <초인시대>는 청년 실업, N포 세대 등의 문제들을 판타지의 형식을 빌려 제시했다. 시청자와 콘텐츠의 주체가 동일시되면서 시청자들은 현실을 더욱 극대화하며 느낀다. 그 어떤 시사 프로그램보다 극명하게 현실을 드러내는 이런 방송 콘텐츠의 등장을 우리는 어떻게 받아들여야 할까. 현실에 살면서도 '가상현실'을 통해 다시 현실을 보게 되는 우리의 모습이 왠지 모르게 서글프고 씁쓸하다. <초인시대>는 결코 판타지로만 끝나지 않았고 극 중 인물인 병재, 창환, 이경은 우리와 그리 멀지 않은 곳에 존재하고 있다.

입선

청춘, 무대를 되찾다

KBS 2 <청춘 FC 헝그리 일레븐>이 형성한 청년 담론

김성인

곧 졸업이다. 꽉꽉 채우고도 모자라 대학을 5학년까지 다녔다. 전에 없던 취업난에 움츠러든 탓도 있지만, 좀 더 학생으로 남아 있고픈 어리광도 있었다. 나는 대한민국의 취업 준비생이다. 서류 전형 문턱에서 몇 번이고 걸려 넘어져도 이제 막 시작한 거니 괜찮다며 스스로를 위로한다. 나는 아직 젊고 얼마든지 도전할 수 있는 게 청춘의 무기라고 되뇌어 본다. 이팔청춘을 지나 삼구청춘쯤 되었지만, 대한민국의 여느 대졸자가 그렇듯 20대 중반은 사회인으로서 새로운 삶을 막 시작하는 나이이다.

그런데 여기, 조금 다른 청춘들이 모였다. 어렸을 때 축구를 시작해 10대 후반에 이미 꿈 근처에 다다랐다가 날개가 부러져 버린 청춘들. KBS 2의 예능 프로그램 <청춘 FC 헝그리 일레븐>의 1화 첫 화면은 다음과 같이 시작한다.

신생구단 청춘 FC, 지원 자격: 좌절 경력 있는 자

<청춘 FC>는 다시 그라운드에 서고 싶은 '축구 미생'들에게 재도전의 기회를 주는 프로그램이다. 수천 명의 지원자 중 1차 경기력 테스트를 통과한 25명만 벨기에 전지훈련을 위한 비행기 표를 얻는다. 전지훈련을 마치고 귀국하면 국내 팀들과 경기를 치르며 18명의 최종 엔트리가 결정된다. 지원자들의 이력서를 보면 사연도 제각각이다. 민영이는 에이전트를 잘못 만나서 여러 나라를 떠돌다가 쉬고 있다. 제석이는 부상을 당하자 멀쩡하게 다니던 대학에서 제적되었다. 선발된 25명의 선수들에게 유소년 대표 팀은 기본 스펙이다. 대부분 90년대생으로 '포기'라는 단어가 어울리지 않는 나이다. 겉으로 보기엔 누구보다 화려한 이력을 지닌 젊은이들이 뛸 팀이 없어 개인 훈련을 하거나 꿈을 잠시 접어두고 다른 일을 하고 있었다. 그들에게 필요한 건 기회였다. 테스트라도 받을 수 있는 단 한 번의 기회가 절실했다.

안정환의 '기능 재부'

PD가 가장 먼저 찾은 사람은 안정환이다. 고민을 거듭하던 안정환은 감독으로서 팀을 맡고 직접 코치진을 꾸리기 시작한다. 그가 친구 이을용에게 '기능 재부'('재능 기부'를 잘못 말한 것이지만 왠지 그럴싸하게 들린다) 좀 해야 하지 않겠냐며 함께 감독을 맡자고 제안하자 이을용은 3초 만에 수락한다. 안정환은 가난했던 어린 시절에 밥을 준다는 이유로 축구부에 들어갔다. 이을용은 2002년 월드컵 국가대표로 선발되기 전에 그라운드를 등졌던 적이 있다. 이것이 두 감독이 누구보다 선수들을 잘 이해할 수 있는 까닭이다.

지난 몇 년간 TV 채널을 잠식해온 오디션·서바이벌 프로그램들은 비슷비슷한 영웅 서사를 무한 재생산해왔다. 노래 경연이든 요리 대회든 참가자들의 개인적 사연을 포착해 신파로 이끌기 일쑤였고, 참가자들 간에 갈등 구조를 만들고 작위적 시련을 부여해 스토리를 이끌어갔다. 심사위원들은 목책처럼 나란히 앉아 1분 만에, 30초 만에 참가자들의 실력과 미래를 단정 짓는다. 프로그램의 마지막 회에 스포트라이트를 받는 건 단 한 명의 우승자다. 빼어난 실력과 외모에 젊음을 무기로 하는 주인공이 박수를 받는 동안 그의 서사에 등장했던 경쟁자와 조력자, 그밖에 등장인물들은 잊힌다. 최근 종영한 <쇼미더머니 4>의 경우 애초부터 송민호를 주인공으로 정해놓은 듯한 구성으로 논란을 샀다. 금수저를 물고 탄생한 주인공에게 보통 사람들은 더 이상 공감하지도 박수를 보내지도 않는다.

개인의 서사에서 '팀의 서사'로

프로그램 시작과 함께 주인공으로 등장하는 선수는 이강이다. 청소년 대표 팀에서 손흥민보다 더 높은 평가를 받았던 과거 최고의 유망주. 잦은 부상에 일본 대지진이라는 트라우마까지 겪은 그는 선수 생활을 그만두고 아이들을 가르치며 일상을 보내고 있었다. <청춘 FC>라는 두 번째 기회 앞에서 그는 망설이고, 조력자 안정환은 대구에 있는 이강의 체육관을 직접 찾아 프로그램에 참가하도록 권유한다. 이강은 최초 엔트리 25명에 선발되며 한 편의 영웅 서사를 예고한다. 여기까지, 오디션 프로그램에 있어서 최상의 시나리오가 펼쳐진다. 그런데 그는 벨기에행 비행기에 오르지 못한다. 아직 준비되지 않은 마음에 체력 문제가 겹쳐 예비 엔트리로 분류되고, 한국에 남아 기약 없는 기다림을 시작한다. 이강이 퇴장한 무대 위에 골키퍼 이도한이 등장한다. 그다음엔 공격수 남하늘이 주인공이 된다. 그 지점에서 분명해진다. 이 이야기는 단 한 명을 성공시키는 축구 오디션이 아니다. 25명 모두의 성장기다. 소속 팀이 결핍된 주인공들이 벨기에행 티켓을 가지고 떠나는, 여기에 안정환, 이을용이라는 화려한 조력자까지 모두가 여정을 함께하는 '팀의 서사'다.

선수들에게 약속된 미래는 없다. 최고의 활약을 보여 프로 구단의 눈에 들 수도 있지 않을까 하는 작은 희망만이 있다. 25명 모두가 프로에 입단하지는 못할 것이다. 그렇기에 그들은 경쟁 관계다. 그런데 선수들 사이에 경쟁의식은 잘 드러나지 않는다. 오히려 자기와의 싸움이다. 체력 평가표는 1등부터 꼴찌까지 순위를 매기지 않는 대신, 각 선수마다 지난번과 비교해 얼마나 좋아졌는지를 보여준다. 그래서 시청자들도 선수들을 비교하며 보지 않는다. 선수 한 명, 한 명의 성장에 주목하고 응원한다. 그러므로 <청춘 FC>는 경쟁이 아닌 성장의 기록이다.

기존 오디션 프로그램과 다른 데는 편집도 큰 몫을 한다. 포지션별 경쟁이 자명한 상황에서도 제작진은 애써 라이벌 관계를 만들지 않는다. 프로그램 중반을 넘어서며 선발과 후보 선수가 대충 나눠지는 상황에서도 오히려 '벤치의 반란'이라는 이름으로 후보 선수들을 독려한다. 워낙에 착한 편집이라서 한 온라인 커뮤니티에는 '<청춘 FC> 악마의 편집.ver' 라는 패러디 글이 올라오기도 했다. 시청자들은 선수들 저마다의 절절한 사연을 들을 때보다 선수들이 새벽부터 운동장에서 뛸 때 감동받는다. 과거에 매여 절망할 때보다 차근차근 작은 목표부터 달성해나갈 때 응원하게 된다. 담백한 연출과 진정성 있는 편집이 눈물샘이 아닌 심장을 자극하는 것이다.

청춘, 담론을 바꾸다

『아프니까 청춘이다』가 대성공한 후, '청춘'은 하나의 담론이 되었다. 청춘의 이야기는 책으로, 드라마로, 영화로 만들어졌다. 그런데 그 안에 담긴 청춘의 모습은 젊은이들의 현재와 미래가 아니라 어른들의 과거였다. 기성세대들이 지난날을 회상하며 곱씹는 아름다운 추억일 뿐이었다. 드라마 <응답하라> 시리즈, 영화 <써니> 등 이른바 복고 대유행이 이를 보여준다. 한편 '청춘과의 소통, 힐링'을 주제로 각종 기업과 단체가 주관하는 토크 콘서트가 온·오프라인에서 유행했는데, 콘서트 무대 위에는 언제나 성공한 어른이 서 있었다. 그들은 스포트라이트를 받으며 토크쇼라는 이름에 걸맞지 않게 일방적으로 자신의 성공 신화를 전달했다. 토크쇼에는 위로도 소통도 없었다. 청춘들은 무대 아래 객석에서 강연자에게 박수를 보내며 자신을 채찍질할 뿐이었다. 그렇게 집으로 돌아가는 뒷모습은 청춘에게 어울리지 않는다.

이렇듯 청춘을 위한 콘텐츠를 기성세대가 장악하고 있다는 아이러니에 더불어, 미디어는 청춘을 끊임없이 규정하며 청춘 담론을 주도해왔다. 세대 담론이란 그 세대가 주체적으로 이끌어야만 세대의 가치를 대변할 수 있는 데도 불구하고 청년 세대는 담론을 주도하지 못했다. 오히려 '달관 세대' 같은 언어적 프레임에 갇혀 자괴감에 빠졌고, 삼포 세대에서 오포, 칠포, 구포 세대라는 말까지 만들어가는 언론을 보며 포기에 익숙해졌다.

청춘의 이야기는 청춘이 써나가야 한다

<청춘 FC>의 선발전 문을 두드리던 시점에 선수들은 여기서 실패하면 끝이라는 마음가짐이었다. 1차 엔트리에 뽑혀 일주일 동안 합숙 훈련을 하는 도중에도 패배주의에 빠져 있는 모습이 간간이 보였다. 동시에 이 기회를 놓치면 다시는 축구판에 발을 들이지 않을 거라는 독기로 뭉쳐 있었다. 그런데 시간이 지날수록 선수들에게서 변화가 인다.

합숙을 시작하자마자 길정현 선수는 부상을 당했다. 금쪽같은 일주일 내내 실내에서 재활 치료만 받으며 다른 선수들이 운동장을 누비는 걸 바라봐야만 했다. 그에게 일주일은 끔찍이도 길었을 것이다. 최종 엔트리 탈락이 눈앞에 보이는데 따라주지 않는 제 몸이 원망스러웠을 것이다. 그럼에도 묵묵히 재활 훈련을 소화한다. 카메라가 비추는 것은 그의 눈물이 아닌 땀방울이다.

합숙 일주일 동안 두 명의 선수가 숙소를 떠났다. 부상도 있었고 개인적인 사정도 있었다. 카메라는 담담히 그들의 뒷모습을 비춘다. 사실 이게 굉장히 자연스러운 일이라는 듯. 충분히 그럴 수 있음에도 불구하고 카메라는 슬픔을 부추기지 않는다. 그래서 선수들은 단념하고 포기하는 게 아닌, 인정하고 준비하러 가는 모습으로 비친다. 프로그램의 목적이 '성공한 축구 선수 배출'이 아니라 '청춘의 두 번째 도전기'라는 것을 깨닫자 신뢰가 생긴다.

3화에서 청주대 선수의 슈팅을 멋지게 선방한 후 골키퍼 이도한은 말한다. "<청춘 FC>를 처음 시작할 때는 '여기서 떨어지면 그만둬야겠다. 나는 정말 재능이 없는가 보다' 하고 축구를 그만둘 마음을 먹고 시작했는데, 여기까지 올라오고 나니까 '몇 번은 더 도전을 해봐도 괜찮지 않나' 하는 생각이 든다"라고 말했다. 그들에게 올여름은 이미 도전 자체로 충분히 의미 있는 시간이 됐다.

도전에 의미를 두자 과정이 보이기 시작한다. 이 이야기는 기성세대의 과거로서의 청춘이 아니라, 지금을 살아가는 젊은이들의 현재와 가까운 미래로서의 청춘이다. 그렇기에 주인공은 단연 진짜 청춘들이다. 과거의 화려한 스펙은 아무런 힘도 발휘하지 못한다. 하루하루 변화하는 체력과 마음가짐, 태도가 훨씬 중요하다. 정량화된 스펙보다 과정 속의 스토리에 초점이 맞춰진다.

어른들은 기꺼이 조연이 되어준다. 안정환 · 이을용 감독은 청춘을 쉽게 평가하고 단정 짓지 않는다. 과거의 경험에 비추어 공감하고 이해하며 독려한다. 프로그램은 선수들의 좌절을 개인의 탓으로 돌리지 않는다. 잘나가던 유망주들이 이렇게 된 이면에 드리운 한국 유소년 스포츠계의 구조적인 문제도 외면하지 않는다. '네가 열심히 안 해서 그래' 따위의 '노력 담론'을 답습하지 않는다.

한국 사회에서 성공할 확률이 낮은 일에 도전하는 것은 비웃음을 사기 십상이다. 성공으로 이어지는 길은 명문대, 대기업이라는 단 한 갈래이며 그 밖의 샛길에서 서성이다가는 아무리 젊다 하더라도 박수를 받지 못한다. 그런 오늘날 우리 사회에서 이 프로그램이 시사하는 바는 아주 크다. <청춘 FC>의 선수들은 애초부터 축구 선수로 다시 성공할 확률이 높지 않다. 그럼에도 불구하고 도전한다. 이 프로그램은 젊은이들의 도전 자체에 가치를 부여하고 과정을 의미 있게 만들어준다. '꿈보다 겁을 먼저 배운 젊음이 서글픈 밤'이라는 자막이 프로그램의 위로 방식을 그대로 드러낸다. '겁먹지 마, 다시 한 번 해봐도 괜찮아'라는 위로는 이 시대의 모든 젊은이들에게 진짜 위로와 힐링을 제공한다.

'한때 유망주'라는 말은 잊어라. 나는 여전히 현역이고 싶다

<청춘 FC>는 총 16화로 구성되어 전반부는 엔트리 선발부터 벨기에 전지훈련까지, 후반부는 귀국 후의 경기를 담았다. 전지훈련을 마치고 돌아온 팀에, 개인 훈련 중이던 예비 엔트리 세 명이 합류한다. 마치 경기 후반전에 교체 선수로 들어가는 듯한 구조다. 최초의 주인공 이강 선수도 여기서 합류하는데, 영웅의 합류라기보다 다시 도전하는 미생의 모습이다. 최고령 선수 천국회, 벨기에에서 부상을 입고 짐을 싸서 돌아온 션도 합류한다. 여기서 다시 한 번, 기회와 도전의 가치가 강조된다. 체력도 정신력도 한층 강해진 선수들을 보며 신뢰와 응원을 보내게 된다. 그라운드를 앞에 둔 그들의 뛰는 심장 소리가 내게도 전해진다.

청춘은 도전하는 그 자체로 아름답다고 한다. 그러나 그동안은 허울 좋은 수사에 불과했다. 이 프로그램을 기점으로 '청춘 담론'의 방향이 바뀌기를 기대한다. 방송은 단 한 명의 성공한 청춘을 향하는 스포트라이트가 아니라, 무대 위 구석구석에서 제 역할을 하고 있는 모든 배역을 비추는 따뜻한 조명이 되어야 한다. 아프니까 청춘이라는 말은 이제 잊자. 회상 속에서 아름답게 박제된 청춘이 아닌 지금, 살아가는 이 순간 반짝반짝 빛나는 청춘을 응원한다.

'듣는 귀'를 넘어서 '말하는 입'으로

<K팝스타 시즌 4>와 대중음악 공론장의 저변 확대

오천석

대중음악은 어떤 음악인가. 이 질문에 답하기 위해선 우선 가요, 목욕탕, 교통 등 다양한 어휘와 결합해 어떤 독특한 범주를 만들어내는 '대중'이라는 접두사에 대해 고민해봐야 한다. 혹자는 이 접두사가 가진 함의를 단순히 '수량적 많음'이라 단정 지을 것이다. 그러나 이 경우는 대중음악이라는 범주의 내용에 대해서 아무것도 이야기해주지 못한다. '많은 사람이 즐기는 음악'을 대중음악이라 정의할 때, 이 정의는 그토록 많은 이들이 그 음악을 왜 즐기는지를 설명해주지 못하기 때문이다. 이와는 다른 방식으로 접근하자면, 대중문화를 "고급문화라고 결정된 것 이외의 문화"라고 정의한 존 스토리(John Storey)의 방법을 따라 '고급 음악이 요구하는 어떤 수준을 통과하지 못한 잔여의 음악들'을 대중음악의 테두리로 묶을 수 있겠다.[1]

우리가 흔히 고전 음악, 재즈 등이 속한다고 믿는 고급 음악의 수준에 대중음악이 미달한다는 인식은 대중음악에 관해 이야기하는 것, 즉 평론에 대한 거부감으로 나타난다. 복잡하고 어려운 고급 음악에 속하지 않기에 진입 장벽 없이 누구나 쉽게 접할 수 있는 대중음악. 이러한 접근용이성 때문에 많은 사람은 대중음악을 그저 가볍게 듣고 즐기기 위한 것으로 생각하는 경향이 있다. 따라서 이를 분석하고 판단하는 행위는 '즐거움'이라는 목적을 배반하는 사족으로 인식되기 쉽다. 대중음악에 대한 앎의 한계를 설정하는 이러한 '즐기든가, 아님 말고'의 태도는 다시 '즐기기는 쉬운 음악'이 대량생산되는 토양을 형성한다. 그렇기에 '즐기기는 쉬운 음악'을 생산하고 판매하는 주체인 연예 기획사와 방송국이 이러한 태도의 혐의를 뒤집어쓰기 일쑤였다. "비평가라고 쓰고 고급문화의 수호자라 읽는다"라고 자신을 칭하는 많은 이들은 말할 거리가 없는 저질 음악이 판치는 세태를 한탄하며, 순수한 음악 정신이 살아 있던 과거를 향수 어린 시선으로 반추한다.

그러나 우리는 여기서 몇 가지 질문을 던져야 한다. 왜 최근 싸이의 '강남스타일' 열풍에서 보이는 것과 같이 대중음악의 정치적·경제적 효과에 대한 관심이 아닌, 대중음악 그 자체에 대한 관심이 점점 더 옅어져 가고 있는 것일까. 왜 지금 여기서 생산되는 대중음악에 대한 말할 거리는 없어져 가고 있는가. 그리고 문화를 격하(downgrade)시키는 주범으로 지목되곤 하는 연예 기획사와 방송국은 정말로 그런 만행을 저지르고 있는 것일까. 이러한 질문들에 '아니다'라고 답하는 프로그램이 있다. 바로 SBS와 국내 유수의 연예 기획사들이 합작해 만든 <K팝스타> 시리즈다.

---

1) 존 스토리, 『문화연구와 문화이론』, 박모 옮김(현실문화연구, 1995), 19쪽.

<K팝스타>는 정녕 악의 화신인가

최근 방영된 <K팝스타 시즌 4>를 들여다보자. 음악 듣기에 취미가 없는 사람이라 할지라도 한 번쯤은 들어봤을 법한 'YG', 'JYP', '안테나뮤직' 세 연예 기획사의 수장들이 심사위원석에 앉아 있다. 두 번의 예선을 거쳐 올라온 이들을 다음 라운드로 진출시킬지의 여부를 판단하는 것이 심사위원이 할 일이다. 심사위원들은 참가자들의 퍼포먼스를 직접 보고 몇 마디의 심사평을 전달한 뒤 합격·불합격 여부를 결정한다. 하나의 무대 위에 여러 참가자들이 등장하고 이들을 평가해나가는 프로그램의 방식을 보며 혹자는 불편함을 느낄 수도 있을 것 같다.

이들이 불편해하는 이유는 프로그램 내의 심사위원들이 곧 프로그램 바깥의 인사팀장이자 경영인인바, 연예 상품 기획자의 효과적인 이윤 추구를 위해 프로그램이 기획된 것처럼 보일 수도 있기 때문이다. 실제로 심사위원들은 프로그램의 우승자는 물론, 최종 우승하지 못한 참가자라도 훌륭한 퍼포먼스를 선보였을 경우 자신의 기획사로 '모셔가려' 한다. 이들의 이러한 의도가 철저한 손익 계산이 뒷받침된 자본 논리와 무관하지는 않을 것이다. 그리고 <K팝스타> 시리즈는 이윤을 둘러싼 심사위원들의 눈치 게임을 '공정한 경쟁 체제에서 실력 있는 젊은이들을 양성해내는 과정'으로 포장해낸 산물일지도 모른다.

이러한 의혹은 문화 산업이 현 자본주의적 지배 체제를 공고히 하고자 사용되는 싸구려 연막에 불과하다는 호르크하이머(Max Horkheimer)와 아도르노(Theodor Adorno)의 문화 산업 비판론과 궤를 같이한다.

그런데 이렇듯 <K팝스타>의 제작진이 시장에서 통용되는 상품의 법칙에 따라 인간을 물화한다고 주장하는 것은 프로그램에서 드러나는

몇 개의 징후를 확대해 '자본 논리'라는 최종 심급으로 비판의 책임을
넘기는 것으로 보인다. 과연 문화 산업 비판론자들이 의혹을 품은 바대로
<K팝스타> 시리즈는 방송 자본이 만들어낸 현 체제의 축소판이자 이를
합리화하는 기제일까.

이 질문에 대한 이 글의 대답은 '그렇지만은 않다'는 것이다. 이러한
문제 틀은 <K팝스타>라는 현상의 세세한 면모를 모두 분석할 수 없으며,
분명 주목해야 마땅할 부분을 누락하기도 한다. 예컨대 양현석, 박진영,
유희열 세 명의 심사위원들은 자본 논리에 반하는 것처럼 보이는 선택을
할 때도 있으며 냉철한 관찰자의 위상을 스스로 포기하고 참가자의 노래에
감정이 좌지우지되는 감상자의 역할을 자처할 때도 있다. 전자는 참가자
가 지닌 당장의 실력이 부족할 수 있으나 심사 과정 중에 생긴 심사위원과
의 감정적 연대에 힘입어 '성장'이 도모되는 경우다. 예컨대 심사위원들이
직접 트레이닝할 참가자를 선정하는 본선 4라운드의 '캐스팅 오디션'에서
뽑힌 '삼남매' 팀은 "그렇게 할 것 같았다"(유희열), "너무 착했다"(박진영)
등의 평가를 받으며 모든 심사위원을 감동시킨 무대를 만드는 데 실패했
다. 그러나 이들이 지닌 음악적 태도와 성장 가능성은 유희열 심사위원을
설득할 수 있었으며 결국 다음 라운드에 진출할 수 있었다.

후자는 심사 과정 중에 심사위원의 진정성 있는 태도가 발현된 경우다.
여기서 진정성이란 사회학자 김홍중의 표현을 빌린 것으로, '참된 자아를
실현하는 것을 삶의 미덕으로 삼는 태도'를 말한다. 평가자인 동시에
감상자라는 이중적 역할을 수행해야 하는 심사위원은 참가자의 퍼포먼스
로부터 완전히 벗어날 수 없는데, 이들이 보고 듣는 음악이라는 기예의
특성상 몰입의 가능성을 완벽히 배제하는 것이 불가능하기 때문이다.
이는 퍼포먼스에 대한 감탄을 감추지 못하는 심사위원들의 표정과 "평가

가 불가능하다"는 심사 포기 선언으로 드러난다. 이러한 반응은 '평가자'라는 사회적 가면 이면에 존재하는 더 솔직하고 참된 자아가 이들 앞에서 펼쳐지는 단 한 번의 퍼포먼스에 조응해 나타난 것이라 말할 수 있다.

대중음악에 대해 말하는 방법

이 글은 앞서 프로그램을 이끄는 평가자이자 연예 기획사의 수장을 겸하고 있는 심사위원들이 '자본'으로 표상되는 악의 화신이 아님을 논증했다. 이들은 프로그램을 전개시키는 서사적 장치인 동시에, 상품 기획을 떠나서 개인의 실력을 북돋아줄 촌철살인의 논평을 던지는 훌륭한 교육자이며 또 언제든지 감탄할 준비가 되어 있는 감상자이기도 하다. 즉, 손익계산이 아닌 사람과 사람과의 사건, 관계가 프로그램의 주된 내용이 되는 것이다.

이 글이 다음으로 주목할 지점은 심사위원이 지닌 비평가로서의 역할이다. 국립국어원에서 기재한 '비평'의 정의는 "사물의 옳고 그름, 아름다움과 추함 따위를 분석하여 가치를 논한다"이다.[2] 앞서 언급했다시피 <K팝스타 시즌 4>에서 심사위원은 프로그램의 진행자인 동시에 각각의 무대에 대한 논평자로, 어떤 무대의 특정 지점이 미추(美醜)의 분기점이 되는지를 분석해 제시하는 역할을 한다. 그리고 작곡을 전문적으로 공부한 안테나뮤직의 유희열 심사위원이 <K팝스타> 시즌 3부터 합류하게 되면서 이러한 경향은 더 심화된 바 있다.

대중음악가 출신의 심사위원이 대중음악의 미추를 이야기하는 장면은

---

2) http://krdic.naver.com/detail.nhn?docid=18611900

타 방송사의 여러 오디션 프로그램에서 발견되며, 그 예로서는 MBC의 <위대한 탄생>, 그리고 Mnet의 <슈퍼스타K> 시리즈가 있다. 이러한 프로그램은 심사위원 출신인데, 주로 '독설가' 역할을 자처하는 남성 중견 작곡가(겸 가수)가 무대에 대한 음악적 평가를 담당하며, 주로 가수 출신의 나머지 심사위원들이 퍼포먼스에 대한 인상 비평과 더불어 독설에 지친 참가자를 따뜻하게 위로해주는 역할을 한다는 특징이 있다. 이러한 타 방송사 프로그램들의 심사위원들은 신인을 새로이 발굴해 육성해나가는 연예 기획사에 소속된 '연예인'이지 직업적 평가자가 아니다. 따라서 이들의 심사는 방송을 보는 보통 시청자들의 그것과 질적으로 다르지 않은 평이한 수준의 언어로 이뤄지곤 한다.

그러나 제각기 국내 최대 규모의 기획사를 이끄는 <K팝스타 시즌 4>의 심사위원들은 프로그램 바깥에서도 '좋은 음악'에 대해 끊임없이 고민해야 하는 처지에 놓여 있다. 이는 자연스레 무대에 대한 비교적 정밀한 평가로 이어진다. 예컨대 본선 5라운드 배틀 오디션에서 참가자 이진아가 선보인 「냠냠냠」이라는 곡에 대해 심사위원 박진영은 "일단 이 한 곡을 자세히 분석하면 필요한 음악 이론의 반은 끝나요. 화성학, 대위법, 리듬…… 저는 흑인 바흐가 생각났어요"라고 평가했다. <K팝스타 시즌 4>를 시청할 것으로 기대되는 이들 중 대다수는 음악학을 공부하지 않았을 것이며, 따라서 '화성학', '대위법'과 같은 어휘들은 무대를 보고 본인들이 느낀 '인상'과 괴리가 있을 것이다. 그럼에도 불구하고 박진영 심사위원은 '○도 화음', '공기 반 소리 반'과 같은 핵심어를 반복하며 이러한 음악학적 논평을 계속해나감으로써, 대중의 인식과 자신의 인식 간의 격차를 점차 줄여나간다. 이는 시청자들 또한 여타의 무대가 지닌 미적 요소를 분석할 수 있는 새로운 어휘 체계를 갖출 수 있게 됨을 뜻한다.

그런데 대중음악에 대한 비평 행위는 프로그램 내 전문가의 소산으로만 여겨지지 않는다. <K팝스타 시즌 4>의 심사위원들이 선보인 체계에 의한 비평은 비전문가에서부터 준전문가에 이르는 수많은 수용자에게 노출되고, 이들은 다시 본인들의 판단 기준에 준거해 '메타 비평'을 시도한다. 영국의 문화이론가 스튜어트 홀(Stuart Hall)의 용어를 빌리자면, 전문적 심사를 재료 삼아 자신의 평가를 덧대고 또 공유함으로써 공통의 미적 관심사를 지닌 공론장을 형성하는 이들을 '타협적 해독자'라 지칭할 수 있다.

이러한 타협적 해독의 예로서 앞서 언급한 박진영 심사위원의 '대위법 심사평'과 관련된 논란을 들 수 있다. 방송 직후 인터넷 연예 매체 ≪텐아시아≫에서는 "이 곡에는 클래식 음악에서 대위법이라 부르는 부분이 쓰인 부분이 없다"는 작곡가, 피아니스트의 주장을 기사화했다.[3] 이들은 이어 "이 곡의 인트로는 쉽게 이야기해 화성 진행의 왼손 베이스를 워킹 베이스로 친 다음, 오른손으로 3도 위의 화음을 병진행으로 연주한 것뿐이다. 화성 진행도 복잡한 진행이 아니다"라고 주장했다. 프로그램 안팎의 경계를 무화한 이러한 논쟁은 다시 박진영의 재반박으로, 그리고 이들 간에 이루어진 일련의 공방을 관심 있게 바라보는 수용자 간의 갑론을박으로 이어졌다. 이렇듯 <K팝스타 시즌 4>의 한 에피소드가 끝나고 나면 수많은 타협적 해독자들은 나름의 비평을 생산하며 이를 다른 시청자들과 공론한다. 그것이 심사위원들의 발언처럼 처음부터 정제되고 전문적인 양태를 가지기는 힘들겠으나, 토론이라는 제련의 과정을 거쳐 점차 제작

---

3) http://tenasia.hankyung.com/archives/447739

자가 의도하지 않은 새로운 의미가 발생하게 된다. 그렇다면 시청자들은 어떤 이유로 대중음악 감상에 이러한 '사족'을 붙이는 것일까. 이들 시청자 이자 대중 비평가들에게게선 인류가 지닌 정신의 수준을 고양하겠다는 그 어떤 숭고한 목적도 찾아볼 수 없다. 이들이 프로그램 시청 경험에 '굳이' 말을 덧대는 이유는 그것이 즐겁기 때문이다. 시청자 스스로 무대의 미추 에 대해 가치 판단하는 것은 참가자의 피나는 노력을 기울인 무대와 이에 대해 심사위원들이 던지는 촌철살인의 논평만큼이나 재밌다. <K팝 스타> 시리즈를 구심점으로 한, 재미가 원동력이 된 비평의 집단 창작은 다시 프로그램의 수준을 제고시키는 선순환으로서 역할을 하는 점도 분명 존재한다. 이 선순환은 비단 개별 프로그램 차원에만 국한되는 현상은 아닐 것이다. '말할 거리'가 있는 대중음악이 생산될 수 있는 풍토는 결국 대중음악 그 자체에 대해 말하는 입들에 의해 조성된다. 그리고 <K팝스타> 시리즈가 '대중음악'을 목적어로 한 목소리들의 지분 중 적지 않은 비율을 가지고 있음을 부정하기는 쉽지 않을 것이다.

길 잃은 혀들의 생존 전쟁, <썰전>

윤다희

하나의 포맷이 성공하면 유사 프로그램이 쏟아져 나오곤 한다. 경쟁력을 한층 더 심화시켜 기존의 프로그램을 잊게 하는 경우도, 아니면 모방은 아닌 겨우 구색만 갖춘 구성으로 아류로 남기도 한다. 그 또한 방송계의 발전으로 본다면 그 발전에 기여한 프로그램들이 존재한다. 성공한 예능 포맷으로는 MBC의 <아빠! 어디가?>, <마이 리틀 텔레비전>, <우리 결혼했어요> 등이 이슈가 되었다. 그리고 종편계에서는 3년 넘게 장수하며 종편 떼토크의 포맷을 연 <황금알>이 있다. 이들 프로그램들이 단순히 포맷의 유사성을 놓고 갑론을박을 펼쳤다면 아예 방송계의 판을 뒤흔든 또 하나의 프로그램이 있다. '종편'이라는 애매한 위치만큼이나 애매했던 포맷. 보도국에서도 예능국에서도 내 것인 듯 내 것 아닌, 내 것 같은 아이템을 다루는 다소 불완전한 삼각형 구도의 테이블. 그리고 더욱 불안한(?) 출연진으로 함께 시작한 프로그램. 하이퀄리티 뉴스 털기 프로그램.

독한 혀들의 전쟁 <썰전>이다.

지상파도 움찔하게 만든 파급력

<썰전> 이후 수많은 시사 토크 프로그램들이 신설됐다. 연합뉴스와 YTN 같은 전문 보도 채널이 아님에도 하루 종일 어떤 뉴스를 내보내야 고민을 하는 종편사들은 <썰전>에 착안을 했는지, 이때다 싶어 낮 시간 대에 앵커가 아닌 MC를 둔 뉴스쇼를 신설하기 시작했다. 급기야 TV 조선은 <썰전>의 출연자를 그대로 데려와 <썰전>의 포맷을 그대로 이어가는 '강적들'이란 프로그램을 론칭해 안착시키는 데 성공했다. 하루 종일 똑같은 뉴스를 내보낸다면 시청자들도 피로할 뿐 아니라, 방송사 입장에서도 시간이 아까울지 모르겠다. 하지만 같은 뉴스를 두고 게스트 가 가끔은 농담 한마디, 또 가끔은 최악의 상황을 고려한 우려를, 가끔은 현실 가능성 제로의 상상의 나래를 펼치기도 하며 뉴스를 씹고 뜯고 맛보고 즐길 수 있는 콘텐츠로 만드는 것만이 종편이 합세한 보도, 시사 프로그램들이 살아남는 숙명이 된 것이다.

개그 프로그램에 잠깐 비유하자면 개그맨들 사이에서는 '성, 똥, 욕'으 로 사람을 웃기는 건 반칙이라는 이야기가 있다고 한다. 적어도 방송에서 만큼은 반칙이 있었던 것이다. 하지만 tvN의 <코미디빅리그>에서는 방송 수위가 더 자유로울 수 있다는 장점으로 방송이 아닌 대학로에서 주로 하던 '성, 똥, 욕'을 이용한 개그를 방송 무대로 옮겨왔다. 면전에서 대놓고 자극적인 소재로 웃기는 데 불편함이 있을지언정 웃음을 마다할 수 있는 사람은 많지 않다. <개그콘서트>를 비롯한 지상파 개그 프로그 램들도 아직까지 체통을 지키곤 있으나 그 사이로 슬쩍슬쩍 속저고리를

드러냄은 어쩔 수 없었던 것이다. 마찬가지로 아닌 척하며 바짓가랑이가 다 젖은 채 뒷짐을 지고 있던 지상파 보도국도 종편 뉴스쇼의 물장구를 모른 척할 수 없게 되었고, 결국 KBS 1에서는 낮 시간대에 사람들에게 친숙한 얼굴의 앵커를 내세운 뉴스쇼를 편성하게 되었다. 지상파에서 낮 시간대 뉴스쇼를 편성한 것이 <썰전>의 파급력 없이 가능했을까? 종편의 일이라면 어린아이들 장난으로 여기던 지상파를 위협하기 시작한 프로그램은 100억 원대의 제작비를 앞세운 드라마도 아니었고, 역대 가장 큰 상금을 걸고 벌인 가수 오디션 프로그램도 아니었다. 바로 개그맨과 정치 평론가, 전직 국회의원, 그리고 다방면에서 쓴소리를 대신해주는 영화평론가 등이 출연한 저렴한 제작비의 스튜디오 토크 프로그램이었다.

리모컨은 아버지 손에, 마우스는 아들 손에

새로운 포맷의 프로그램들이 유사 프로그램에 밀려 청취자들을 빼앗기거나, 아예 없어지는 경우도 있다. 하지만 <썰전>은 수많은 유사 프로그램을 양산해냈는데도 비슷한 콘텐츠류에서 독보적인 흥행을 유지하고 있다. 아버지가 거실에서 KBS 1을 볼 때, 아들은 방에서 컴퓨터로 <썰전>을 다운로드해 보는 가정이 얼마나 많았을까. 매일 같은 스트레이트 기사가 반복되는 뉴스지만 달리 선택이 없던 리모컨 기성세대와 본방 사수하지 않아도 언제 어디서나 내가 원하는 주제에 대해 열심히 털어주는 프로그램. 마우스 세대는 리모컨을 무시한 지 오래다.

메인 MC인 김구라 또한 본인은 과거의 업보라고 생각할지 모르겠으나 지금의 김구라를 있게 한 건 인터넷 방송이다. 1세대 인터넷 스타인 김구라, 그리고 젊은 층의 극우 보수 사이트 등에서 지지를 얻었던 전직 국회의

원. 그리고 그의 반대가 되는 정치 성향의 사이트에서 말 잘하는 논객으로 알려진 정치평론가. 이들이 이슈가 되는 정치 사안을 놓고 어떤 발언들을 주고받을지 궁금하지 않을 수 없지 않은가. 오늘도 트위터나 인터넷 커뮤니티에서 정치적 견해로 공방을 펼치고 있을 젊은이들이 절대 안 볼 수 없는 방송인 것이다. 내가 댓글로 싸울 내용을 저 방송에선 나 대신 싸워준다. 참 고맙게도 말도 잘한다. 그들의 주 거주지는 웹상이기 때문에 <썰전>은 본방송보다 인터넷에서 이슈가 되었다. 이후 시청률의 상승은 네이버의 인기 검색어와 그 인기 검색어에 편승하려는 조잡한 어뷰징 기사들을 만들어낸 인터넷 언론사들의 퍼 나르기식 기사를 통해 확대되고 부풀려졌다. 이제는 아예 터져버릴지언정 슬슬 바람이 빠질 기세도 없이 말이다.

삼각형이라는 양날의 검

비록 끝은 김구라라는 예능인이 있어 둔탁하고 뭉개져 보일 순 있겠지만, 그 김구라를 향하고 있는 이철희, 강용석 두 출연진의 발언은 매우 날카롭고 날이 서 있다. 찔리지는 않지만 베일 수도 있는 검을 염두에 둬야 할까. 하나의 사안을 놓고 논쟁을 벌여야 하는 프로그램의 특성상 어쩔 수 없는 일이겠으나, 너무나 첨예한 대립각을 세운 둘의 발언에 이해란 없다. 이 프로그램의 하이라이트는 본인들의 입장과는 다를지 모르겠으나 보수로 지칭되는 강용석과 진보로 지칭되는 이철희, 두 출연진이 '한판 붙는 것'을 지켜보는 것이다. 누가 더 맞는 말을 했는지, 그래서 누가 이겼는지 손을 들어주는 심판은 없다. 누구의 펀치가 더 세게 들어갔는지에 대한 판단은 누군가를 응원하고 있을 본인의 몫이다.

어떤 회 차의 어떤 발언을 예로 들기는 어려우나, 이미 사회적으로 타협할 수 없는 선을 넘어버린 문제들에서 패널들이 내 입장을 대변해줬을 때 카타르시스를 느낀다면, 반대의 경우에는 분명 그 순간 복장이 터졌을 것이다. 싸움이 났으면 일단 말리고 봐야지 더 큰 싸움을 붙이는 '구라'들이 어떤 도움을 줄 수 있을지는 고민해봐야 할 것이다. 거리에서 싸움이 나면 피하는 사람도 있겠지만, 이미 그 주변에 많은 이들이 스마트폰을 들고 구경하고 있을 것이다. 길거리 싸움 구경에 지나지 않는다면, 그 싸움을 구경하기 위해 내 앞을 가린 사람의 머리 위로 스마트폰을 치켜드는 게 우리가 TV를 보는 이유와 같다면, 우리 삶이 너무도 각박하게 초라하지 않은가.

제작진의 생각은?

<썰전>의 자막은 주로 2단이다. 예를 들면 "박원순 시장의 무리수!"라는 자막 상단에는 "강용석 생각"이, "정부의 명백한 실수"라는 자막에는 "이철희 생각"이라는 자막이 뜬다. "그 영화는 망한 영화죠"라는 자막 상단에는 "허지웅 생각"이라는 자막이 따라붙는다. <썰전> 출연진들의 발언은 종종 단정적이다. 그럴 수도 있다는 추측성 발언일지언정 강하다. 제작진은 이런 강한 발언이 걸리면 이때다 싶어 예고편으로, 예고 영상 클립으로, 방송 후 부분 영상 클립으로, 포털 검색어를 장악할 기사의 소재로 이를 사용한다. 하지만 이렇게 단정적인 발언이 다소 예의 없거나 사실이 아닌 경우, 발언의 당사자가 겪는 풍파는 만만치 않다. 하루 종일 SNS상에서 '조리돌림(다수가 하나의 대상을 조롱하는 행태)'을 당하는 대상이 되기도 하고, 몸담고 있는 단체의 신뢰도나 주가에 영향을 미치거나 크게

는 프로그램 사퇴, 혹은 왜 그런지는 모르겠으나 대국민을 대상으로 한 사과 기자회견과 함께 방송 매체 퇴출 등을 겪기도 한다. 하지만 해당 프로그램은? 더 센 입담을 가진 출연자를 섭외하기 위한 회의가 한창일 것이다. 애초에 논란은 제작진에 의해 만들어지는 것이다.

문제가 되거나 오해의 소지가 있는 경우 제작진은 '편집'이라는 만능 키를 사용할 수 있다. 정작 문제의 소지가 있다고 하더라도 편집 없이 밀어 붙이는 건 제작진의 '뚝심'으로 볼 수도 있다. 뚝심 있게 밀어붙였다면 그 책임은 제작진(프로듀서)이 지고 가야 하지 않을까. 하지만 "강용석 생각", "이철희 생각" 이런 자막 하나로 제작진은 이 책임에서 슬쩍 담근 발을 빼내려고 한다. 정치적 발언을 피해가려는 출연진을 보며 웃게 만드는 <개그콘서트>의 코너 '민상토론'에서 우리가 웃는 한 줄의 대사가 이 모든 상황을 말해준다. "녹화방송이라 출연자의 발언이 여지없이 방송된 점 양해바랍니다. 이 출연자의 발언은 해당 프로그램의 프로듀서의 입장과는 전혀 무관합니다." 논란을 던져 키우는 것만으로 소임을 다했다고 생각하는 제작진은 무능하다. 어떤 논란이 일 것이며 그 논란의 태풍이 어떤 항로로 이동해 어떻게 소멸할지, 그 태풍과 직접 맞닥뜨렸을 때 피해는 어느 정도일지까지 짐작하고 대비해야 한다. 태풍이 기상청의 발표와 다른 항로로 진입하거나 피해가 크거나 작았을 때, 기상청이 책임을 다하지 않은 것이 아니듯, 프로그램의 제작진도 문제에 대해 더 철저한 대비가 필요하다.

종편 스타는 외출 중

<썰전>의 2부는 현재 <썰전(錢)>(이후 '썰쩐'으로 표기)이라는 부제로

생활 밀착형 경제 뉴스 아이템을 다루는 토크를 이어가고 있다. 하지만 대략 80분 정도의 편성 중 고작 20분 안팎의 시간밖에 할애하지 않는 자투리 코너 취급을 받고 있다. 과거 <황금어장>에서 '무릎팍도사' 이후 남는 시간을 처리하기 위해 급조해 만든 듯한 <라디오스타>의 모습을 보는 듯하다. <라디오스타>가 짧은 시간 방송되는 것이 아쉬워지다 못해 현재의 위치에 자리 잡은 것만큼, '썰전'의 질도 때우기라는 표현을 쓰기는 다소 미안할 법하다.

게스트의 조합을 살펴보면 김구라와 많은 방송에서 호흡을 맞추고 있는 서장훈과, 타 방송에서 많이 소비되지 않았지만 해박한 지식을 바탕으로 다소 시원시원한 발언을 하는 최진기 강사, 과거 '예능심판자'의 포맷에서 박지윤만큼 보조 MC의 진행을 갖추고 있진 않으나 짧은 토크로도 분위기를 전환할 수 있는 개그우먼 장도연, 그리고 해당 회 차마다 관련 전문가를 섭외하는 등 5인 토크 체제의 안정된 게스트 구조를 갖고 있다. 토크 소재 또한 사회 초년생부터 중·장년층까지 10대를 제외한 전 연령에게 흥미로운 소재인 '재테크'에 초점을 맞추고 있는 점, 그리고 정치 얘기 이후에 풀어내는 경제 분야의 이야기는 1부를 시청했을 시청자들이 쉽게 채널을 돌리지 못할 만큼 매력적이며 통일감을 시사하는 바가 크다.

그럼에도 이전 2부 포맷이던 '예능 심판자'보다 더 시간을 할애받지 못하는 이유는 단 하나라고 생각한다. '종편 스타의 부재로 기사화되지 않는 코너'가 된 것이다. JTBC는 <썰전>과 <마녀사냥>을 통해 걸출한 종편 스타를 배출해냈다. 허지웅과 곽정은 등의 칼럼니스트들을 TV로 진출시키며 기존에 없던 새로운 TV 스타를 배출해낸 것이다. 새로운 스타를 만든 매체의 영향력은 어마어마했다. 필진들의 TV 기용으로 기존에 없던 시청층이 새롭게 유입되었으며, 그로 인한 화제는 검색어 장사가 한창인 어뷰징 기사를 다루는 매체들이 문전성시를 이루는 맛집의 단골 메뉴가 되었다. 제작진도 어뷰징 언론 매체도 솔직하고, 자기 소신껏 발언하는 직설적이고 공격적인 캐릭터에 크게 매혹되었을 것이다. 기존의 '예능심판자' 코너는 그런 점에서 허지웅에게 전적으로 의존해 진행되던 코너였다. 그런데 허지웅이라는 MSG가 빠진 이 맛집에 많은 손님들이 발길을 돌리고 말았다. <썰전>에서 발생하는 기사 대부분을 차지하던 이 게스트가 빠진 이후 프로그램 내용의 기사화가 급격히 줄었고, 이는 검색어 순위에 반영되었을 테고, 곧 프로그램 시청률과 화제성에 영향을 미칠 수밖에 없었을 것이다. 다시 돌아가서 경제 뉴스에 초점을 둔 '썰쩐'은 나쁘지 않다. 들으면 솔깃한 정보로서의 가치가 있는 이야기를 생산해 내고는 있지만 과거 허지웅의 발언만큼 기사화시킬 수 있는 멘트를 던져줄 게스트가 없다는 것이 문제다. 화제가 되지 않는 프로그램은 편성에서 살아남을 수 없다는 것을 <썰전> 안의 코너 '썰쩐'이 보여주고 있다. 콘텐츠의 질과는 무관하게 말이다.

그래도 우리는 착한 식당을 찾아 나선다

강용석의 하차 이후 이준석의 투입은 누구나 예상하던 결과였다. 정치 토크쇼는 난무하고 있지만 기존 출연자들의 성적은 이미 바닥이 드러났다. 좀 더 멀리보고 새로운 유망주 선수를 영입해 키워낼 것인가, 당장 주전으로 출전이 가능한 선수를 영입해 현상 유지라도 할 것인가. <썰전>의 상황은 아쉽게도 '선거' 없는 정치 뉴스라는 보릿고개를 넘어야 하기에 당장 고픈 배를 달랠 수밖에 없는 상황이었다.

정치적 이슈가 잠잠해질 시점이라 다루는 아이템 역시 대입 논술 기출 문제와 같이 방향성 없이 폭넓어졌다. 기대하던 국내 정치 뉴스는 없고, 시리아 내전, 힐러리의 루머까지 다뤄야 하는 다소 멀게 느껴지는 미 대선 뉴스, <비정상회담> 출연진이 등장해 각국의 정치적 사안을 전하기도 하는 등 없는 이슈를 만들어서라도 내려는 눈물 나는 노력을 펼치고 있다. 하지만 아쉽게도 시청자가 바라는 <썰전>은 '박원순', '안철수'가 나오면 이유 없는 고성이 이어지고, '정부는 뭘 했나'라는 일갈에 찬물 끼얹듯 싸해지는 긴장감인 것이다.

강하고 진한 자극을 이길 수 있는 건 더 강한 자극뿐일까? 토크쇼의 화력은 역시나 혀로 강철도 씹어 먹을 만큼의 강한 출연진의 말발일까? 가끔은 희고 멀겋지만 뜨끈한 국물 한 그릇이 그리워지기도 하듯이 고성이 아닌 진득하고 나지막한 목소리로 말을 걸어주는 누군가의 등장이 반갑진 않을까 기대해본다.

야누스의 얼굴, <마이 리틀 텔레비전>
뉴미디어의 시대, 시청자와 함께 꿈꾸는 MBC <마리텔>을 위한 제언

정창희

We need talk about <마이 리틀 텔레비전>

2015년 2월. 인터넷 개인 방송에 스타가 등장했다. <라디오 스타>로 시청자들의 사랑을 받고 있는 김구라, 미녀 트로트 가수 홍진영, 아이돌 그룹 AOA의 멤버 초아, 원년 <개그콘서트>의 인기스타 김영철, 다소 낯선 정준일과 백종원까지 총 여섯 명의 유명인이 방송을 시작했다. 수많은 누리꾼들이 그들의 개인 방송을 찾았고 그 방송은 편집을 거쳐 MBC에서 방영되었다. 약 6%의 시청률을 올린 <마이 리틀 텔레비전>(이하 <마리텔>)은 2015년 4월부터 정규 방송으로 편성되어 꾸준히 시청자들의 사랑을 받고 있다.

<마리텔>은 단순히 기술적 진보 혹은 참신한 기획이라는 관점으로 받아들일 현상이 아니다. 우리의 삶의 풍경과 라이프스타일 그리고 사회

구조의 변화를 총체적으로 내포한 현상이기 때문이다. <마리텔> 출범의 사회적 기원과 방송 내용, 시청자들의 반응 등을 살펴보고 이에 대한 종합적인 비평을 통해 우리 사회의 모습을 또 다른 측면에서 바라볼 수 있기 때문이다.

이 글에서 <마리텔>에 대해 가장 주목하고 있는 부분은 그 구조와 방송 과정에서 드러난 방송국과 시청자가 보인 행태의 이중성이다. 인터넷 개인 방송으로 진행되는 <마리텔>과 MBC 예능 프로그램 <마리텔>은 같은 뿌리에서 태어난 독립적인 콘텐츠다. 물론 MBC 예능 <마리텔>의 내용은 <마리텔>의 내용과 같지만, 편집과 각색을 통해 태어난 MBC 예능 <마리텔>은 개인 방송 <마리텔>과 전혀 다른 색깔을 보이기 때문이다. <마리텔>은 예능으로 개그를 강조하며 다섯 명의 출연자가 순위를 가르는 것으로 완결되는 데 반해, 인터넷 방송 <마리텔>은 다섯 개 방송의 독자적인 콘텐츠를 즐기는 것으로 시청의 의도가 전혀 다르기 때문이다. 그럼에도 불구하고 인터넷 방송 <마리텔>은 <마리텔>의 비평 영역에 속한다. 아니 속해야만 한다. 인터넷 방송 <마리텔>이 MBC의 <마리텔> 연출진에 의해 제작되고 전파를 타서 시청자들에게 송출되는 것이기 때문이다.

이쯤에서 <마리텔>이라는 실시간 인터넷 개인 방송에 대한 염려를 금할 수가 없다. <마리텔>이 송출되는 과정에서 사건 혹은 사고가 실제로 발생했고 기사화되어 이슈가 되었다. 하지만 어느 누구도 이에 대해 비평적 시각으로 <마리텔>을 되돌아보지 않았다. 따라서 이 글에서는 <마리텔>(인터넷 개인 방송 <마리텔>을 포함함)을 비평적 시각으로 되돌아보려 한다. 먼저 뉴미디어 시대에 <마리텔>이 갖는 의미를 살펴보고, <마리텔>에 불거진 백종원 사태와 이와 관련해 나타난 제작진과 시청자들의 이중적인 태도, 그리고 마지막으로 겉으로는 뉴미디어와 다양성과 소통을 내세우고 뒤로는 재미 위주의 예능 프로그램이라는 성격을 가진 <마리텔>을 확인해, 그 야누스의 얼굴을 들추고 <마리텔>이 나아가야 할 바람직한 방향을 제시해보고자 한다.

뉴미디어 시대 속에서 <마리텔>이 갖는 의미

<마리텔>의 출범은 매우 의미심장하다. <마리텔>의 출범은 기존의 매스미디어의 전통이 해체되고, 뉴미디어의 시대가 본격적으로 열리고 있다는 것을 암시한다. SNS와 유튜브(Youtube), 아프리카 TV 등 다양한 뉴미디어 콘텐츠들이 기존 매스미디어가 가진 여가 생활의 지분을 점점 잠식해가는 현실 속에서, 지상파 방송사인 MBC가 처음으로 뉴미디어와 매스미디어를 결합시킨 참신한 기획을 선보인 것이다.

매스미디어의 시대에 우리는 '채널권'을 가진 가장이 틀어주는 채널을 시청했다. 이때 우리는 거실과 방송 시간이라는 시공간적 제약하에 종속적으로 텔레비전이라는 매체를 수용했다. 하지만 기술이 발전하면서 우리는 언제, 어디서든, 누구의 간섭도 없이 스마트폰, 태블릿, 노트북 등으로 자신이 원하는 콘텐츠를 즐길 수 있게 되었다. 기술적인 변화만 나타난 것은 아니었다. 가족 간의 대화와 소통이 단절되고 싱글족 500만 시대로 대표되는 단독 가구가 유행하는 시대가 되었다. 여기에 '헬조선'이라는 비관론적 시대 담론이 횡행하면서 작금의 사회에서 시청자들은 무한 경쟁 사회에서 지친 몸과 마음을 치유할 '힐링 프로그램'을 필요로 했다.

이 변화는 비단 시청자에게만 중요한 것이 아니었다. 거실 텔레비전의 시대가 막을 내리는 추세 속에 TV는 점차 다양화되고 구체화되는 시청자들의 요구를 따라가는 데 적합하지 않은 매체로 지적받았다. 루퍼트 머독 (Rupert Murdoch)의 "전통 매스미디어는 소멸할 것이다"라는 발언은 이제 현실론으로 다가오고 있다. 인터넷 개인 방송은 '개인에 의한, 개인을 위한' 방송으로 젊은 세대들의 큰 호응을 얻고 있으며, 인터넷 개인 방송 진행자인 BJ들이 직함을 '콘텐츠 크리에이터'로 바꾸면서 점점 전문적 분야로 각광받게 되었다. 또한 인터넷 개인 방송은 시장과 사업 영역이 계속 확대되고 있으며 다른 분야와 제휴를 맺는 등 뉴미디어 세대에서 가장 주목받는 매체 중 하나다. <마리텔>은 이런 사회 변화와 기술 발전 속에서 매스미디어와 인터넷 실시간 개인 방송(뉴미디어)을 결합한 새로운 도전이다. 시청자들을 적극적으로 브라운관 속으로 끌어들이고 스타들이 시청자들과 함께 숨 쉬게 한다. 2주마다 스타들이 시청자들의 곁으로 찾아가 함께 취미 생활이나 관심사를 공유하고 대화를 나누며 직접 소통한다. <마리텔>의 전무후무한 시도는 몇 가지 단점을 지적함으로써 그 가치 자체를 퇴색시킬 수는 없다. 하지만 <마리텔>이 앞서 언급한 가치를 제대로 발휘하는 프로그램으로 거듭나기 위해서는 비판과 반성을 거쳐야 한다.

백종원을 둘러싼 <마리텔>의 이중성

시청자들을 먼저 열광시킨 것은 '백주부' 백종원이었다. 소유진의 남편 이라는 것 외에는 알려진 바가 거의 없었던 그가 유명 연예인들을 제치고 7연속 우승(파일럿 포함)이라는 독주 체제를 만들어낸 것이다. 그의 성공에는 여러 가지 요인이 있다. 첫 번째, 실시간 개인 방송이라는 매체의 특성을 가장 잘 이해하고 적극적인 소통을 시도했다는 점. 두 번째, 뉴미디어 세대의 유머 코드에 적합한 센스를 보여주었다는 점. 세 번째, 기존 요리 프로그램에서 보여주는 낯설고 고급스러운 '그림의 떡'이 아니라 누구나 공감할 수 있고 쉬운 방식의 요리를 콘텐츠로 내세웠다는 점. 네 번째, 비연예인이라는 출신 성분과 더불어 친근하고 정겨운 이미지를 형성하는 데 성공했다는 점이다. 그의 김치찌개와 된장찌개, 볶음밥 등 쉽고 익숙한 요리들은 누구나 쉽게 따라 할 수 있는 것이었으며 한국 사람들의 정서를 관통하는 '힐링 푸드'였다. 요리뿐 아니라 그의 탁월한 개그 센스와 친근함은 시청자들의 여가 생활을 보내기 적합한 '힐링'을 선사했다.

<마리텔>의 절대 강자로 군림할 것 같았던 그의 시대는 오래가지 않았다. 아버지 백승탁의 성추문 이슈가 불거지면서 시청자들의 원색적인 비난과 욕설 등 '악플 세례'가 그를 자진 하차토록 한 것이다. 아버지의 잘못으로 아들이 연좌된 것은 옳은 일이 아니지만, 이 사건을 계기로 백종원이 만들어낸 친근하고 서민적인 이미지가 깨어졌고 시청자들은 일말의 배신감과 함께 다른 곳에 쏟아낼 수 없는 분노를 그에게 쏟아내었다. 이 사태는 백종원의 잘못도 시청자들의 잘못도 아니다. 인터넷이라는 가상의 익명 공간의 특성과 지난 사례들을 감안하면 충분히 예측 가능한 사태였고, MBC와 <마리텔> 연출진은 미리 이 사태를 막을 방안을 마련할 수 있었다.

그럼에도 불구하고 MBC와 <마리텔>은 백종원을 그대로 출연시켰고 백종원은 네티즌들의 쏟아지는 화살을 그대로 받았다. 그의 하차 결정 이후에도 MBC와 <마리텔>은 침묵했다. 오직 박진경 PD가 SNS를 통해 유감과 자제를 요청하는 메시지를 보냈을 뿐, 공식적 대응은 보이지 않았다. 이런 그늘을 감추고 <마리텔>에서는 편집을 거쳐 평상시 백종원의

재미있고 웃음 가득한 방송을 내보냈다. MLT-07(13, 14회)에는 이렇게 비극이 숨겨져 있었음에도 불구하고 방송사의 정당하지 못한 대처에 아무런 지적이 나타나지 않았다.

MBC와 <마리텔> 연출진은 백종원을 희생시켰다. 그들은 시청자에게 적극적으로 대응하지도, 백종원이 상처 입기 전에 미리 방법을 마련하지도 않았다. 심지어 그에게 심심한 위로나 사과의 말도 하지 않았다. 이는 시청자, 출연자, 연출진 사이의 신뢰를 깨뜨린 사건이었다. 이 비극을 무마시킨 것은 아이러니하게도 더욱 큰 '힐링'이었다. '영맨' 김영만의 등장이 바로 그것이다. 백종원이 하차를 결심한 'MLT-07'에 현재 20~30대에게 유년 시절의 아이콘으로서 향수를 자극한 인물 김영만이 출연했다. 철없는 어린이에서 '헬조선'을 살아가는 어른이 된 그들은 김영만의 모습에서 아버지의 향수를 느끼기 충분했다. 퍽퍽한 삶의 고통 속에서 위로를 건네는 진정한 어른의 모습에서 젊은 시청자들은 직접적이고 진정성 있는 '힐링'을 경험한 것이다.

김영만은 'MLT-07'에서 부동의 절대 강자 백종원을 처음으로 왕좌에서 끌어내렸다. 현실의 아픔을 일깨워주는 백승탁 사건과 그의 아들인 백종원의 몰락과 대비된 김영만의 우승은 시청자들의 권선징악적 카타르시스를 안겨주었다. 또한 이 장면에서 시청자들은 이중적 모습을 보이게 되는데, 당시 <마리텔> 실시간 개인 방송에서 백종원에게 악플을 쏟아냈던 것과 대조적으로 김영만의 방송에서는 악플을 다는 사람에게 집단 응징의 분위기가 조성된 것이다. 이는 <마리텔>을 둘러싼 방송사, 출연자, 시청자들의 동상이몽이 만들어낸 씁쓸한 이야기다.

겉으로만 소통과 다양성을 내세운 '꿀잼'의 정글 <마리텔>

김영만으로 상징되는 '정의와 힐링'은 오래가지 못했다. 김영만은 백종원이 보여주었던 장점을 전혀 가지지 못했고, 스튜디오 녹화에 어울릴 법한 소통 방식으로 뉴미디어 세대들의 흥미를 자극하지도 못했다. 트렌드를 따라잡지 못한 그의 감각은 곧 도태되기 시작해 MLT-09(17, 18회)에서 최하위 순위를 기록하며 결국 <마리텔>을 떠났다. 김영만의 후속 주자로 유사한 이미지와 소통을 내세운 김충원이 등장했지만, 그 역시 첫 출연인 MLT-10(19, 20회)에서 최하위의 고배를 마시고 쓸쓸히 퇴장해야만 했다. 연출진과 언론은 "박수 칠 때 떠난다"면서 그들의 쓸쓸한 퇴장을 포퓰리즘적으로 포장했다.

김영만이 '정의롭게' 우승을 차지한 이후 MLT-08, 09에서는 이은결이, MLT-10에서는 김구라가 우승을 차지했다. 이은결은 백종원이 있을 때도 2위를 차지하며 재미 위주의 방송을 진행했고, 김구라는 이은결이 하차한 뒤, 상대적으로 재미없는 진행을 보여주었던 상대들을 제치고 1위를 차지한 것이다. 그렇다. 결국 '꿀잼' 방송의 승리인 것이다. 사실 백종원의 독주는 앞서 언급한 소통이나 친근함 등 복잡한 요인보다 재미가 더욱 크게 작용했다. 다시 말해 <마리텔>은 인터넷 개인 방송이라는 하위문화의 개그 코드를 기반으로 한 '꿀잼'의 정글이다. <마리텔>은 지극히 10~30대의 젊은 세대를 대상으로 한 기획이라고 평가할 수 있다.

<마리텔>이 주말 예능 프로그램이라는 점에서 <마리텔>이 재미 위주의 편집과 구성, 재미 위주의 인기몰이를 하는 건 당연한 이야기다. 하지만 <마리텔>이 취하고 있는 순위 시스템하에서 출연자들은 살아남기 위해, 높은 순위를 차지하기 위해 자신이 준비해온 콘텐츠보다 재미

위주의 방송 진행을 우선시할 수밖에 없다. 각 출연자들이 준비해오는 콘텐츠는 개인의 정체성과 고유성을 드러내는 것이며 전체적으로 그 다양성을 상징하는 기초인 것이다.

천편일률적인 재미를 강조하기 위한 예능 프로그램이 굳이 이런 인터넷 방송을 도입할 필요가 있는지 의문이다. 그리고 그 유머 코드 역시 일부 계층만이 공감할 수 있는 지극히 편협한 것으로, <마리텔>의 정체성이 인터넷 개그를 보여주기 위한 것이라면 <마리텔>은 전파와 예산, 인력을 낭비하고 있다고 지적받을 수 있다. 결국 <마리텔>은 다양성으로 회귀해야 한다. 다양한 주제와 취향 혹은 관심사를 대변해주고 시청자들과 함께 '놀아주는' 프로그램으로 정체성을 발전시켜야 한다. 이를 위해서는 먼저 <마리텔>의 현재 순위 시스템을 합리적이고 나은 방향으로 변화해야 할 것이다.

함께 꿈꾸는 <마이 리틀 텔레비전>을 위해

<마리텔>은 기존 실시간 개인 방송이 고질적으로 가진 콘텐츠와 기획의 부재, 그리고 이를 실현시킬 인력과 예산의 부족 등 전문성이 부족한 개인 방송의 한계를 극복한 새로운 1인 미디어다. 이러한 장점을 버리고 지극히 재미만을 강조하는 좁은 예능 프로그램으로서 기능하는 것은 여전히 시대착오적인 생각이다. 뉴미디어 시대에서 우리는 다양하고 구체적이고 폭넓은 계층을 수용할 수 있는 프로그램을 바라고 있다. 그리고 <마리텔>은 매스미디어와 뉴미디어 양측에 걸쳐 그 장점을 극대화할 수 있는 잠재력을 갖고 있다.

다채롭고 풍요로운 새로운 매체의 가능성을 보여주기 위해 <마리텔>

은 제작진, 출연진, 시청자들이 함께 꿈꾸는 프로그램이 되어야만 한다. <마리텔> 본방만을 위한 고민보다, 2주마다 직접 시청자들과 숨 쉬는 <마리텔>에 대한 관심과 적극적인 연출진과 출연자들의 소통이 필요하다. 구체적인 방법으로 상설 채널의 개설, 동시다발적 방송 진행보다 순차적 방송 진행과 이에 대한 반응 확인, 적극적인 시청자 아이디어 수용, 방송에서 채팅 이외에도 시청자들과 함께 소통할 수 있는 다양한 소통 경로의 마련 등을 제시할 수 있다.

또한 '제2의 백종원 사태'가 얼마든지 발생할 수 있다는 점을 감안하고 관리와 감독, 대응에 대한 철저하고 구체적인 방안이 마련되어야 할 것이며, 방송국과 연출진은 이에 대해 더욱 깊은 고민을 해야만 할 것이다.

더 나아가 방송국과 연출진은 시대에 대한 이해, 수용자에 대한 이해를 더욱 깊이 해야만 할 것이다. <마리텔>이 포퓰리즘적 태도를 버리고 더욱 옳고 바람직한 가치로 시청자들을 인도하고 다양성과 가치를 존중하는 시청자들의 작고 소중한 텔레비전이 되길 기원한다.

역사, 엄숙주의에서 벗어나다! 오락성과 전문성을 겸비한 신개념 역사 토크쇼와의 만남

안방으로 친근하게 찾아든 역사 이야기,
KBS <역사저널 그날>이 대중에게 기여한 것들

김지민

역사가 필수과목에서 제외되고 선택과목으로 전락한 지난 2010년, 한국사를 선택하지 않은 아이들이 수업 시간에 잠을 자기 시작하면서 역사 교과의 수업 붕괴가 새삼스레 사회적 이슈가 된 적이 있다. 교육이 대입 중심으로 흘러가면서 아이들이 기본적인 역사 용어조차 못 알아듣게 되었다는 역사 교사 D 씨의 개탄이 허투루 들리지 않는 작태가 연일 이어졌다. 학생들은 윤봉길과 안중근을 헷갈리는가 하면, 숙종이 누구인지도 모르게 되어버렸다. 2015년 현재, 한국사는 다시 필수과목이 되었지만 역사에 대한 무지는 여전하다. 개천절은 그저 노는 날이요, 독도 수호 운동은 백일장의 의미 딱 그쯤으로 가치가 퇴색되고 말았다. "제 나라 역사를 모르는 이에게 미래는 없는 법"이라고 일찍이 신채호 선생은 말한 바 있다. 오히려 외국인에게 우리 문화와 역사를 역(逆)으로 전해 듣는 어리석음은 되풀이되지 않아야 하지 않을까. 그런 시점에서 눈이 번쩍 뜨일 만큼 반가운 방송을 만났다. 역사에 무지하고 무심했던 우리에게 따가운 일침을 놓고 통렬한 일갈을 날릴 만큼 획기적인 방송이었다. 2013년 10월 첫 전파를 탄 국민 역사 토크쇼! 역사의 물줄기를 바꾼 결정적 하루를 이야기로 풀어간 이 프로그램은 초반의 우려와 다르게 날이 갈수록 폭발적인 성원 속에서 어느새 두 돌을 맞아가고 있는 방송이 됐다. 시사 교양 프로를 표방하는 이 방송은 결코 무겁지도, 지나치게 엄숙하지만도 않았다. 진지하되 유쾌했으며 웃음이 있되 통찰이 있었다. 자유롭게 과거와 현재를 넘어 미래를 향한 비전까지 제시하는 이 방송은 매 회가 잘 짜인 치밀한 영화 같았다. 특히 드라마와 같은 친근한 매체를 활용해 대중의 흥미에 부합하려 노력했다는 점이, 이 방송이 인기를 얻는 비결의 정수(精髓)가 아닐까 싶다.

교과서가 알려주지 않은 역사의 뒷이야기,
역사의 속살을 들여다보다!

나는 역사를 철저하게 교과서로만 배웠다. 선생님의 일방적인 강의 속에는 오로지 기록과 결과만이 존재했다. 내가 배웠던 역사는 그래서 철저히 '죽은 지식'이었고 '죽은 자'들의 산물이었다. 미래를 향한 지향점은 고사하고 나와의 연결 고리나 현재와의 합일점을 찾기가 어렵고 요원한 '그들만의 과거'였던 것이다. 그러나 <역사저널 그날>(이하 <그날>)은 정사(正史) 속에 녹아들어 있는 다양한 야사(野史)와 비하인드 스토리를 통해 역사가 살아 있는 사람들의 것이었음을, 생동하며 꿈틀대는 상호작용의 합작품이었음을 자연스럽게 보여주고 있다. 게다가 누구도 이야기해주지 않았던 왕릉과 시호(諡號), 문화유산에 얽힌 이야기까지 전해 들으며 앎의 즐거움을 만끽하는 호사를 누리게도 해주었다. 그 속에서 나는 화장기 없는 역사의 민낯을 만났다. 피상적으로만 알았던 조선시대 난(亂)들과 혁명, 그리고 전쟁의 참상들에 스토리가 입혀지니 비로소 부끄럽고 불편했던 당시의 진실이 제대로 읽혔다. 나의 학창 시절에도 <그날>이 있었다면 나는 역사를 좋아하는 아이로 자랄 수 있었을 것이다.

친숙한 인물의 낯설게 보기, 익숙한 사건의 이면 들여다보기, 새로운 이름표를 달게 하는 바른 역사 지킴이

송강 정철은 기행가사 「관동별곡」으로 국문학사적 위치가 상당한 인물이다. 국어 시간에 그의 작품들을 배우면서 국민들은 정철을 정치가보다는 문학가로 기억하기 쉬웠다. 그러나 '28회 정철 기축옥사 특검 되던 날'을 통해 송강 정철을 다른 관점에서 조명할 기회를 얻었다. 방송은 '그는 과연 위대한 문인인가, 잔혹한 정치인인가' 등 숱한 생각할 거리를 던져주며 우리에게 고정관념처럼 박혀 있던 정철에 대한 이미지를 변화시켰다. 그뿐만 아니라 '29회 조선통신사 상반된 보고하던 날'을 통해서는 임진왜란을 막지 못했던 선조의 과실을 통렬하게 꼬집으면서도 거대한 전쟁의 질곡 속에서 의서(醫書)를 펴내며 힘든 왕조를 이끌어갔던 비운의 임금으로 표현하기도 했다. 흔히 장희빈과 인현왕후 가운데서 삼각관계의 남자로 더 유명했던 숙종을 치마폭에 가려진 카리스마의 군주로, 역사 바로잡기에 앞선 왕으로 그의 업적이 상당했음(54회)을 알려주기도 했다. 39회 '항일무장 투쟁의 전설 홍범도'를 통해서는 잘 알려져 있지 않던

홍범도에 대한 역사적 사실을 조명하며 특정 사건과 인물에 대해 알아갈
기회를 제공하기도 했다. 이처럼 <그날>은 편향되지 않은 중립성 속에서
다양한 패널들의 평가, 전문가의 고증이 이뤄졌다는 점에서 역사적 가치
가 크다고 하겠다. 치열하게 역사의 한 페이지를 장식해온 수많은 이름
없는 영웅들과 사건마다에 새로운 이름표를 달아준 느낌이랄까. 우리가
알고 있는 굵직한 사건의 발단이자 시초가 되었던, 그래서 우리가 스치고
흘려보내기 쉬웠던 조그마한 사건 하나하나에 의미를 부여하는 작업은
그 미미한 사건 하나하나가 더해져 오늘을 이루었음을 설득력 있게 전달한
다. 때로 <그날>은 그들의 작명가(作名家)가 되기를 자처했고 대변인(代
辯人)이 되었으며, 교사(教師)가 되었다가 만담꾼이 되었다. 자칫 역사소설
이나 사극을 통해 감상적으로 흐르기 쉬운 점을 경계하면서도 픽션이
과한, 잘못된 부분을 바로잡으며 국민의 올바른 역사관 정립을 위해 노력
하고 있는 점을 주목해봐야 할 것 같다. 그간 대중적이되 바르지 않았던
정보를 바로잡으며 역사 지킴이 역할을 해온 <그날>이 단연 빛나는
이유다.

살아 숨 쉬는 역사의 방향을 제시하는 진보적 역사관

<그날>에서의 역사는 더 이상 건조하게 지나가기만 하던 과거의 기록
에 머물지 않았다. 역사 속에서 수없이 재점화되며 살아 있는 삶으로
다가온 역사는 사람들의 가슴을 다시금 뜨겁게 덥혀 놓았다. 옛사람들의
애환과 아픔을 역사의 결정적 그날 안에서 재조명하며 역사를 완료형의
기록에서 현재진행형의 것으로 사람들의 인식을 바꾸어놓고 있다. 그뿐만
아니라 과거를 과거에 그치지 않고, 현재에 머물지도 않으며 미래와 연결

해 거시적인 관점에서 바라보고 있다는 점 역시 주목할 만하다. 역사를 현재에 투영하되 살아 있는 것으로 바라보고, 과거의 것을 현재와 미래에 끊임없이 투사함으로써 우리의 나아갈 바를 찾고자 무던히 노력하고 있다는 데 뜨거운 박수를 보내고 싶다. 이성과 감성의 균형을 추구하며 중립을 지키면서도 대중의 공감대를 형성하고 함께 호흡하며 시청자의 눈높이에 맞는 흥미를 일관되게 유지하고 있다는 점 역시 주목할 만하다. 그런 점에서 이 방송은 역사는 고루하며 지나간 일의 되새김질이라는 편견을 벗어던졌다. 진보와 보수의 끊임없는 갈등 속에서 성장해온 민주주의의 역사, 그리고 현재가 있기까지를 조망하면서 우리 시대의 변화와 개혁이 필요함을 시사하기도 했다. 과거에 대한 냉철한 판단을 통해 현재적 시각으로 비판하고 재해석·재평가의 과정을 거친다는 점, 나아가 단순한 전달과 수용을 넘어서 그것을 우리식으로 소화하고 어떻게든 발전의 버팀목이자 초석(礎石)으로 만들어가려는 노력, 그것이 바로 역사의 지향점이라는 단순하면서도 소박한 이치를 이 방송은 성실하게 제시하고 있다. 그것이 바로 <그날>이 표방하고 있는 진보적 역사관이다. 반성을 넘어서 미래의 지향점과 비전까지 제시하고 있는 <그날>은 역사 다큐멘터리가 보여주어야 할 모범(模範)이다.

눈높이에 맞는 맞춤 방송, 친근하고 편안한 매력 어필, 공감대 형성은 필수! 교육적 성과는 덤

그간의 역사 방송은 사실 지루했고 너무 무거웠으며 지나치게 진지했다. 지난 4년간 방송되었던 KBS <역사스페셜>(2009~2012년 방송)은 역사 프로그램의 틀과 전통에 아주 적합한 방송이라는 호평을 받았으나 지나치게 학문 지향적이고 전문적인 느낌에 대중성을 얻어내는 데는 실패했다. 그런 점에서 <그날>의 성공은 더욱 의미 있다고 할 수 있다. 역사를 스토리텔링의 기법으로, 한 편의 소설로, 영화로 각색하는가 하면 '역사 교사가 꼽은 역사적 그날', '학생들이 생각하는 의미 있는 역사적 인물'에 대한 국민 앙케트 조사, '다양한 장면 극화(劇化)' 등을 통한 방송은 이 방송이 끊임없이 대중과 소통하고 호흡하며 함께 만들어가려는 방송으로서의 의지를 보여준 것으로 생각된다. 그래서 시청자들은 더 이상 일방적인 역사 지식을 전달받는 데서 그치지 않고 함께 느끼며 생각하게 되었다. 머리 아픈 암기과목쯤으로 생각하지 않고 얼마든지 친근하게 나눌 수 있는 화젯거리로 자연스럽게 입에 올리게 되었다. 다양한 패널들의 입담을 통해 사람들은 역사적 팩트에 상상의 옷을 입혀 스스로 내레이터가 될 수 있었다.

그뿐만 아니라 현재 계속되고 있는 사극 인기 열풍의 중심에 <그날>이 늘 함께 있었다. 드라마 <정도전>, <화정>, 영화 <암살>부터 <사도>에 이르기까지 인기리에 방영되는 사극과 맞물려 기획되고 연재된 <그날>은 자연스럽게 대중에 녹아들어 역사적 배경을 친절하게 설명해주는 도우미 역할을 해주었다. 연일 계속되고 있는 아픈 역사를 함께 돌아보며 반성과 함께 비분강개(悲憤慷慨)함도 느끼고 자랑스럽고 뿌듯한 문화유산을 생각하며 자긍심도 느껴가면서 방송과 시청자들은 하나가 되었다. 그리고 민족적인 유대감을 회복하며 시간의 흐름 속에서 균형감을 찾아가는 성찰을 한다는 점에서 이 방송이 거둔 교육적 성과는 자못 크다.

학습자, 학부모, 교사뿐만 아니라
남녀노소 모두를 배려하는 교육 방송

　최태성 대광고 교사와 이다지 하늘고 교사를 패널로 기용해 학생들의 학습 동기와 흥미에 부합되는 역사 학습, 역사 교육으로의 연계를 꾀한 점도 눈여겨볼 만하다. 수험생들이 어려워하는 '삼국시대 학습법'을 명쾌하게 알려주는 '역사 속 그날 오늘이 되다'(48회)에서 우리는 시원시원한 최태성 선생님의 깜짝 강의를 만났다. 이를 통해 아이들은 역사를 보는 큰 줄기와 맥락을 익힐 수 있었을 터, 인기 유명 역사 강사의 토막 수업을 통해 학습자의 기대에도 부합하고 학부모의 요구에도 발맞추며 <그날>은 수요자의 기대에도 충분히 부합하고 있다는 평가를 받고 있다. 이뿐만 아니라 그간 현장에서 외면받으며 어려운 한국사 과목을 가르치는 고충으로 이중의 어려움을 겪었을 역사 교사를 독려하며 그들의 사기 진작에도 큰 역할을 하고 있다. 수업 연구 자료를 제시하고 질 높은 수업 동영상으로서의 활용성을 높여가며 학교 현장에서도 큰 인기를 얻고 있는 것이 그것이다. 바야흐로 범국민적으로 '역사 배우기' 열풍이 불고 있다. 역사에 대한 흥미를 고취하고 역사 '다시 보기'를 시도하고 있다는 점에서 공익 방송으로서의 가치에 큰 기여를 하고 있는 점을 환영한다. 오랜 시간 부담스럽기만 했던 역사를 '국민 호감'으로 탈바꿈시켜놓은 것에 감사한다. 한국사에 가까이 다가갈 수 있는 새로운 지평이자 발판으로서의 역할을 <그날>이 당당히 해내고 있다. 새롭게 역사 교육을 부흥시키며 인기를 끌어줄 <그날>의 서막을 열어주기를, 나아가 역사 교육의 전환점이자 바로미터가 되어주길 기대한다.

나무가 아닌 숲을 말하며 '인물 중심'으로 각색한 스토리텔링!

재미와 감동, 두 마리 토끼를 동시에 잡은 욕심 많고 야무진 이 방송은 우리에게 역사가 이야기(story)임을 이야기한다. 함께 웃고 떠들다가도 종내에는 눈물과 함께 애통한 기분까지 감돌게 한다. 51회에서는 '개혁을 꿈꾸었던 군주 소현세자의 안타까운 죽음'을, 71회 '임진왜란 시절 피로인이 된 백성들의 애환'을 통해서는 슬픔을, '임진왜란과 인조반정, 정묘호란과 병자호란으로 이어지는 민족적 수난' 앞에서는 분노를, '세종대왕의 한글 창제, 영조·정조가 이끈 문예적 르네상스'를 통해서는 기쁨과 즐거움을 맛보았다. <그날>에는 삶과 희로애락(喜怒哀樂)이 있다. 조선이 신권 중심의 정치를 지향한 국가로서의 기치 아래 성장해왔다는 점, 신권과 왕권의 끊임없는 대립과 갈등 속에서 크고 작은 굴곡 속에 나름의 틀을 형성해왔음을 자연스럽게 보여준다는 점도 스토리텔링으로 명쾌하게 풀어간다. 수많은 불씨가 불꽃으로 이어져 거대한 역사의 분수령을 만들고, 마침내 그 물줄기를 바꾸어놓았음을, 그렇게 역사는 어느 순간 비약적으로 변모한 것이 아니라 점진적인 발전을 거듭하며 진화해왔음을, 그리고 그 중심에는 항상 사람이 있었음을, 사람이 역사의 주체였음을 <그날>은 찬찬히 보여준다. 조선이 한 왕, 한 제도, 한 인물과 사건으로 설명되지 않는, 나무와 나무가 만나서 이루어진 거대한 숲이었음을 바라보는 안목을 키워주고 있는 것이다. 지엽적인 내용에 얽매이지 않고 한 곳에 붙박여 있었던 우리의 시선을 돌려세운 점, 그래서 한층 풍부하고 다채로운 이야기에 주목하게 해준 <그날>에 고마움을 느낀다.

<그날>이 남긴 시사점

정책 입안자들, 교육자들, 모든 국민들이 이 방송을 즐겨 찾아보길 기대한다. <그날>은 왕조의 역사를 다루는 만큼 지도자의 역할과 그 판단의 중요함을 새삼스레 일깨워줄 때가 많았다. 현실을 돌아보며 지도자의 위치와 사명감, 역사 교사의 나아갈 바를 일깨워주고 있다는 점에서 <그날>의 존재 이유는 한층 빛난다. 표면적 기록에 함몰되거나 그치지 않고 이면의 의미까지도 생각하며 역사적 그날이 존재하기까지의 과정을 소상하고도 긴박감 넘치게 풀어냈다는 일관된 평가는 그래서 더욱 뜨겁다. 민초들의 힘, 한숨과 눈물 같은 정서적인 면도 돌아보며 역사는 모두가 함께 만들어가는 것이라는 점, 나아가 동시대를 살아가는 사람으로서의 책무감도 일깨우고 있다고 생각한다. 일부러 짬을 내어 들춰보며 대중 사이에서 끊임없이 회자되는 방송으로 사람들의 가슴속에서, 또 말 속에서 끊임없이 재생산되고 확산되는 방송으로 살아남기를 꿈꾼다. 더불어 역사에 대해 까막눈에 가까웠던 사람들, 심지어 알려고도 않던 우리들을 계몽하며 이끌어줄 수 있는 좋은 방송으로 계속 함께하며 국가의 앞날을 환히 밝혀주었으면 한다.

인터넷 SNS를 통해 역사적 그날에 대해 이야기하는 젊은이가 많아졌다는 점도 반가운 사실이다. 그만큼 역사에 관심을 갖게 된 젊은이가 많아졌다는 기분 좋은 소식이 아닌가. 역사에 문외한이었던 사람들을 소외시키지 않고 따뜻하게 끌어안기를 시도한다는 점, 친절한 설명으로 역사의 재미에 스며들게 한다는 점, 엄숙주의에서 벗어나 살아 있는 사람을 이야기한다는 점, '태정태세문단세'로 외우는 것이 아닌 민초들의 외침 속에서 삶의 흐름을 읽게 한다는 점, 한 줄, 한 단어로 끝난 역사의 기록에 살을 붙이고 색을 입히며 다양한 삶의 스펙트럼을 이야기한다는 점에 사람들은 열광하고 있다. 역사의 퍼즐을 맞춰나가는 듯한 재미와 성취감에 국민들은 환호하고 있는 것이리라.

이념보다는 실존이 중요함을, 그날 있었던 여러 사건과 사건 속 사람들의 모습을 조명하면서 우리가 살고 있는 지금도 언젠가 후대가 이야기할 또 다른 '그날'이 될 수 있음을 준엄하게 깨닫고 함께 고민할 수 있는 과제를 던져준다는 점에서 이 방송의 의미가 결코 작지 않다. 지금을 잘 살아야겠다는 생각, 우리도 훗날 역사적 그날의 주인공이 될 수 있음을 생각하게 되지 않는가. 명절에 모든 세대가 함께 둘러앉아 도란도란 이야기할 수 있는 화제의 중심에, 안방 대화거리로 <그날>은 당당히 이름을 올렸다. "기억하지 않는 역사는 되풀이되기 쉽다." "역사는 미래를 보는 거울이다"라고 한 신병주 교수의 말처럼 <그날>은 늘 우리의 역사관을 성찰하고 다듬게 만든다. 더불어 계유정난과 명성황후 실종 사건, 정조의 죽음에 관련된 미스터리, 고종의 비자금에 관련된 비화 등을 재미나게 다뤄온 <그날>은 그러나 가십에 치우친 내용으로 역사적 실체를 흐리며 흥미 위주로 흘러갈 수도 있다는 비판의 목소리를 겸허하게 수용하며 더 나은 방송을 위해 꾸준히 노력해야 할 것이다. 끝으로 역사를 정적인 것이 아닌 역동적인 것으로, 단순한 수용이 아닌 비판과 평가의 대상으로 받아들이게 해준 <그날>에 거듭 고마움을 느끼며 이 글을 마친다.

<오! 나의 귀신님>,
쉿! 야하지만 야해서는 안 되는 이야기

우동균

아찔할 만큼 자극적인 대사, '한 번만 해요'가 가지는 의미

반대로 한번 생각해보자. 남성이 여성을 강제로 침대에 눕힌다. 그리고 움직이지 못하도록 팔을 짓누른 후 내뱉은 한마디가 '한 번만 하자' 라면? 과연 TV 속에서 이런 장면이 용인될 수 있을까. 백번 양보해 용인된다 하더라도 그 장면을 지켜보는 입장에서 불편함을 느낄 시청자들이 적지 않을 것이다. 그러나 온갖 자극적인 설정이 난무하는 막장 드라마에서조차 함부로 나오기 어려운 대사가 성별이 바뀌었다는 이유만으로 무릎을 탁 칠 만큼 기발한 장면이 된다. 바로 드라마 <오! 나의 귀신님> 이야기다.

이 장면이 의미를 가질 수 있는 것은, 누구나 여자 주인공이 외치는 '한번 해요!'의 뜻을 이해하기 때문이다. 사실 무얼 하자는 것인지 분명치는 않다. 그러나 그 '하자'는 표현이 둘의 성관계를 의미한다는 사실을 눈치채지 못하는 사람은 없다. 그만큼 성적인 표현은 본능적으로 뇌리에 각인된다. 그러하기에 그 대사는 한국의 로맨틱 코미디 드라마에서 여성의 성별을 가진 주인공이 내뱉은 대사라고는 상상할 수 없을 만큼 자극적이다. 그러나 <오! 나의 귀신님>은 이런 충격적인 대사를 교묘한 상황 속에 배치해 한 발자국이 아니라 단 반 발자국만 앞서가면서 현명하게 시청자들을 홀린다. 그리고 그 마법의 주문은 16부작이 끝날 때까지 풀리지 않는 강력한 마력을 발휘한다. <오! 나의 귀신님>은 한국 사회가 밤 9시경 방영되는 드라마에서 시청자들이 어디까지 받아들일 수 있는가를 영민하게 캐치하며 드라마의 관람가가 15세라는 사실을 결코 간과하지 않는다. 그 아슬아슬한 경계를 생각하면서 본능을 자극하는 맛깔스러운 대사를 쓴다는 것이 쉽지만은 않았을 터다. 그렇기에 이 드라마는 그 장면을 위한 포장지를 몇 겹으로 덧대는 사전 작업을 게을리하지 않는다.

여자 주인공인 나봉선(박보영 분)은 귀신을 보는 탓에 일상생활에 지장을 받을 정도로 심신이 지쳐 있고, 어릴 때부터 심약했던 탓에 사람들과 눈을 마주치는 것조차 힘든 것으로 설정되었다. 연애 따위는 해봤을 리 만무하다. 그런 그 안에 넉살 좋고 할 말 다하는 처녀 귀신 신순애(김슬기 분)가 빙의하면서 이야기는 시작된다. 그리하여 나봉선을 이용해 처녀 귀신의 한을 풀어야 한다는 당위성이 생기고 '꼭 해야만 할' 이유를 획득한다. 죽기 전에 남자와 한 번도 해보지 못한 '한(恨)'을 풀어야 승천할 수 있다고 믿기 때문이다. 처녀 귀신과 관계를 맺을 수 있는 남자는 그 음기를 극복할 만한 충분한 양기를 가지고 있어야 하는 남자인데, 이 남자를 찾는 것 또한 쉽지 않은 여정이었다. 이 '양기남'은 때마침 나봉선이 일하는 레스토랑 셰프인 강선우(조정석 분)다. 귀신이 된 후 3년 동안 승천을 못하면 악귀가 된다는 시간적인 제한이 있고, 이미 그 시점은 신순애에게 3개월 앞으로 다가와 있다. 신순애의 입장에서는 급할 수밖에 없다. 이런 설정을 겹겹이 바르고 나서야 여자 주인공의 "한번 해요"라는 표현이 가능해졌다. 이 장면을 '야하지 않게' 만들기 위해 고민한 흔적이 역력한 것이다. '빙의'라는 소재를 이용했고 이 장면 뒤에 숨은 주인공이 사실은 순수하고, 순진하며, 좋아하는 이에게 말도 제대로 걸 용기가 없을 만큼 소심하다는 설정 때문에 이런 변화는 오히려 긍정적으로 받아들여진다. 남자 주인공과 연결될 매개체가 되어주기 때문이다.

로맨틱 코미디의 진화인가, 교묘하게 포장된 클리셰인가

그러나 이런 처녀 귀신의 빙의는 어디까지나 '주인공에게 도움이 된다'는 전제하에서만 유효하다. 실제로 중반부, 강선우를 실제로 사랑하게 된 처녀 귀신은 강선우와 로맨틱한 분위기를 연출하는 나봉선을 넘어뜨리는 등 이기적인 느낌으로 묘사된다. 주인공이 활력을 찾고 사랑을 찾는 소도구로 이용될 뿐, 처녀 귀신의 욕망은 철저히 시청자의 관심선상에서 배제되는 것이다. 이는 한국 드라마에서 여자 출연진이 가지는 위치를 적나라하게 드러내는 설정이다. 여자 주인공과 삼각관계에 놓인 다른 여성 캐릭터는 여주인공과 같은 남자를 좋아하는 것만으로도 대개 악녀가 된다. 제작진이 그 캐릭터를 악녀로 설정하지 않는다 하더라도 받아들이는 시청자들은 그를 라이벌로 인식하는 것이다. 반대로 여자 주인공을 좋아하는 다른 남성은 대개 긍정적인 역할로 받아들여진다. 여성 시청자 층이 두터운 로맨틱 코미디이기에 납득할 만한 결과이기는 하지만, 이는 한국 드라마의 전형적인 틀을 깨지 못하게 되는 걸림돌이 되기도 한다.

<오! 나의 귀신님> 속에서 볼 수 있듯 여자 주인공은 오직 한 남자만의

여자여야 한다. 성은 수많은 막장 드라마들 속에서 불륜 같은 부정적인 형태로 그려지지만 그 불륜을 자행하는 사람들은 철저히 악인이 된다. 이런 맥락으로 로맨틱 코미디 장르 속에서 여주인공은 이어져야 하는 남자 주인공 외에는 잠자리를 하지 못한다. 만약 여주인공이 드라마 속에서 두 명 이상의 남성과 관계를 맺었다면 이른바 어장관리녀, 혹은 헤픈 여자 취급을 받을 가능성이 높다. 여자 주인공은 남자 주인공과 이어지기 전이라 할지라도 다른 남자와의 자유로운 성적 선택권이 없는 것이다. 특히 젊은 여자 주인공이라면 그런 욕망을 표현하지 못하는 것은 당연한 일이다. 한국 최초로 성에 대한 욕망을 재치 있게 표현한 캐릭터라고 평가받은 <내 이름은 김삼순>의 김삼순(김선아 분)조차, 노처녀라는 설정이 따라붙었고, 드라마 방영 내내 남자 주인공 외에 다른 남자와의 로맨스는 없었다. 반면 남자 주인공인 현진헌(현빈 분)은 첫사랑인 유희진(정려원 분)과의 로맨스를 충분히 즐긴 후 삼순이에게 돌아간다.

<오! 나의 귀신님> 속 여자 주인공은 이런 전형적인 패턴을 깨기 위해 부단히도 노력한다. 노골적인 대사와 스킨십을 많은 남성에게 흩뿌리고 다니며 자신의 욕망을 채우기 위해 급급한 것이다. 이 캐릭터를 연기하는 박보영의 작고 귀여운 외모가 아니었다면 자칫 음란하게 보일 수 있겠다 싶을 만큼 아슬아슬하다. 그러나 제작진은 '순진한 외모'와 '여성'이라는 성별, 그리고 '처녀 귀신'이라는 세 가지 설정을 이용해 여자 주인공의 성적 욕망이 다소 적나라하게 표현한다. 그러나 역으로 이런 분위기는 여성이 성적으로 남성과 동등한 위치에 있지 못하다는 것을 대변하는 예다. 반대로 아무리 '총각 귀신'의 설정이라 하더라도 남성이 여성에게 노골적인 스킨십을 하고 음흉한 눈빛을 보낸다면 그것은 일종의 폭력으로 비치기 쉽다. 여전히 한국 사회에서 여성은 남성보다

성적으로 보호받아야 한다는 인식이 강하다. 여성이 남성을 만지거나 몸매를 칭찬하는 행위를 받아들이지 못하면 그것은 이른바 '쿨'하지 못한 것이 되지만, 남성은 여성을 만지거나, 몸매를 칭찬하면 성추행으로 비친다. 비단 일상생활에서뿐 아니라 예능에서도 마찬가지다. <진짜 사나이> 여군 특집에서 최근 불거진 논란 역시 이 같은 분위기 속에서 파생된다. 여성 출연진들이 조교의 엉덩이를 칭찬하는 장면이 여과 없이 방영된 것은 방송가에서 그런 장면에 대한 문제점을 인식하지 못하고 있다는 것에 대한 방증이다. 심의위원회의 회의에서조차 "나 같으면 그런 말을 듣고 기분이 좋았을 것"이라고 말하며 권고 수준의 약한 처벌을 내렸다는 것은 그런 분위기를 더욱 확실하게 인정하는 것이다.

여전히 동등하지 못한 남성과 여성의 성(性)의 무게

여성의 성이 남성의 성과 동일 선상에 있지 못한 것은 아직도 우리나라의 성에 대한 관념이 그만큼 보수적이기 때문이다. 성에 대한 관념이 보수적일수록 여성의 순결이나 정조를 그만큼 더 무겁게 생각하는 경향이 있다. 아직도 유교 사상에 뿌리를 두고 있는 한국의 정서는 특히 그런 경향이 짙다. 남성의 성과 여성의 성은 동일 선상에 놓고 생각할 수 없는 별개의 개념인 것이다. 이는 겉으로는 짐짓아야 하고 보수적이어야 하는 한국의 '감추기식 성' 문화의 단면이다.

성적인 욕망을 당연하게 생각하는 개방된 나라일수록 남성의 순결과 여성의 순결의 의미가 비슷하다. 그렇기 때문에 여성이 받을 수 있는 피해만큼 남성이 받을 수 있는 피해 역시 충분히 고려될 수 있다. <엽기적인 그녀>의 할리우드 리메이크 작 <마이 쎄시 걸(My sassy girl)>에서 남자는 <엽기적인 그녀>의 견우(차태현 분)처럼 마냥 당하고만 있지 않는다. 한국판에서 견우가 그녀(전지현 분)와 한 내기에서 져서 뺨을 일방적으로 얻어맞는 장면은 내기 때문에 감정이 상한 서로가 서로의 뺨을 가격하는 장면으로 대체되는 식이다. 그 때문에 <엽기적인 그녀> 특유의 분위기가 리메이크 작에서 제대로 살아나지는 못했지만, 그만큼 여자에게 일방적으로 당하는 남자에 대한 인식은 우리나라의 그것과는 다르다. 남성이 여성에게 당하는 것은 전반적으로 여성이 남성을 힘으로 누를 수 없다는 전제하에 코믹하게 느껴진다. 그러나 서로가 동등한 관계라면 그 장면은 외려 공감을 자아내기 힘들 수도 있는 것이다.

21세기를 살아가지만 여전히 한국의 성문화는 억눌려 있다. 그리고 그 같은 분위기는 한국의 심의 규정에서도 드러난다. <괜찮아 사랑이야>는 '섹스'라는 단어를 노골적으로 언급하고, 섹스 혐오증을 가지고 있는 여주인공의 극복 과정을 다뤘다는 이유로 "청소년 시청 보호 시간대의 방송은 시청 대상자의 정서 발달 과정을 고려해야 한다", "방송은 어린이와 청소년이 좋은 품성을 지니고 건전한 인격을 형성하도록 해야 한다" 같은 조항들에 위배된다며 주의 판정을 받았다. <선암여고 탐정단>이라는 드라마는 여성끼리의 키스 장면이 방송되었다는 이유로 경고 수준의 중징계를 받았다. 심의 과정 중 동성애에 대해 이야기하던 중 "정신적 장애", "혐오" 같은 단어들이 오갔다는 뒷이야기는 덤이다. 음란함과 솔직함의 경계를 구분 짓는 기준은 그만큼 모호하다. 성은 지극히 개인적인 일이고 다양한 모습이 존재할 수 있다는 인식이 방송가에는 없다. 오히려 때때로 편견과 아집으로 똘똘 뭉친 심의 결과를 내놓는 모습은 한숨마저 나오게 한다.

여전히 한국에서 성교육의 도구는 학교나 가정보다는 인터넷이다. 아이들은 실질적인 성에 대한 확립이 생기기도 전에 불법 동영상을 다운받고 그릇된 성 관념을 주입받는다. 15세 때부터 콘돔을 나눠주며 성교육을 시키는 핀란드는 세계 최저의 10대 임신율을 자랑한다. 주입식이 아니라 토론식의 성교육이 이루어지는 것은 물론이다. 캐나다에도 피임 방법이나 자위 방법을 상세하게 가르치고, 우는 목소리가 내장된 아이 인형을 들고 다니며 아이 키워보기 체험을 시키기도 한다. 이런 노골적이고 현실적인 성교육은 한국 사회에서는 여전히 낯 뜨거운 것으로 받아들여진다. 성은 공식적으로는 감추고, 피해야 하는 대상에 불과하기 때문이다. 그러나 오히려 인간에게 내재된 본능을 이해하고 인정하며, 그 터전 위에 아이들의 호기심을 해결해주는 것이 훨씬 더 건강한 성으로 향하는 지름길이라는 것은 이미 인정된 사실이다. 21세기를 살면서도 여전히 성은 과거에 머물러 있는 것이다.

이렇게 대놓고 드러내는 성에 거부감을 표현하는 것이 한국 사회의 성적인 보수성을 대변하는 일인지는 모르지만, 이런 보수적인 분위기에 의해 성은 더욱 음지로 흐른다. 학교 앞에도 러브호텔이 즐비하고, 안마방 같은 단어들을 듣는 순간 안마가 아니라 성적인 의미와 직결되고 원정 성매매 같은 단어들은 이미 일상적인 것이 되었다. 이 음지로 향하는 성 속에서 남성은 언제나 '갑(甲)'의 위치에 있다. 이 성을 사는 대다수 주체가 남성이기 때문이다. 이런 음지의 성문화 속에서 남성은 언제나 상대적으로 여성의 우위에 있다는 인식이 팽배하다.

<오! 나의 귀신님>은 <엽기적인 그녀>가 그랬듯, 이런 한국에 있는 성차별을 역이용하며 오히려 여성이 이 관계의 우위에 선 모습을 보여준다. "남자들은 10시에서 11시 사이에 가장 왕성하다는데 진짜냐"고 묻거나 모텔 앞으로 남성을 데려간다. 오히려 그런 빠른 관계를 거북해하는

것은 남성이다. 그러나 이런 장면이 '성추행'으로 비치지 않는 것은, 여자 주인공이 남자 주인공을 '감히' 마음대로 휘두를 수 없을 것이라는 인식이 작용하기 때문이다. 실제로 그들이 첫날밤을 맞는 것은 마지막 회이고, 드라마상에서 표현된 시간으로 따지자면 그들이 사귀고도 무려 2년이 지난 시점이다. 노골적인 스킨십과 애정 표현에 비해 지나치게 지체된 시간이 아닐 수 없다.

반 발자국 앞서간 드라마, 그러나 한편에 남는 아쉬움

드라마의 종반부에서 이야기의 구심점은 처녀 귀신 신순애의 실제 한이 무엇이냐로 옮겨간다. 처녀 귀신이 가진 실제 한은 한 번도 남성과의 경험이 없었기 때문이 아니라 자신이 억울하게 살해당했다는 데서 오고, 이는 드라마의 긴장감을 증폭시킨다. 결국 신순애는 양기남과의 하룻밤을 보내는 데 실패하지만 자신의 한을 풀고 승천하는 데는 성공한다. 신순애의 실제 한이 남성과의 하룻밤이었다면 드라마의 삼각관계가 무너지고 마는 까닭이다. 남자 주인공과 여자 주인공의 운명적 관계는 귀신이라도 깰 수 없는 견고한 것이기 때문이다.

결국 <오! 나의 귀신님>은 한국형 로맨틱 코미디의 공식을 깨지 않으면서 그 위에 그 공식이 깨졌다고 느낄 만한 양념을 뿌리며 시청자들의 호응을 얻었다. 16회 동안 그 경계를 지켜내며 이야기의 중심을 잃지 않은 까닭에 <오! 나의 귀신님>의 완성도는 높았다. 특히 실질적으로 1인 2역의 연기를 해낸 박보영은 드라마 속에서 가장 빛나는 존재감을 보여주었고, 상대역인 조정석 역시 캐릭터를 잘 살린 연기력을 인정받았다. 좋은 대본에서 좋은 연출진과 출연진이 만드는 좋은 드라마가 탄생한 것이다. 그러나 동시에 이 드라마에서도 확인할 수 있었던 것은 여전히 깨지 못한 한국 로맨틱 코미디 드라마의 공식이다. 그리고 그것은 여전히 자유로울 수 없는 성적 표현의 한계를 다시 한 번 상기시켰다. 그럼에도 불구하고 이 드라마가 의미가 있었던 것은, 그 반 발자국 내딛은 걸음에 거북함이나 불편함 대신 통통 튀는 밝은 분위로 유쾌하게 풀어냈다는 점이다. 성적인 표현이 단순히 음란한 것이 아니라 귀엽고 사랑스러울 수 있다는 증명을 이 드라마는 해냈다. 그러나 여전히 한 발자국 앞서가지 못한 데 대한 아쉬운 점이 남는 것은 <오! 나의 귀신님>의 완성도의 문제가 아니라, 점점 발전해가는 한국 사회에서 조금은 더 솔직하고 좀 더 건강한 성이 등장해도 괜찮은 시점이 오지 않았나 하는 생각이 들기 때문이다.

진실을 위한 시간

SBS <피노키오>

강혜윤

들어가며

성인이 되었지만 여전히 어린아이로 남길 바라는 '피터팬 증후군', 누군가를 따라다니며 의존하려는 '팅커벨 증후군', 자신의 거짓말을 현실이라 믿은 채 환상 속에서 살아가는 '리플리 증후군', 어린아이에게 성적 매력을 느끼는 '롤리타 증후군' 등 동화나 소설 속 등장인물과 비슷한 특징(증상)을 보이는 사람들에게 그 등장인물의 이름 혹은 작품 제목을 딴 증후군(syndrome)이 여럿 있다. 그렇다면 거짓말을 하면 코가 길어지는 피노키오처럼 티가 나는 사람들, 피노키오 증후군은 어떨까? 피노키오처럼 거짓말을 하면 딸꾹질을 하게 되는 진실을 말해야 딸꾹질이 멈추는 '피노키오 증후군'이 있다는 흥미로운 가정에서부터 드라마 <피노키오> 이야기가 시작된다.

피노키오의 코끝은 어떤 진실을 향해 뻗어 있을지. 진실을 알아내기 위해 달리고, 마주친 진실 앞에서 갈등하기도 하는 언론인 기자의 삶과 함께 삶을 태하는 태도를 생각해보게 하는 드라마 <피노키오>다.

'사실'과 '진실'의 거리

사람들은 피노키오가 진실만을 말한다고 생각하죠. 사람들은 기자들도 진실만을 전한다고 생각해요. 피노키오도 기자들도 그걸 알았어야죠. 사람들이 자기 말을 무조건 믿는다는걸. 그래서! 자기 말이 다른 사람 말보다 무섭다는 걸 알았어야 합니다. 신중하고 신중했어야죠. 그걸 모른 게 그들의 잘못입니다. 그 경솔함이 한 가족을 박살냈어요.

하명의 대사 중

최인하의 어머니 송차옥은 기자 특강 중 '팩트(fact)와 임팩트(impact)'라는 슬로건을 내걸었다. 그녀는 성공적인 뉴스(그녀의 기준에서 성공적인 뉴스란 시청률이 높게 나온 뉴스를 의미할 것이다)의 핵심이 팩트 속의 임팩트를 잘 집어내는 것이라 말한다. 그녀의 말이 틀린 것은 아니다. 다만 제대로 짚고 넘어가야 할 것은 임팩트는 있는데 팩트가 없는 뉴스가 아니어야 한다는 것인데, 그녀의 기자 생활은 그렇지 않았다. 아래에서는 조금 다른 시선에서 사실과 진실에 대해 말하고자 한다.

사실과 진실의 의미 차이는 무엇일까. 두 단어의 의미를 제대로 파악하기 위해 영어의 부정관사인 a/an과 정관사 the를 적용해 살펴보면 이해하기가 쉽다. 영어에서는 태양(sun)과 지구(earth)처럼 세상에 하나밖에 존재하지 않는 경우, 또는 절대 불변의 진리일 경우 정관사 'the'를 붙인다.

사실(fact)과 진실(truth) 중 'the' 관사를 붙이는 것은 바로 진실(the truth)이다. 즉, 진실은 단 하나밖에 없는 절대 불변의 진리인 것이다.

사실과 진실이라는 두 점이 있다면 두 점 사이의 간격은 어느 정도일까. 아마 그 간격은 그때그때 다를 것이다. 진실한 사실이라면 하나의 점이 되었을 것이고, 그렇지 않은 경우에는 거리가 점점 더 멀어질 것이다(거짓말은 또 다른 거짓말을 낳는다고 하지 않는가).

<피노키오>에는 진실이 아닌 두 사실이 있다. 하나는 진실을 밝혀야 했던 사실이고 다른 하나는 진실을 숨겨야 했던 사실이다. 첫 번째, 화재 진화 작업 중 부하 대원들을 사지로 몰아넣고 사라진 소방대원이었던 기하명의 아버지가 도망치는 것을 보았다는 이웃이 이를 증언했다. 하지만 그것은 진실이 아니었다. 그가 본 사람은 기하명의 아버지가 아닌 다른 사람이었기 때문이다. 그럼에도 증언을 한 사람은 거짓말을 하면 딸꾹질을 하는 '피노키오 증후군'이었기에 딸꾹질을 하지 않은 그의 모습을 본 사람들은 그의 말이 진실이라 믿었다. 여기에서 생각해보아야 할 것은 사실이 개인의 경험적 판단에 의해 마치 진실인 것처럼 받아들여질 수 있다는 것이다.

눈에 보이는 것이 다가 아니라는 말이 이 상황을 표현하기에 가장 적합하다고 본다. 즉, '눈에 보이는 것'이 '사실', '다'가 '진실'이 되는 것이다. 눈에 보이는 것이 거대한 모습을 감춘 빙산의 일각인지 그냥 둥둥 떠 있는 작은 얼음 조각인지는 물속에 들어가야만 그 진실을 알 수 있다. 송차옥을 포함한 기자들은 차가운 물속에 들어가 확인해볼 용기가 있어야 했지만, 그렇게 하지 않아 기하명의 아버지에 대한 진실이 묻힌 채 언론의 힘에 의해 희생되어, 기하명의 가족은 시간이 지나면서 사람들의 관심에서 점차 멀어져갔다.

두 번째, 진실을 숨겨야 했던 사실은 시골에서 사는 더벅머리의 바보 최달포가 아닌 똑똑하고 잘생긴 기하명이라는 것이다. 가족을 다 잃고 죽을 뻔하다 기하명을 구해준 할아버지는 기하명을 잃어버린 어린 아들이라 생각했다. 진짜 달포는 죽었고, 기하명이 달포가 아닌 다른 사람이라는 진실을 말하면 충격을 받아 발작하며 쓰러졌다. 할아버지를 위해 진실을 숨긴 채, 주민등록상 아들 최달포로서 자신보다 훨씬 나이 많은 동생과 자신과 동갑인 사촌 인하와 함께 살아간다. 숨겨야 했던 이 진실은 이후 할아버지가 최달포가 아닌 기하명이라는 진짜 이름을 찾아주기 위해 파양을 하면서 정리되었다.

마녀의 힘

소문, 시기심과 억측이 부는 피리. 그 피리는 연주가 너무 쉽고 뻔해서 누구나 볼 수 있습니다. 머리가 수없이 달린 저 어리석은 괴물, 늘 불만에 찌든 오락가락한 군중들도 그 피리를 불 수 있습니다.

하명의 대사 중

미디어가 발전하면서 다양한 방식의 뉴스 매체들이 등장하고 있으며, 사람들은 스마트폰을 통해 시간과 공간의 제약을 받지 않고 여러 뉴스를 쉽고 빠르게 접하고 있다. 시시각각 올라오는 방대한 이야기들 중 사실관계를 정확하게 따지지 않은 채 자극적이게 포장된 왜곡된 정보들로 인해 '마녀사냥'이라고도 불리는 '여론몰이의 희생자'가 생기기도 한다.
왜곡된 정보들은 마치 자신의 존재를 들키지 않게 하기 위해 무고한 여자를 마녀로 몰게끔 다른 사람들 틈에 껴 존재를 숨기고 조종하는 마녀인 것 같다. 마녀의 힘은 세고 순식간에 상황을 의도대로 전개시킨다. 정보를 받아들이는 사람들과, 정보를 제공하는 언론 모두 마녀의 힘에 휘둘리지 않아야 한다.

그동안의 진실이 모두 밝혀지고 죄를 지은 사람은 벌을 받고, 주인공들이 예쁘게 사랑한다는 결말에 대해 어떤 이는 흔하디 흔한 해피엔딩이라 할지도 모른다. 하지만 첫 화부터 매회 '마술피리', '헨젤과 그레텔', '해와 바람과 나그네'[1] 등 소제목이 내용과 관련된 의미 있는 동화의 제목으로 구성되어 있는 <피노키오>는 현실을 반영한 또 하나의 동화에 지나지 않음을, 여전히 마녀의 힘에 의해 숨겨진 진실들 속에서 그들처럼 흔들리지 않고 나아가길 바라는 메시지를 던지고 있다.

빛나는 사랑

인터넷 커뮤니티에서 나라별(한국·미국·일본) 드라마 특징을 적은 글이 화제다. 그 글에 의하면 미국 드라마에서는 형사가 나오면 수사를 하고 의사가 나오면 진료를 하며, 일본 드라마는 형사가 나오면 형사가 교훈을 주고 의사가 나오면 의사가 교훈을 주며, 한국 드라마는 형사가 나오면 형사가 연애를 하고 의사가 나오면 의사가 연애를 한다. 결국 멜로로 흘러가 버리는 한국 드라마의 현실을 꼬집어 표현해 많은 이의 공감을 얻었다. 잘 가다가도 남녀 주인공의 멜로 때문에 이야기의 전개가 점점

---

1) 소제목과 내용이 가장 인상 깊었던 19화. '해와 바람과 나그네'다. 강하게 부는 바람은 나그네의 외투를 더 여미게 했지만 따스한 해는 나그네가 외투를 벗게 했듯이, 범조의 선택이 범조 엄마의 마음을 움직였음을 비유적으로 나타냈다. 범조라는 해로 인해 그동안 철옹성 같던 엄마의 외투가 벗겨졌다고 표현한 점이 인상 깊다.

산으로 가 흐름을 방해한다며 시청자들이 아쉬움을 보이고 때로는 분노를 보이는 경우가 종종 있다. 그렇다고 멜로를 아예 빼버리면 그 자리를 채울 다른 탄탄한 스토리가 필요하다. 또한 알콩달콩하게 연애하는 것을 기다리는 시청자도 많다는 것도 무시할 수 없다.

<피노키오>의 기하명과 최인하의 로맨스는 극의 흐름을 방해하지 않고 오히려 진실을 위해 고민하는 기자들의 모습을 더 잘 보여주었다. 둘의 로맨스는 로미오와 줄리엣처럼 그들의 의지와는 다른 장애물들로 결코 순탄하지 않았다.

애초에 품어서는 안 되는 마음이었고 봐서는 안 되는 사람이었다.

하명의 대사 중

달포로 살아갔을 때는 삼촌과 사촌 사이였고, 하명의 이름을 되찾아 법적인 장애물을 해결하고 난 후에는 자신의 아버지에게 오명을 씌워 가족들을 다 잃게 한 사람의 딸이라는 피할 수 없는 진실 앞에 놓여 있었다. 인하는 존경하며 늘 그리워했던 엄마의 진실을 알게 되었고, 자신으로 인해 상처받을 하명을 생각하고 마음을 애써 부정하고 숨기려 했다. 그들은 잠시 서로에게 말할 수 없는 사실을 간직한 채 하명의 아버지와 동일한 방법으로 억울한 상황에 놓인 경찰 친구 이찬수의 진실을 파헤치는 데 집중했다. 그 과정에서 송차옥도 자신의 과거 일을 반성하고 바로잡기 위해 도움을 주어 복잡하게 엮여 있던 그들의 관계가 하나씩 풀려갔다. 그들은 기자였기에 기자가 할 수 있는 방법으로 사랑을 지킨 것이다. 그랬기에 그들의 멜로, 사랑은 더욱 빛이 났다.

나오며

박혜련 작가의 <피노키오>와 전작 <너의 목소리가 들리니>에는 박 작가의 삶을 대하는 태도가 고스란히 담겨 있다. 오랜 시간이 지났음에도 잊히지 않는 <너의 목소리가 들리니>의 대사가 있다. "니 약속해라. 사람 미워하는 데 니 인생을 쓰지 말아라. 한 번 태어난 인생 …… 이뻐하면서 살기도 모자란 세상 아이가." 이 한마디 대사로 박 작가가 드라마를 통해 하려는 말이 그대로 드러났다.

이 대사는 <피노키오>로 연결된다. 기하명과 기하명이 마음속에 가지고 있던 세상에 대한 원망과 분노를 표출하는 데 시간을 보내기보다, 또 인하와 차옥, 범조 모자간에 서로를 미워하고 다투는 데 시간을 보내기보다 각자가 할 수 있는 방법으로 진실을 찾는 데 시간을 보냈고, 이는 곧 용서로 이어졌다. 진실을 위한 시간은 곧 진심을 위한 시간이 되었다. 박 작가의 삶을 대하는 태도는 따뜻하면서도 강인했다.

1인 미디어와 오락성이 합류한 거대한 삼각주

MBC <마이 리틀 텔레비전>

강지윤

시류에 최적화된 프로그램

"유행은 돌고 돈다"라는 말이 있다. 그 주기가 일정치는 않더라도 체감상 확연한 불문율이 아닐 수 없다. 90년대에 톱스타였던 심은하, 고소영에게서나 봤을 법한 와이드 팬츠부터 브랜드 로고가 큼직하게 박힌 티셔츠, 링 귀걸이, 그리고 브라운 계열의 립까지 전부 2015년을 살고 있는 대한민국 20대에게 현재 가장 핫한 패션 아이템이다.

유행에 민감한 방송계 또한 예외 대상은 아니다. 2000년대 초반 선풍적인 인기를 몰고 왔던 god의 육아 방송은 현재 KBS의 <슈퍼맨이 돌아왔다>와 SBS의 <오 마이 베이비>에서 볼 수 있듯, 요즘 트렌드에 가장 적합한 포맷 중 하나다. 또한 'back to 1990s'를 표방하며 그야말로 3040세대를 그리운 그 시절 향수에 젖게 만든 MBC <무한도전>의 '토토가'

특집은 온 국민이 이른바 '옛날' 노래의 감성에 빠져들게 했다. 이 덕분에 왕년에 잘나가던 가수들이 재조명을 받게 됐고, 그와 관련한 방송 및 콘서트가 우후죽순 제작되면서 그 인기를 비로소 실감케 했다.

하지만 반복되는 유행의 흐름 속에서도 항상 지켜져 왔던 한 가지는 바로 콘텐츠의 내실이다. 이는 각 방송사에서 뚜렷한 기획 의도 없이 단순히 포맷만 좇는 '아픈 손가락' 같은 방송들을 수없이 양산하고 매번 씁쓸한 폐지를 거듭한 결과로 얻은 소중한 원칙이다. 이에 대한 치열한 고민으로 등장한 것이 바로 오디션 및 기획사 연습생 간 서바이벌 프로그램, 먹방에 이은 쿡방 등 방송사와 시청자가 쌍방향으로 소통하는 형식의 프로그램이다. 이러한 특성을 십분 살려 2014년에 방영된 Mnet의 <음담패설>은 시청자들의 실시간 의견을 방송으로 내보내고 패널들이 이를 읽게 하는 등 보기 드문 형식을 따랐다. 하지만 성희롱, 패륜과 같은 수위를 넘은 악플들을 정화하지 못한다는 지적을 넘어서지 못했는데, 2015년 설 특집 파일럿 프로그램으로 시작한 MBC <마이 리틀 텔레비전>(이하 <마리텔>)이 그에 대한 해답을 들고 야심 차게 등장했다. <마리텔>은 연예인, 각 분야의 전문가 등 다양한 셀레브러티들이 출연해 각자의 콘텐츠를 들고 나와서 다음 팟캐스트를 통해 1인 미디어를 구성하며 시청자와 소통하는, 이른바 현대 미디어 흐름에서 가장 세련되고 최적화된 방송 형태다. 그 덕분에 첫 방송부터 포털 커뮤니티를 장악하는 2030세대에게 거대한 반향을 불러일으켰으며, 시대적 요구와 기획 의도가 잘 부합한 획기적인 방송의 탄생을 알렸다.

사람이 곧 콘텐츠다

제작진이 대본과 상황 설정을 구상하는 일반적인 방송과 달리, 출연진이 스스로 개인 방송을 이끌어나갈 콘텐츠를 준비해온다는 점에서 방송 흥행의 성패는 출연진 각자의 역량 및 노력에 달려 있다는 것이 흥미롭다. 이는 매번 신선한 소재와 독특한 내용으로 시청자들에게 늘 새로운 콘텐츠를 제공한다는 장점이 있다. 반면 출연진 사이의 오락성에 대한 급간 차가 뚜렷할 수 있다는 점에서 제작진과 시청자들은 일부 채널의 조악한 방송 품질에 대한 두려움을 가져야 한다는 게 단점이다. 이로써 <마리텔>이 주력해야 할 것은 무엇보다도 개성 있는 출연진의 섭외일 것이다. 또한 그들과 함께 콘텐츠 개발에 힘쓰며 웃음과 재미를 줄 수 있는 방식을 모색해 채널별 오락성을 상향 평준화하는 것이 중요한 일 중 하나다. 실제로 역대 출연진들의 스펙을 보면 연예인뿐 아니라 요리연구가, 마술사, 댄서, 디자이너 등 비연예인 셀레브러티가 대다수를 차지했고, 그들의 우승 경험도 훨씬 많았다. 각자의 전문성을 드러낼 수 있는 부분에서 스스로를 강하게 어필했고 그 과정에서 오락성이 대중의 흥미와 부합했을 때 시청자를 끌어모을 수 있는 원동력이 되었던 것이다.

'제작진 개입'이라는 와일드카드

<마리텔>은 회 차별로 다양한 게스트들을 투입하는, 출연진 회전율이 높은 방송이다. 아무래도 다양한 콘텐츠를 보여줘야 하는 방송 특성상, 각 분야의 입담 좋은 전문가들이 매번 등장하고 있다. 간혹 백종원 씨 같은 방송 시청률이 높은 게스트 또는 김구라 씨처럼 '트루 시리즈'라는

탄탄한 내용과 함께 전문적인 방송을 구성하는 게스트들은 고정적으로 출연하고 있지만, 새로운 게스트들 또한 꾸준히 등장하고 있다. 하지만 역대 모든 출연자들을 통틀어 가장 인기 있고 흥행 보증 수표로 자리매김 한 사람들은 다름 아닌 <마리텔> 제작진들이다.

지금까지 방송의 재미와 리얼리티를 위해 제작진이 개입한 경우는 적지 않았다. 그 시초 격이 된 프로그램이 KBS의 <1박 2일>로, 나영석 PD를 일약 스타 프로듀서로 만듦과 동시에 예능 방송으로는 당대 최고의 시청률까지 기록한 바 있다. 이전까지는 제작진들의 화면 출현이 금기시 되다시피 했고, 이는 일종의 암묵적인 규칙이기도 했는데 <1박 2일>의 폭발적인 인기를 분수령으로 삼아 많은 프로그램들이 의도적인 제작진 노출 전략을 펼치곤 했다. 그러나 <마리텔>에서의 제작진 개입은 이전의 것들과는 달리, 조연출과 작가들이 직접 게스트를 돕고 리액션을 한다는 것이고, 이는 방송의 재미와 직결하는 부분이라는 점이다. 지금껏 다수의 방송이 그랬듯, 단순히 출연진에게 디렉션을 주고 PD가 MC의 역할을 하면서 방송을 진행하는 것이 아니라, 수평적인 입장에서 게스트들과 함께 방송을 구성해나간다는 점이 괄목할 만하다. 그 결과 '모르모트 PD', '기미 작가', '김우짱', '해골 FD' 등 각자의 개성이 두드러진 별명까 지 생기며 시청자들을 사로잡았다. 급기야 게스트들은 방송 시청률이 떨어지면 제작진들이 구원투수로 투입되고, 특히나 웃음의 큰 축을 담당 하고 있는 '모르모트 PD'의 경우 모든 출연진들이 러브콜을 보내는 채널 계의 감초를 담당하고 있다.

이처럼 신의 한수가 된 제작진들의 개입은 의도치 않은 자연스러움으로 인해 타 프로그램과 차별성을 띠며 와일드카드가 되었다. 그들은 온갖 CG로 인한 희화화와 시청자들의 장난 섞인 독설에도 개의치 않고, 이른바

'편집 굴욕'을 두려워하지 않으며 오히려 채팅창 너머 사람들과 대적하는 두둑한 배짱을 보여준다. 처음에는 방송 화면에 등장한다는 것에 부담감을 갖고 머뭇거리는 듯한 모습을 보였지만, 갈수록 '베테랑'이 되어가며 한층 뻔뻔한 모습으로 큰 웃음과 빅 재미를 선사하고 있다.

애드리브로 흥하는 '팟수'와 맞받아치는 PD의 한판 대결

팟수란 다음 팟캐스트와 백수의 합성어로, <마리텔> 방송이 진행되는 팟캐스트에 상주하며 불꽃같은 애드리브를 날리는 센스 있는 시청자들을 일컫는 용어다. 인터넷 커뮤니티에서 유행하는 댓글과 온갖 언어유희를 구사하며 최신 트렌드를 반영하는 팟수들의 채팅창은 방송을 보는 시청자들의 배꼽을 훔치고 있다. 실제로 방송 웃음 지분율의 절반 이상을 채팅창 댓글이 차지한다고 해도 과언이 아니다. 하지만 '온라인상 강적'인 팟수 못지않게 방송을 편집하는 메인 PD도 보통의 내공이 아니기에 더욱 재미 있다. 시청자들은 강 건너 불구경하듯 팟수와 PD의 개그 대결을 흥미롭게 관전한다. 또한 프로그램의 갤러리가 활성화되며 네티즌들이 다음 회차에 출연할 게스트들의 정체를 방송이 되기도 전에 공개하자, PD는 그런 네티즌들과 게임이라도 하듯 다른 출연자에 대한 정보를 퍼즐 혹은 고난도의 모자이크 형식으로 공개해 정보 유출을 막으려 했다. 하지만 매번 게스트들의 정체가 들통나고 급기야 PD는 그런 상황을 즐기듯 본인의 SNS로 힌트를 주고 이제는 의도적으로 다음 게스트에 대한 정보를 흘리며 자연스럽게 방송을 홍보하는 지능적인 면모를 보여준다. 진부하고 억지웃음과 쥐어짜 내는 듯한 감동을 주려는 일반적인 예능 프로그램과 달리, 미친 듯한 CG와 자막으로 유행과 시류에 민감한 젊은 감각의 PD의 힘을 여실히 입증하고 있다.

과거에는 예능 PD가 가져야 할 자질로 높은 지적 수준과 다수를 지휘하는 통솔력을 주로 꼽았다면, 요즘 경향으로는 마니아적인 요소가 다분하며 재치와 위트로 똘똘 뭉쳐 어떠한 애드리브 공격에도 맞받아칠 수 있는 여유로움이 재미있는 프로그램을 만드는 원동력이 되고 있다. tvN의 <SNL 코리아>처럼 요즘 젊은 세대에게 강하게 어필하기 위해서는 그만큼 트렌드에 귀 기울이는 것이 역점이다.

시청자층의 편중을 막고 생방송 참여를 독려하라

MBC 예능 프로그램의 고질적인 특성은 기획력과 편집 정도는 뛰어나지만, 그것을 오래 지속시키지 못하고 폐지를 거듭한다는 것이다. 심지어 참신한 포맷을 거의 타 방송사에 빼앗기다시피 해, 원조가 몰락하고 짝퉁이 성행하는 안타까운 상황마저 자아내고 있다. <아빠! 어디가?>가 그랬고 <나는 가수다> 또한 피할 수 없는 운명을 맞이했다. 두 프로그램 모두 방송 초반부터 화제성이 강했고 대중성의 지표인 인터넷 반응도 뜨거웠다. 하지만 단순히 '좋은 소재' 하나만을 바라보고 방송을 끌고 가려 했던 자만심인지 혹은 나태함이었던 건지 피드백을 거치지 않아 시청률 붕괴라는 초라한 패인을 안고 쓸쓸히 종영의 뒤안길로 사라졌다.

단적으로 말하면 <마리텔>도 이러한 전철을 밟지 않으리라는 보장이 없다. 전대미문의 신선한 포맷과 예능감으로 무장한 전 제작진들, 그리고 시청자들의 활발한 생방송 참여로, 현재까지 최고로 핫한 예능 프로그램으로서 젊은 시청자들 사이에서 높은 인기를 구가하고 있지만, 폭넓은 세대층을 아우르기에는 부족하다. 아무리 중·장년층의 스마트폰 보급률이 높다지만 모바일 앱을 통해 게릴라식으로 진행되는 생방송 참여는 어려울 수 있다. 본 방송으로 시청한다 한들, 방송 특성상 신조어 및 유행어를 잘 알지 않는 이상 공감대를 형성하기 어려우며 그들에게 인터넷 방송이라는 시스템 자체가 생소하기 때문이다.

출연자와 시청자들은 실시간으로 쌍방향 소통을 하기에 악플과 그 수위에 대한 우려도 적지 않다. 실제로 성희롱에 가까운 각종 애드리브와 지나치게 공격적인 댓글은 제작진이 아무리 필터링을 한들 완전히 차단하는 데 한계가 있다. 더불어 전파를 타고 싶은 욕심으로 같은 댓글을 반복하며 채팅창을 도배하거나 철 지난 유행어로 채팅방을 얼어붙게 만드는 상황은 시청자들의 재치 있는 반응으로 인기를 구가하는 <마리텔>에 커다란 치명타가 아닐 수 없다.

프로그램을 위한 제언

인터넷 방송으로 구성되는 프로그램에서 만약 생방송 전체 시청률이 현저하게 떨어지면 어떻게 될까. 이는 <마리텔>의 존폐와 직결되는 문제임에 틀림없다. '백주부' 백종원 씨가 <마리텔> 중원을 전두지휘하며 시청률을 끌어올릴 때 전체 시청자 수가 대략 17만 명을 웃돌았다. 그중 백종원 씨의 방송을 보는 시청자가 전체 시청자 수의 60% 정도를 차지했을 만큼 백종원 씨는 <마리텔>을 빛나게 '천상계'의 1인자였다. 하지만 백종원 씨가 잠정 하차한 뒤, <마리텔> 생방송 시청자 수는 10만 명 내외로 급격히 줄어들면서 예전 같지 않은 인기와 화력을 보이고 있다. 이는 지금껏 <마리텔>이 독보적인 출연진 한 명의 인기에 편승했다는 것을 의미한다. 지금껏 프로그램이 이토록 화제가 되고 주목받게 된 것에는 <마리텔>만의 금자탑이 아니라, 백종원이라는 개인의 콘텐츠가 강력했기 때문이다. 이른바 '백종원 효과'가 사라지자 지금까지의 엄청났던 <마리텔>의 인기가 점차 사그라지기 시작하고 있다.

프로그램이 오래 유지되려면, 마이너적인 요소를 버리고 보편성을 택해야 한다. 지금까지의 <마리텔>은 마니아층이 뚜렷하고 시청자층이 고착화되어 있었다. 대중에게는 외면받고 단골만 찾는 방송이라면, 그 프로그램은 팬들이 지루함을 느끼는 순간부터 수명을 다한 것과 다를 바 없다. 탄탄한 지지층과 폭넓은 시청자층을 동시에 구축하기 위해서는 <마리텔>이 모두에게 공감을 살 수 있는 콘텐츠와 그에 맞는 편집 방향을 재정립할 수 있는 방향에 대해 모색하는 것이 최대 필요한 과제다.

에르메스(Hermes)와 군내 나는 도미

김기영

올 한 해 TV 예능 트렌드의 최대 화두는 분명 '요리'일 것이다. 하지만 이러한 현상에는 특이할 만한 점이 있다. 그간 요리 관련 프로는 꾸준히 존재해왔다. 하지만 그러한 긴 역사에도 불구하고 실질적인 콘텐츠는 매우 제한적이었던 것이 사실이다. 그동안 주로 주부들을 대상으로 한 유명 전문 여성 요리사들의 가정 요리 레시피를 소개하는 방식이었거나 아니면 맛있다고 소문난 맛집 탐방 프로그램으로 내용이 양분되어왔다.

하지만 어느 때부터인가 요리는 세련된 라이프스타일을 상징하는 코드가 되었고, 이러한 인식 변화의 부수적 현상으로서 TV에서 주목받는 요리사는 여성이 아닌 '남성'이 되어가고 있다. 외모도 좋고, 스펙도 좋은 젊은 훈남 요리사 혹은 재력과 유머, 그리고 친근하지만 개성적인 노하우가 담긴 레시피로 무장한 중년의 요식업계 유명 인사까지 그 유형도 다양하다. 이러한 '남성 요리 예능인'의 양산적인 유행은 마치 남성 아이돌의 그것을 떠올리게 한다. 여성들이 선호하는 남성의 모습과 성격을 유형화해 교묘하게 배치해놓은 남성 아이돌 그룹의 멤버들과 이들을 모아놓고 서로 유형별로 비교해보면 의외로 쉽게 매치가 될지도 모른다.

이러한 현상은 급속도로 가속화되어 벌써부터 식상함의 기미가 보인다. 하지만 이는 부차적인 문제일 뿐이다. 매너리즘의 급속한 고착화와 신속한 폐기가 스마트폰으로 상징되는 시대에서 나타나는 콘텐츠 소비의 자연스러운 양상이라는 점을 감안할 때, 이러한 식상함은 어쩔 수 없는 것이다. 보다 본질적인 문제는 이러한 프로그램의 지나친 난립과 집중이 현 우리 사회에 뿌리 깊게 자리 잡은 병폐와 갈등을 드러낼 뿐만 아니라 오히려 부추긴다는 점이다.

한국에서 젠더(gender)로서 산다는 것은

모든 대중문화가 그러하듯 방송문화에도 일정한 트렌드가 존재하기 마련이다. 특히 오늘날 트렌드 변화 속도는 마치 인스턴트식품의 소비만큼이나 빠르게 돌아간다. 그렇기에 현재 유행하는 코드와 불과 1년 전에 유행하던 코드 사이에는 별다른 관련성이 없는 것처럼 보이기도 한다. 하지만 겉보기 형식 안에 담긴 이면의 내용, 좀 더 정확히 말하자면 어떤 이념 혹은 가치 수반적인 태도 면에서 꾸준한 일관성이 발견된다.

약 2년 전, 굉장한 센세이션을 일으킨 MBC의 <아빠! 어디가?>를 시작으로 공중파 TV 예능의 트렌드는 일순간에 변했다. 능력 있고, 시간적인 여유가 있으며, 다정다감한 아빠에서 시작된 이상적인 남성상의 코드가 이제는 셰프 복장이 잘 어울리는 장신의 훈남 요리사, 또는 구수하면서도 정감 어린 말투를 가진 부유한 요리사의 모습으로 변모했다. 이는 약간의 형식만 변했을 뿐, 이러한 남성상의 코드에 담긴 어떤 가치 지향적인 태도에는 전혀 변한 것이 없다. 오히려 형식이 변할수록 이러한 캐릭터에 요구되는 스펙적인 조건이 하나씩 더 추가될 뿐이다. 문제는 이러한 태도가 방송을 통해 무비판적으로 수용되고 강요되어 다소 폭력적인 성향을 띠게 되었다는 점이다. 그리고 이 폭력의 구체적인 모습은 젠더 갈등에서 비롯된 과도한 성 역할의 부과다.

전근대적인 남존여비 관습의 그늘이 짙게 드리워져 있었던 과거에는 여성이라는 이유로 강요된 비합리적인 인습 사항들이 많았다. 현모양처라는 전범(典範)은 시대적 흐름에 따른 꾸준한 반성이 배재된 채, 자아를 버리고 남편과 아이만을 위해 자신의 삶을 희생해야 하는 것으로 오해되었다. 그 결과 한국의 많은 여성들은 자신의 이름이 아닌, 'ㅇㅇㅇ 엄마'로 불린 채 살아야만 했던 것이 사실이다. 예쁘고 단정한 외모에 다정한 포용력 그리고 깔끔하고 알뜰하게 살림을 꾸리면서도 매끼 정성껏 준비하는 풍성한 밥상 차리기까지 여성에게 요구되는 젠더 편향적인 규범들은 너무도 많고 무거웠다. 하지만 이제는 이러한 과도한 요구들이 여성을 넘어 남성에게도 그대로 이행·부과되고 있는 듯하다.

구체적인 예를 몇 가지 들어보자. 우선 <마이 리틀 텔레비전>에 출연해 단시간에 폭발적인 반응을 불러일으킨 유명 요리 전문 경영인의 경우를 생각해보자. 그가 어필하는 매력은 단지 쉽고 맛있는 요리 레시피뿐만이 아니다. 사람들이 그의 요리에 열광하는 것 이면에는 그가 가진 부에 대한 동경이 깔려 있다. 즉, '돈 많고' 요리도 잘하는 성격 좋은 유머러스한 아빠이자 남편이 곧 시청자들이 열광하는 그의 모습인 것이다. 유명 케이블방송의 요리 관련 프로들에 고정적으로 출연하는 젊은 셰프들의 경우도 이와 비슷한 또 다른 예다. 강남 부촌에 고급 레스토랑을 소유하고 비싼 외제 차를 타며 요리계의 엘리트 코스를 마친 말끔한 외모의 엄친아가

TV를 통해 보이는 그들의 모습이다.

이 남성 셰프들이 '가진 것으로 보이는' 이러한 경제력은 예나 지금이나 남성에게 부과된 요구 조건이다. 그런데 이제 이는 그저 대세 남성이 되기 위한 기본 옵션일 뿐이고 이에 더해 좋은 남편 혹은 남자친구로 인정받기 위해서는 요리 실력마저도 수준급이어야만 한다. <삼시 세끼: 어촌편 시즌 1>에서 차승원이 보여준 모습과 이에 대한 열광적인 반응이 이를 잘 대변한다. 완벽한 외모에 탄탄한 재력은 기본이고, 재혼녀인 아내와 그녀가 전남편과의 사이에서 낳은 아들까지 사랑으로 보듬어주는 든든한 성(城)과 같은 천사표 가장일 뿐만 아니라, 요리를 포함한 살림 실력까지 갖춘 흠 잡을 데가 없는 남자가 이 프로그램을 통해 보인 그의 모습이었다. 가족들이 자신이 차린 밥을 맛있게 먹어주는 것이 가장 행복 하다고 말하는, 요리가 취미인 이 배우의 모습에 여성들은 열광했고, 가정사로 인해 하락할 뻔했던 그의 시장가치가 완벽한 반전을 이루었다.

그러나 달리 보면 '공평한' 것이 아닌, 일방적인 요구나 희생일 수 있다. 게다가 사실 이러한 요구는 별로 현실적이지도 않다. 마치 가정주부 로서 부과된 인습적 규범에 충실하면서도 현실적으로 돈까지 벌어야 하는 슈퍼맘에 대한 폭력적인 이데올로기가 남성에게 그대로 전이된 듯하다.

문제는 이러한 전이가 브라운관 속에서 미화된 대리 만족의 수준에서 끝나는 게 아니라는 점이다. 예전 아날로그 시대와는 달리 이제는 TV와 시청자 사이에는 일정한 간극이 존재하지 않는다. 모든 내용은 즉각적인 반응을 실시간으로 불러일으키며, 또한 이러한 반응은 TV 프로그램의 방향에 신속하고도 직접적인 영향을 끼친다. 즉, 말 그대로 방송 프로그램 과 시청자가 동 시간적으로 '상호작용'하는 시대다. 그러므로 날이 갈수록 젠더 갈등이 심한 이 사회에서 이러한 TV 프로그램의 편중과 그것의 무반성적인 가치 편향적인 내용은 이 심화일로의 갈등에 일조하고 있다. TV 속에서 '리얼 예능'이라는 이름 아래 등장하는 이 '이상적인 모델'들은 이제 단순한 예능 캐릭터가 아닌, 한국인의 젠더·멘틀적 트라우마를 인위적으로 강화시키는 폭력의 상징이 되어가는 것은 아닌가 하는 우려가 든다.

오늘의 제목은 스노비시(snobbish)입니다

이러한 프로그램이 단지 '쉽고 맛있거나 특별한 요리'를 소개하는 목적에서 크게 벗어나지 않는다면 그다지 문제될 것이 없을 것이다. 하지만 이제 우리 사회에서도 음식은 단지 '의식주'의 수준이 아닌 '문화'로서 받아들여지고 있는 만큼 이러한 'cuisine'의 이면에는 어떤 의식 혹은 욕망과 투영적인 코드가 쉽게 반영될 수밖에 없다. 그리고 그 결과 요즘 범람하는 요리 관련 예능에서 발견되는 코드가 '요리=돈, 허세'인 것 같아 유감스럽다.

요리에 대한 심미적인 여유와 허세는 분명히 다른 것이다. 전자가 여가를 즐길 경제적인 여유로서 요리를 즐기는 문화생활이라면 후자는 '가진 여유보다 더 있는 척하는 것'으로서, 이는 문화로서의 음식의 풍미를 제대로 즐길 수 없는 상태를 의미한다. 또한 시청자가 요리 프로라든지 혹은 '먹방'이라고 하는 것을 즐겨 보는 이유는 그것이 주는 솔직한 심미적인 쾌감 때문이지, 요리라는 코드로 꾸며진 허세와 과시를 보기 위한 것이 아니다.

하지만 요즘 유행하는 젊은 남성 셰프들 위주의 요리 프로를 보면, 이제 요리 자체는 프로그램의 본질에서 멀어진 듯하다. 그들이 겉으로 무장한 온갖 화려한 스펙과 장신구들이 요리의 맛을 내는 기본 재료보다 더 필수적인 것이 되어가는 듯한 느낌을 지울 수 없기 때문이다. 실제로는 가장 고된 직업 중 하나로 알려진 전문 요리사의 모습도 이들에게서는 찾아볼 수 없다. 시청자로서 그들에게서 느껴지는 모습은 직업이 곧 취미인 듯한 '여유'다. 하지만 유감스럽게도 이는 대한민국의 현실과 상당히 괴리가 있는 모습들이기에 그다지 현실적이지 못하다.

대중은 희구하지만 이런 현실 괴리적인 모습이 예능이라는 형식으로 현실에서 충족되지 않은 욕구를 아무렇지 않게 드러낼 때, 그것은 문제가 될 수밖에 없다. 진짜보다는 가짜가 더 진짜처럼 보이는 과시적 허세를 더욱 부추길 수 있기 때문이다. 실제로 화려한 스펙과 배경으로 무장했지만 검증되지 않는 요리 실력으로 끊임없이 구설수에 오르다가 결국에는 표절 시비로 인해 얼마 전 방송에서 하차하게 된 젊은 요리사의 경우는 이러한 주객전도의 현상이 문제가 된 경우다. 즉, 요리사의 실력은 요리로서 검증되어야 하는 것임에도 불구하고, 이런 방송 프로그램에서는 요리 외적인 조건들이 셰프를 더욱 '셰프답게 만들어주는 것'이다.

그러나 과시를 위한 명품 백이나 고가의 자동차처럼 남에게 보이기 위한 요리의 맛은 아마도 강한 향신료로 가려진 싱싱하지 못한 생선의 맛과 같을 것이다. 그것은 음식의 진짜 맛을 모르는 '속물의 맛'이지 결코 여유로운 풍미가 느껴지는 '문화로서의 음식의 참맛'이 아니다. 그렇다면 시청자가 이러한 프로그램을 통해 간접적으로 느끼고 있는 음식의 맛은 결국 씁쓸한 가짜 맛이란 말밖에는 안 된다.

상실된 가족, 산으로 가는 가족 담론

약 2년 전부터 본격적으로 시작된 '여성의 역할 분담에 부응하는 남성'이라는 예능 코드는 육아 예능을 거쳐 이제 요리라는 방식에 이르기까지 그 모습이 다양하게 변주되어왔다. 하지만 이러한 형식의 다채로움에도 불구하고 그 속에 담긴 내용은 날이 갈수록 공허해지는 듯해서 안타깝다. 애초에 우리가 남성 육아 프로그램에 열광했던 이유는 그 속에 담긴 순수한 자연스러움과 부자(또는 부녀)지간의 애틋함 때문이었다. 즉, 날이 갈수록 옅어져만 가는 가족애의 회복이 시청자의 마음에 공명한 것이다.

요즘 유행하는 남성 요리사 중심의 요리 예능들도 이러한 상실된 가족주의와 무관하지 않다고 생각한다. 날이 갈수록 많아지는 오피스텔과 원룸만큼이나 혼자 사는 1인 가구도 쉼 없이 늘고 있다. 아침 일찍 나가 하루 종일 일하고 밤늦게 빈집으로 돌아오는 외로운 사람들에게 정성 어린 따뜻한 한 끼 식사는 의미가 남다를 수밖에 없다. 또 어쩌면 시청자들이 굳이 남자가 요리하는 음식에 관심을 보이는 것도 항상 희구했지만 쉽게 충족되지 않았던 '다정한 아버지와의 허물없는 관계' 그리고 '따뜻한 식사'로 상징되는 든든한 가족애를 그리워하고 있기 때문인지도 모른다.

예전에는 너무 가부장적이고 권위적이어서 무거웠던 가족이 이제는 너무 개인화되어서 본래 가져야 할 무게를 서서히 잃고 있는 것은 아닌가 하는 게 오늘날 누구나 느끼는 안타까움일 것이다. 그렇다면 보다 수평적이면서도 서로가 서로에게 의지되는 가족을 희구하는 시청자의 당연한 바람을 채워주는 것이야말로 예능이 해야 할 역할이 아닐까? 진정한 '오락 (entertainment)'이란 시청자의 공허한 마음에 공명해 그들의 욕구를 대리만족시켜주는 것이니까 말이다.

'요리하는 남자'라는 콘셉트의 이면에는 여성과 남성 간의 역할 갈등을 극복해 우리나라의 전통적인 미덕인 따뜻한 가족주의를 좀 더 시대 반영적인 방식으로 지켜나가고 싶어 하는 한국인의 바람이 담겨져 있다고 생각한다. 따라서 이제부터라도 젠더 간, 계층 간 갈등을 조장하는 내용보다, 외롭고 힘든 한국인들이 가족을 포함한 가까운 사람들과 함께 나누는 '따뜻한 문화생활로서의 요리'를 보여주어야 하지 않을까 하는 생각이 든다.

그래서 드림우먼 어디에 있나요?

채널 A <아내가 뿔났다>에 대해서

문현순

한국 사회 내에서 중년 여성이 위치하는 자리

텔레비전에 여성 예능인들이 사라졌다. 주말 내내 리모컨을 쥐고 예능 프로그램을 시청했지만, 내가 볼 수 있었던 여성 출연자는 극히 제한적이었다. 게다가 그들의 대다수는 일회성 게스트 출연자였다. 그리고 예쁘거나 어리거나 아니면 둘 다에 해당했다. 즉, TV에서 우리가 확인할 수 있는 여성의 모습은 위와 같이 좁은 범주에 해당된다고 정리할 수 있다. 아니 방송은 애당초 여성의 범주를 좁게 설정하고 있는 것이라 보는 편이 나을지도 모르겠다. 이는 단순히 방송이 설정한 정의에 불과한 것일까? 실제 우리 생활에서도 나이 든 여성은 젊은 여성과 비교해 열악한 위치에 처해 있다. 만약 그들이 혼인 관계를 형성하고 있다면, 가정주부로 살거나 혹은 가계 생활비를 위해 비정규직으로라도 재취업한 상황에 놓여 있을 것이다. 또 이와 반대로 그들의 상황이 비혼인 관계라고 해도 조금 더 수월한 것은 아니다. 미혼인 중년 여성에 대한 사회의 시선은 그들의 '비혼인'이란 선택이 개인적 자유라기보다 성격이나 금전적 요인과 같은 개인적 결함에 의한 박탈이라는 쪽에 더 가깝기 때문이다. 또한 그들은 동년배 남성과도 확연한 차이를 보인다. 이런 열악한 배경으로 인해 TV 속에서 중년 여성의 모습은 억척스럽거나 혹은 비루하게 재현되기 일쑤다. 그런데 작금의 현실은 이마저도 제대로 드러내 보일 기회가 적다는 점에서 우려스럽다.

중년 여성의 욕망의 발현을 긍정적으로 조망한 <아내가 뿔났다>

그래서 7월부터 방송을 시작한 채널 A의 <아내가 뿔났다>는 '방송에서 대놓고 불륜을 조장하는 것이 아니냐'는 비판에도 불구하고 주목할 만한 프로그램이다. 지상파에서는 여성 예능인을 찾아볼 수 없으며, 특히나 중년 여성을 확인하기가 어렵기 때문이다. <아내가 뿔났다>는 박미선, 박해미, 이혜정, 루미코가 남편이 아닌 가상 남편과 가상으로 결혼하는 포맷의 프로그램이다. 제작진은 방송 제작 의도에 대해 "오랜 결혼 생활로 인해 남편에게 서운함을 느낀 아내들이 드림맨이라는 가상 남편을 통해 결혼 생활의 로망을 다시 실현하고, 남편들은 몰랐던 아내의 속마음을 알게 될 것"이라고 밝혔다. 이러한 기획 의도는 여성, 특히나 결혼한 중년의 여성의 욕망을 조명하고 있다는 점에서 긍정적으로 평가받을 수 있다. 근래 방송이나 여타 매체에서 재현되고 있는 중년 여성은 이전과는 달리 솔직하게 욕망을 드러낸다. 그러나 이들의 욕망은 드라마나 영화라는 서사적 구조 안에서 심하게 왜곡되어 드러나거나, 혹은 일상적인 측면으로 다뤄지지 않았다. 오히려 그들의 욕망은 일상을 파괴하고, 그들 개인의 삶을 위험에 처하게 만들었다. 욕망 발현을 부정적으로 인식하게 만드는 이와 같은 재현으로 인해 중년 여성의 욕망을 터부시하는 사회적 배경이 한층 더 공고해졌다. 그러나 <아내가 뿔났다>는 드림맨이라는 가상적 요소를 적용하기는 했지만, 부부 관계의 실제 모습을 조망한다는 점에서 긍정적이다. 또한 여성의 욕망의 실현이 궁극적으로는 더 나은 부부 관계를 만드는 데 일조한다는 접근은 이전에 비해 바람직하다고 평가할 수 있다.

드림맨이라는 환상

프로그램 내에서 여성 출연자들은 '드림맨'이라는 가상적 존재와 가상 결혼을 맺게 된다. 이들은 어떻게 선정된 것이며, 어떠한 역할을 맡고 있는 것일까. 1회부터 4회까지는 방송에 출연한 부부들의 일상생활을 보여주고, 그 안에서 아내가 느끼고 있던 서운한 감정들을 토로하게 한다. 그들 개인은 대개 눈을 보고 이야기하지 않는다거나, 자신의 말을 귀 기울여 들어주지 않는다는 점을 들어 남편이 얄밉다고 말한다. 그리고 아내들은 이런 점을 남편이 알아줬으면 한다고 덧붙이는데, 프로그램 제작자들은 그들에게 세 가지 행동 수칙을 꼭 지키는 드림맨을 가상 남편으로 제안한다. 그들이 따르는 수칙이란 다음과 같다. "1) 언제나 아내의 말에 귀를 기울인다. 2) 아내의 부탁에 최선을 다해 행동한다. 3) 아내가 작성한 위시 리스트를 하루에 한 가지 이상 꼭 들어준다." 위 수칙을 보면 알 수 있듯, 드림맨이 지켜야 하는 수칙은 거창한 것이 아니다. 상대방의 말을 경청하는 것은 인간관계의 기본이자 당연한 것이기 때문이다. 이는 오히려 가부장제 사회 안에서 여성이 처해 있는 위치가 얼마나 열악한지를 강조해 보이는 방증이다. 그들이 요구하는 것은 배우자라는 존재에 익숙해진 나머지 기본적인 배려마저 소홀히 하지 않는 데 있다. 즉, 둘 사이의 관계를 피로한 것이라 받아들이지 않는 것이다. 특히나 이러한 점은 제작진이 선택한 드림맨들의 특성을 통해서 잘 드러난다. 일본인인 루미코에게 중학교 시절까지 일본에서 살아 일본어에 능숙한 노민우를 드림맨으로 정해준 것은 제작진이 부부 관계에서 가장 기본적인 것을 '소통'으로 생각했음을 알 수 있다. 또한 이혜정의 가상 짝으로 배우 김병세를 정해준 것 역시 눈여겨볼 만한데, 이는 김병세가 이혜정과 동년배이기 때문이다. 이는 중년의 기혼 여성이 정신적 젊음의 가치를 높이 사고 있음을 보여준다. 그러나 드림맨이 프로그램 내에서 마냥 긍정적인 존재로만 부각되는 것은 아니다. 방송에서는 출연자들이 겪는 부부 관계의 소외감이 부각되기보다 재미를 위해 드림맨에 초점을 맞추기 때문이다. 드림맨이 가상 아내를 위해 어떤 이벤트를 준비하고, 어떤 역할을 하는지에 따라 구성되는 가상 결혼 생활은, 결국 드림맨들의 역할을 중심으로 만들어진다. 거기서 결국 여성 출연자들은 남자의 행동에 거듭된 미안함과 고마움을 표현할 뿐인데, 특히나 2회에서 잔디를 깎고 음식을 만들어주던 정준하에게 계속해서 미안해하던 박해미의 모습이 대표적이라 할 수 있다. 이러한 특징이 점점 더 부각되면서 프로그램의 본래 취지가 많이 약화되지는 않을지 우려가 생긴다.

드림우먼의 필요성

드림맨에 대해서 덧붙이기 위해, 방송 1회에 남성 출연자들이 드림맨에 대해 보였던 반응을 생각해볼 필요가 있다. 남성 출연자들은 드림맨이라는 가상적 존재의 기획 의도를 제작진에게 전해 듣고서는, 그럼 시즌 2는 드림우먼이 나오는 것이냐고 반문한다. 현재의 방송 포맷상 드림우먼이 등장할 가능성은 전무하지만, 부부 관계 솔루션이라는 측면에서 보자면 드림우먼 역시 필요해 보인다. 앞서 밝혔듯 드림맨이 중년 기혼 여성의 서운함을 토로하기 위해 고안된 것이라면 중년 기혼 남성 역시 그들 각자의 이유로 어려움을 겪고 있을 것이기 때문이다. 물론 이는 가부장제 사회하에서 남성들이 굳이 환상에 의존하지 않더라도 그들이 원하는 바를 어느 정도 충족할 수 있는 현실 때문에 불필요해 보인다. 그러나 그럼에도 불구하고 드림우먼의 존재는 다른 층위의 요구에 의해서 필수적이다. 먼저 이 프로그램이 시청자가 중년의 욕망을 조금 더 친숙하게 받아들이는 데에 기여하는 바가 크다는 점에 기인해, 나이 든 중년 남성의 욕망 역시 섬세하게 다뤄져야 한다는 것이다. 물론 남성의 나이 듦은 여성과는 달리 사회적인 면에서 긍정적으로 다뤄질 수 있다. 대다수 중년 여성의 사회적 지위는 자의든 타의든 간에 가정에 묶여 있거나, 비정규직인 데 반해 남성의 경우 정규직에 종사하며, 가정을 비롯한 사회에서 권력 행사가 유리하다. 그러나 남성 각자의 내면에도 여성과 마찬가지로 사회적으로 거세된 욕망들이 자리할 수 있다. 프로그램에서 여성 출연진들의 소박한 위시 리스트와 같이 남성들 역시 그들 나름의 위시 리스트가 있을 것이다. 이런 이유라면 드림우먼 역시 방송에서 제시되어야 한다.

그럼에도 불구하고 드림맨이 있어야 하는 이유

그러나 그럼에도 불구하고 우리는 드림우먼의 필요성보다는 드림맨의 필요성을 우선적으로 느끼게 된다. 그것은 앞에서 말했듯 중년 여성이 위치하고 있는 열악한 환경 때문이다. 특히나 이 프로그램은 첫 화부터 줄곧 중년의 사랑법과 청년의 사랑법이 다르다는 점을 강조한다. 그리고 이는 주로 남성 출연진으로부터 나오는 말이다. 이에 반해 여성 출연진은 그런 것은 없다는 식으로 반응한다. 이는 남성들이 중년의 여성은 젊은 여성과는 다른 존재로 상정하고 있는 것을 보여준다. 또한 대다수 한국 남성들은 젊은 여성과 나이 든 여성의 욕망이 서로 다를 것이라 가정한다. 심지어 후자의 경우 욕망보다는 희생과 헌신의 가치에 더 부합할 것이라고 생각한다. 이런 점들은 여성 출연진들의 소박한 위시 리스트에 대해서 "그 나이인데도 그런 걸 원하는가, 소녀 같다"는 식의 조롱조 발언에서 드러난다. 또한 드림맨과의 가상 결혼 촬영분을 확인하기 위해 남성 출연진은 남편 방으로, 여성 출연진은 아내 방으로 분리되는데, 이때 남성들은 소녀처럼 수줍어하는 여성의 모습을 보면서 심하게 조롱하는 경우가 다반사다.

문제는 이런 조롱을 남편과 아내 모두 함께 늙어가고 있는 존재임을 강조해서 포장하려는 방송의 속내다. '늙어감'이라는 더 큰 문제가 있으니 작은 문제는 제쳐두자는 것인데, 앞서 말했듯이 나이의 문제는 나이의 문제 나름으로, 성별의 문제는 성별의 문제 나름대로 세밀하게 다뤄져야 한다. 그러나 이 프로그램은 부부의 문제를 단순히 과거와 비교해서 나이가 들었기 때문에 발생한 것으로 환원하려고 시도한다. 가령 루미코의 가상 결혼을 다루던 회에서 스쳐 지나갔던 젊은 시절의 루미코의 모습을 보면서 생각에 잠기던 남편 김정민의 모습은 우리에게 그들이 잊고 살던 결혼 초창기를 상상하게 만든다. 방송은 출연진 역시 설렘을 안고 결혼생활을 했음을 강조한다. 그리고 그들이 지금 서로에게 서운함을 느끼는 것은 세월이 그만큼 흘렀기 때문에 어쩔 수 없다고 해명하려 한다.

또한 드림맨이라는 가상적 존재를 통해서 부부 관계의 어려움이 쉽게 해결되는 모습을 보여주며, 가족 내 문제가 그들 내부의 권력에 따른 것이 아니라는 환상을 보여준다. 각 방송 말미에서 제안되는 1분이라는 진솔한 부부 대화 시간은 아내가 그동안 느꼈던 서운함을 풀기에는 너무나 짧은 시간이라고 생각된다. 오히려 이는 문제를 가볍게 치부해버리려는 속내를 감추고 있는 것 같기도 하다.

정체성을 정의 내리는 어려움

위에서 살펴본 여러 문제는 본질적으로 개인의 정체성을 하나로 환원하기 어렵다는 문제로 인한 것이다. 그러나 포맷이 정해진 예능에서 이를 효율적으로 드러내기란 어려운 일일 것이며, 이 프로그램처럼 가끔 문제를 형성하기도 할 것이다. 그러나 방송 매체가 가지는 장점으로 인해 이런 시도는 계속해서 이뤄져야 한다. 나는 내게 수없이 많이 기억되는 출연진들의 대사나 장면 등을 떠올린다. "어떻게 그 나이에 소녀 감성일 수가 있니? 아, 우리가 저랬구나"와 같은 장면들과 대사들은 내가 읽었던 여성성과 남성성에 관련된 도서들보다 더 쉽게 새겨졌다. TV의 힘은 이런 데 있다. 위에서 논한 여러 문제가 있는 데도 불구하고 이 프로그램에 대해서 논할 필요가 있는 이유이기도 하며, 희망을 걸게 되는 이유이기도 하다. 적절한 포맷으로의 변화는 지금보다 초기의 기획 의도를 적절하게 드러내 보일 것이다. 또한 시청자들에게 현재의 가족, 나이, 남성, 여성 이데올로기에 대해 다른 시야를 가질 수 있도록 도움을 줄 수 있을 것이다.

TV도 '도끼'다

2015 좋은 방송을 위한 시민의 비평상 수상집

ⓒ 방송문화진흥회, 2015

엮은이 ㅣ 방송문화진흥회
펴낸이 ㅣ 김종수
펴낸곳 ㅣ 한울엠플러스(주)

편집책임 ㅣ 이수동 · 최진희
편집 ㅣ 허유진

초판 1쇄 발행 ㅣ 2015년 12월 10일
초판 2쇄 발행 ㅣ 2016년 12월 15일

주소 ㅣ 10881 경기도 파주시 광인사길 153 한울시소빌딩 3층
전화 ㅣ 031-955-0655
팩스 ㅣ 031-955-0656
홈페이지 ㅣ www.hanulmplus.kr
등록번호 ㅣ 제406-2015-000143호

Printed in Korea.
ISBN 978-89-460-6099-9 03070

* 책값은 겉표지에 표시되어 있습니다.